rowohlt

Christian Schüle

# DiE
# BiBEL
# iRRt

Die sieben großen
Mythen auf dem
Prüfstand

**ROWOHLt**

1. Auflage Januar 2010
Copyright © 2010 by Rowohlt Verlag GmbH,
Reinbek bei Hamburg
Lektorat Bernd Gottwald
Satz aus der Dolly PostScript, InDesign,
bei hanseatenSatz-bremen, Bremen
Druck und Bindung CPI – Clausen & Bosse, Leck
Printed in Germany
ISBN 978 3 498 06410 5

# INHALt

# I. EiNBLiCK

# Eine Frage der Wahrheit

Irren ist bekanntlich menschlich, und also irrt die Bibel, denn sie ist von Menschen gemacht. Sie irrt im Sinne des Wortes dann, wenn wir unter heutiger Erkenntnis, mit dem Messbesteck archäologischer, geologischer und anthropologischer Erkenntnis sowie der kumulierten Weisheit der Jahrhunderte, über ein Werk urteilen, das nach Einschätzung aller seriösen Bibelhistoriker zwischen dem 8. und dem 2. Jahrhundert vor Christus entstanden ist, wo es weder Kompass noch Satelliten gab, weder Landkarten, Bibliotheken, Radiokarbon-Methoden noch eine Messskala für Erdbeben. Man würde den orientalischen Kulturkreis missverstehen, legte man an ihn Kriterien historisch-kritischer Geschichtsschreibung der westlichen Moderne an. Im Orient wurde und wird Geschichte bis zum heutigen Tag über Geschichten transportiert – Geschichten, die, um ihre poetische Wirkungskraft zu entfalten, notwendigerweise mit rhetorischen Arabesken und pathetischem Zierrat ornamentiert sind.

Es ist wohlfeil, dem womöglich raffiniertesten Opus magnum der Weltliteratur Ungenauigkeiten und Irrtümer vorzuhalten. Wenn man deren Analyse zur alleinigen Hauptaufgabe einer Bibellektüre machte, würde man ohne weiteres Ziel und Zweck des Buchs der Bücher missverstehen. Bis heute bleibt die Genialität seiner Autoren verblüffend und bleiben ihre philosophische Tiefe, ihre theologische Kraft und Gabe zum Epischen faszinierend. Legionen hochgebildeter Interpreten haben sich seit zweitausend Jahren mit dem Alten Testament beschäftigt und dabei ebenso Grandioses ersonnen wie die Verfasser jener so legendären wie erlesenen Texte, um die es im Folgenden gehen wird. Der Leser darf also weder erwarten noch fürchten, dass sich in diesem Buch mit der akademischen und nichtakademischen Interpretation angelegt oder gar mit professoralem Gestus den Gesten professoraler Erkenntnis widersprochen wird. Vielmehr wird es *mit* den Professoren und dem Wissen der Theologen, Philosophen, Archäologen, Geologen, Anthropologen und Historiker im Rücken darum gehen, die Frage zu klären, wo die Bibelautoren fehlen, warum sie es ausgerechnet an jener Stelle tun, ob sie gar absichtlich irren, und wenn ja, mit welcher Intention. Es gilt der Satz: Die Abwesenheit von Beweisen ist nicht notwendig der Beweis von Irrtum. Nichts, was in der Bibel zum Abdruck kam, steht ohne Sinn, ohne Absicht und ohne Willen genau dort, wo es zu finden ist.

Es wäre intellektuell unredlich, einem solch wirkmächtigen Stück Literatur den Willen zum Irrtum zu unterstellen, wie man einer literarischen Erzählung an sich nicht unterstellen kann, sie irre sich, weil sie, ist sie gelungen, mit Verdichtungen, Metaphern und doppelten Böden arbeitet. Die Wahrheit einer schön erzählten Geschichte ist sie selbst. Man kann der Vermutung auf Irrtum aber durchaus dort nachgehen, wo die Autoren jener Bildergeschichten nicht mehr an einer Fiktion arbeiten, sondern es mit der Akkuratesse genannter Fakten und einer chronologischen Kohärenz aus ganz bestimmten Gründen nicht ernst genommen haben. Um diese ganz bestimmten Gründe soll es hier gehen. Fehlen schließlich außerbiblische Hinweise auf das geschilderte Geschehen, in ägyptischen Papyri, Stelen oder assyrischen Dokumenten etwa, die, in alttestamentlicher Zeitgenossenschaft, die gleichen Ereignisse wie die Bibel schildern, es aber völlig anders tun, so ist der zart vorgebrachte Verdacht legitim, dass dieselben ideologisch frisiert sein könnten, was, wenn es gezielt geschah, ja kein Irrtum ist, sondern Absicht im Dienste einer zielgerichteten Propaganda.

Im vorliegenden Buch werden die sieben berühmtesten Mythen des Alten Testaments im Spannungsfeld aktueller Diskurse in Archäologie, Theologie und Politik literarisch gedeutet, theologisch analysiert, auf ihren moralischen Kern hin untersucht und mit der Frage abgeklopft, was an den Erzählungen historischer Wahrheit entspricht und was Ideologie ist. Beginnend mit der Suche nach dem Paradies und endend mit der Suche nach der Bundeslade, wird beschrieben, mit welcher literarischen Könnerschaft die Autoren der Bibeltexte in der Tempelschule von Jerusalem Geschichte für Geschichte an einem umfassenden theologischen und gesellschaftspolitischen Gedankengebäude arbeiten. Von oben, ganz oben, dem großen, gar größten denkbaren: dem kosmischen Zugriff über die Erschaffung der Welt, bis hinunter zu den Details im individuellen Duell Davids gegen Goliath bauen die Mythen sukzessive eine immer größere Spannung auf, indem sie sich von Legende zu Legende stärker auf heroische Personen und Persönlichkeiten fokussieren. Die Bilanz der Untersuchung jener Ereignisse, die seit über 2000 Jahren das kulturelle Rückgrat des westlichen Abendlandes bilden, versucht, eingebettet in die leibhaftig-sinnliche, subjektiv-persönliche Anschauung der wahrscheinlichen Originalschauplätze in Ägypten, Jordanien und Israel, mit aller Vorsicht eine Antwort auf die Kernfrage zu geben: Wo und warum irrt die Bibel?

# Eine neue Perspektive

Bis zum heutigen Tag haben die alttestamentlichen Mythen nichts von ihrer sagenhaften Kraft und Faszination eingebüßt. Sie sind das Gründungsdokument des Judentums und die Quelle der christlichen Zivilisation. Doch es gibt Streit, ob und inwieweit die biblischen Erzählungen historischer Wahrheit entsprechen. Hat es Moses' Auszug aus Ägypten, hat es die Schlacht von Jericho und die Eroberung des von Gott versprochenen Landes unter Josua und David je gegeben? Existierte der Goliath wirklich, sind Sodom und Gomorrha tatsächlich in Feuer und Schwefel untergegangen, und war die Bundeslade je ein realer Gegenstand?

Wenig versöhnlich stehen sich seit über vierzig Jahren zwei Fraktionen gegenüber. Die sogenannten Maximalisten sind biblische Archäologen, die durch ihre Grabungen die Mythen des Alten Testaments bestätigen und verifizieren wollen: Ja, die Bibel hat recht! Ihre Hauptvertreter sind William F. Albright, Frank Moore Cross und auch der deutsche Jurist, Publizist und Journalist Werner Keller mit seinem 1955 erschienenen, in zwanzig Sprachen übersetzten Buch «Die Bibel hat doch recht».

Die sogenannten Minimalisten um die *Kopenhagener Schule* dagegen behaupten, die Bibel sei nichts weiter als eine gutmontierte Sammlung ausgedachter Geschichten, die auf keinerlei nachprüfbaren Tatsachen beruhten. Israel, so meinen sie, sei ein Konzept, erfunden in der hellenistischen Periode des 3. Jahrhunderts vor Christus – eine auch aktuell politisch relevante Ansicht, auf die im Übrigen mancher Palästinenser im existenziellen Streit mit Israel um den legitimen Besitz des Landes gern zurückgreift. Der Streit zwischen Minimalisten und Maximalisten nimmt seinen Ausgang in der unterschiedlichen Datierung der ausgegrabenen Orte und ihrer Zeugnisse, im Eigentlichen aber ist es ein Streit zwischen Ideologien darüber, ob die Bibel irrt oder nicht.

Die Bibel (lateinisch «biblia»: «die Bücher») ist kein einheitliches Werk, sondern eine Zusammenstellung von Texten verschiedener Autoren – eine Collage, vergleichbar mit der Loseblattsammlung einer Rechtsordnung: Immer wieder kamen Blätter dazu, wurden Berichte neu abgefasst, verändert, umgeschrieben, ausgeschmückt und aktualisiert, indem man die Motive in die jeweilige Gegenwart der Autoren führte. Während man auf alte Sagen und Geschichten zurückgriff, passte man sich bei ihrer literarischen Ausgestaltung stets dem herrschenden Zeitgeist, dem neuesten geografischen Wissen und den kulturellen Moden an.

Die Bibel enthält das Alte und das Neue Testament. Während das Neue Testament die Geschichte Jesu Christi erzählt, berichten die Legenden des umfangreicheren Alten Testaments von dem Aufstieg des Volkes Israel. Das lateinische Wort «testamentum» heißt «Bund» und drückt das Treuebekenntnis der Israeliten zu Gott aus. Jesus hat sein Wirken stets auf das Alte Testament bezogen, insofern ist das Alte Testament die Grundlage des Neuen Testaments. Das Alte Testament, auch als Hebräische Bibel («Tenach») bezeichnet, ist eine Sammlung heiliger Schriften des antiken Judentums. Es kompiliert Sagen, Gesetze, Dichtung, Prophezeiungen und historische Schilderungen und beginnt mit der sogenannten «Tora» (Gesetz), den in ihrer enormen Wirkmächtigkeit kaum überschätzbaren fünf Büchern Mose (Genesis, Exodus, Levitikus, Numeri, Deuteronomium), die auch mit dem griechischen Wort «Pentateuch» bezeichnet werden. Darauf folgen die dichterischen Bücher der Psalmen, Sprüche und das Buch der Weisheit, schließlich die Bücher der Propheten, die in die früheren (Josua, Richter, Samuel, Könige) und die späteren Propheten (Jesaja, Jeremia, Ezechiel und das Buch der zwölf kleinen Propheten) unterteilt sind. Der offizielle christliche Kanon zählt 39 Bücher zum Alten Testament.

In der Bibelwissenschaft unbestritten ist, dass die Arbeit an den Schriften des Alten Testaments hauptsächlich vom 8. bis 6. Jahrhundert vor Christus in den Schreibstuben des Jerusalemer Tempels stattfand. Wer die Autoren waren, ist nicht bekannt. Namen werden nirgends genannt. In Frage kommen aber nur sehr wenige Personen, die zur damaligen Zeit überhaupt schreiben konnten: Priester, ihre Schüler, Militärbeamte und Chronisten am königlichen Hof. Bibelwissenschaftler schätzen, dass bei 3000 Einwohnern im Jerusalem des 6. Jahrhunderts nicht mehr als 50 Menschen schriftkundig waren. Große Teile der Prophetischen Bücher etwa wurden viel später, im 3. Jahrhundert vor Christus, abgeschlossen, ihre Texte atmen bereits das geistige Aroma der hellenistischen Welt. Endredaktion der Mythen, so nimmt man an, war um 200 vor Christus.

In seiner kompositorischen Raffinesse ist die Bibel als literarisches Werk geradezu genial. Ihre Entstehung korrespondiert mit der plötzlichen Eruption an Kreativität im Athen des 5. vorchristlichen Jahrhunderts und lässt sich mit den Kulturleistungen der Renaissance im nachchristlichen 16. Jahrhundert vergleichen. Als in Athen der Autor Homer seine Epen schreibt, entstehen auch die großen Erzählungen des Alten Testaments. Der Vergleich mit Homer ist keineswegs abwegig: Die Stadt Troja ist, archäologisch gesichert, um 1200 vor Christus untergegangen, doch Homer lebte und schrieb die *Ilias* sehr viel später, Ende des 8. Jahrhunderts, die *Odyssee* im frühen 7. Jahrhundert. Zeitlich betrachtet ist genau derselbe Spagat von 500 Jahren zwischen vermeintlichem Ereignis und Niederschrift festzustellen wie bei den Autoren des Alten Testaments.

Die Hintergründe der Bücher des Alten Testament sind weitaus komplexer und komplizierter, als es auf den ersten Blick erscheint. Man kann die Bibel ohne die politischen, sozialen, geografischen Kontexte und die kulturellen und ökonomischen Entwicklungen zwischen dem 8. und 6. Jahrhundert vor Christus im alten Vorderen Orient nicht ausreichend verstehen. Das Alte Testament ist das Dokument nationaler Identitätssehnsucht und Selbstbehauptung in einer von Angst und Zerfall im Vorderen Orient bestimmten Krisenperiode. Die Exodus-Erzählung zum Beispiel, in ihrer ältesten literarischen Fassung um 670 vor Christus entstanden, verrät sehr wenig über den historischen Kern eines vermeintlichen Auszugs aus Ägypten, sehr viel dagegen über die politische Situation im frühen 7. Jahrhundert vor Christus in Jerusalem. Die Legende ist eine Propagandaschrift des theologischen Aufruhrs gegen die Bedrohung durch die assyrische Weltmacht. Die Truppen des assyrischen Königs Sargon II. hatten 722 vor Christus das nördliche Königreich Israel zerstört und die Bevölkerung deportiert. Eine traumatische Erfahrung: Gottes auserwähltes Volk war in Völkchen zerstreut, die Einheit des Gelobten Landes zerschlagen. Welche Lehre war daraus zu ziehen, und was konnte in einer solch desolaten Situation Hoffnung geben?

Man kann aus allen Erzählungen und Legenden des Alten Testaments zum einen Parolen für den politischen Widerstand gegen die Großmächte der Region, zum anderen Motive zur Errettung und Befreiung des israelitischen Volkes unter kontinuierlicher Aufsicht Gottes herauslesen. Hinter allen Geschichten steht immer auch Realpolitik.

Im Jahr 622 vor Christus, als der Niedergang Assyriens offensichtlich ist, gibt es auf einmal eine Art Vakuum. Ist nicht eben jetzt, in einer unverhofften, schicksalhaften Wende der Geschichte, da das Nordkönigreich zerstört war, die große Chance gegeben, unter dem Dach des Südkönigreichs Juda alle hebräischen Stämme zu einer Nation zu einen? In Jerusalem, der Hauptstadt des wenig entwickelten Juda, macht sich der 26-jährige König Josia mit großer Verve daran, das ehrgeizige Ideal einer nationalen israelitischen Identität zu erschaffen. Josia ist der Gerechteste unter allen. Er entstammt angeblich dem Hause Davids, wird mit acht Jahren König und regiert 30 Jahre lang, von 639 bis 609 vor Christus, in Jerusalem. Die Geschichtsschreiber der Bibel schwärmen in den höchsten Tönen: Nie habe es einen wie ihn zuvor gegeben, und nie würde es einen wie ihn wieder geben. Josia wird in eine Reihe gestellt mit dem heldenhaften David und dem großen Moses. Er ist der letzte Rechtschaffene in einer Zeit der Bedrohungen und des Zerfalls, und er ist der Mittelpunkt aller Hoffnungen und Sehnsüchte des Volkes von Juda auf eine große, eine goldene Zukunft. Zu dieser Zeit herrscht Angst vor ägyptischen Neoimperialisten, die die Wiedergeburt ihres zerfallenen Großreichs anstreben und den levantinischen Korridor nordwärts ziehen. Josia bereitet sich auf den Kampf vor und verordnet eine revolutionäre Kultreform. Er dekretiert das

Ende von Götzenglauben und Vielgötterei und befiehlt eine Zentralisierung: *ein* Gott, *ein* Tempel, *ein* Kultort, *ein* Glaube. Konkurrierende Kulte werden ausgelöscht, Tempelanlagen im ganzen Land geschlossen. Jedes Land und jeder Stamm, die Edomiter, die Moabiter, die Ammoniter, alle verehrten bis dahin ihre eigene Nationalgottheit. Funde aus archäologischen Grabungen legen eine ausgeprägte Volksfrömmigkeit in der Region Kanaan nahe, abzulesen an Graffiti, Inschriften, Segenssprüchen und Amuletten. Polytheismus war zur alttestamentlichen Zeit der Normalfall, und zu 99 Prozent betete man Göttinnen an, Anrufungen der Fruchtbarkeit, symbolisiert in 12–15 Zentimeter hohen Figurinen mit großen Brüsten. Deren große Blütezeit war das späte 7. Jahrhundert vor Christus, als so gut wie jeder judäische Haushalt derartige Statuetten besaß.

Im Jahr 622 vor Christus also wird auf einmal alle Frömmigkeit auf einen einzigen, männlichen, den namenlosen Nationalgott des Königreichs Juda fokussiert: auf JHWH, der später «Jahwe» geschrieben und im Mittelalter zu Jehovah wird. Aus Respekt vor seiner Heiligkeit sprechen Juden den Namen ihres Gottes nicht aus und nennen ihn «Adonay», «mein Herr». Im Alten Testament wird JHWH nach Erkenntnis des israelischen Bibelwissenschaftlers Emanuel Tov, Professor für Bibelkunde an der Hebräischen Universität Jerusalem, entweder als geheimnisvolles Wesen auf einem Himmelsthron, als mystisches Wesen oder auch als Engel vorgestellt. Tov kommt zu folgendem Schluss: «Wir Menschen haben unsere Ideen auf Gott übertragen und Gott nach unseren Vorstellungen geschaffen.»

Es scheint sicher, dass ‹Gott› zu Zeiten der alttestamentlichen Ereignisse keine derart große Rolle gespielt hat, wie es Jahrhunderte später und bis in unsere Gegenwart hinein der

Fall ist. Es ist also Vorsicht geboten, die Gottesrede aus der Sicht des 21. Jahrhunderts zu analysieren und den Maßstab unseres Wissens und unserer heutigen religiösen und moralischen Verfassung retrospektiv anzulegen. In der Personifizierung durch *Gott*, ließe sich theologisch schließen, wurde für die vorchristlichen Menschen in Gebeten die *Utopie* ansprechbar gemacht: «*Und Gott sah, dass es gut war.*»

In der Folge der Konzentration auf *einen* Kult und *einen* Gott sowie einer Reihe von Gesetzen entsteht nach Meinung des so gerühmten wie berüchtigten Historikers und Archäologen Israel Finkelstein von der Universität Tel Aviv eine «pan-israelitische Ideologie». Im Umkreis des Tempels diskutierten Priester und Historiker, wie die Tragödie der Zerstörung des Nordkönigreichs geschehen konnte. Sie kommen überein, die junge Geschichte Israels als Geschichte eines Abfalls von JHWH zu betrachten, und beginnen die Arbeit an theologischer Propaganda, die dem Volk nahegebracht werden soll. Dabei greifen sie zurück auf zum Teil mehrere hundert Jahre alte Texte, sammeln die kostbarsten Traditionen des Volkes Israel und reanimieren mündlich überlieferte Mythen, um ein Lehrbuch zu komponieren und im Umkreis des Jerusalemer Heiligtums öffentliche Lesestunden abzuhalten. Dessen Bildergeschichten illustrierten die Vision einer moralischen Metaphysik, auf die das gesamte Alte Testament abzuzielen scheint. Die verlesenen Parabeln erzählen von der Vergangenheit und formulieren zugleich Träume und Hoffnungen für die Zukunft, sie formulieren Gesten der Rettung und Errettung, und sie warnen die Einwohner des armen Juda vor dem schlimmen Schicksal des besiegten Israel, das auch ihnen zustoßen könnte. Vor diesem Hintergrund entsteht das einflussreiche Buch Josua, das von der Schlacht um Jericho und der Landnahme berichtet. Auf der Basis des territorial gedachten Pan-Israelitismus werden Mythen und Märchen gesammelt, die die Menschen sich seit Jahrhunderten erzählen, um die politische Ideologie einer Einheit der Hebräer territorial zu verankern. Im Gegensatz zu altägyptischen oder mesopotamischen Mythen basieren jene der Bibel auf irdischer Geschichte: Sie erklären, inwiefern und aus welchen Gründen sich der Aufstieg des Volkes Israel in kontinuierlicher Beziehung zu Gott, stellvertretend für die gesamte Welt, über die Zeiten entfaltet hat.

Kurzum: Die Bibel ist Ideologie von A bis Z und wurde mit dem Ziel verfasst, einer bestimmten Gruppe von Menschen im alten Vorderen Orient eine politische, kulturelle, religiöse Selbstbegründung und deren geografische Verortung zu geben. Dass dies in Form des geschriebenen Wortes, eines Buches, geschah, war etwas Neues in der Geschichte des menschlichen Geistes. Etwas Revolutionäres in der kulturellen Evolution der Menschheit.

Die Israeliten sind zur damaligen Zeit ein unbedeutendes Volk in der Levante, dem östlichen Kulturraum des Mittelmeers. Keine so großartige Zivilisation wie die der Ägypter und kein solch machtvolles Kulturvolk wie die Assyrer, von denen es aus früher Zeit bereits wundervolle Schriftstücke gibt. Bei den Israeliten dreht es sich um eine Gesellschaft von vielleicht 100 000 Menschen ohne Kunst und Kultur, die in einem kleinen Gebiet, das sich 80 Kilometer von Nord nach Süd und 50 Kilometer von Ost nach West erstreckt, großteils als Nomaden leben.

Als die Babylonier in Juda einfallen, zerstören sie alle Träume: Im Jahr 587 vor Christus belagern die Truppen des Königs Nebukadnezar II. die judäische Hauptstadt Jerusalem, plündern die Stadt und stecken den Tempel in Brand. Sie setzen einen Statthalter ein und deportieren den König und die Oberschicht von Juda, die Oberpriester, Handwerker, Schreiber und Kommandanten, nach Babylon, an die Gestade von Euphrat und Tigris. Eine Katastrophe. Ein Trauma. Eine Zäsur. Als die ersten Priester und Gelehrten nach der Befreiung durch die Perser unter König Kyros II. knapp 50 Jahre später nach Jerusalem zurückkehren, gibt es das Volk Israel nicht mehr, und alle alten Traditionen spielen keine Rolle mehr. Jetzt stehen die Heimkehrer vor der Aufgabe, ein nationales Epos, einen neuen Gründungsmythos ihres Volkes zu entwerfen, einen glanzvollen, fulminanten Anfangspunkt der eigenen Geschichte. Es soll eine Idealwelt erschaffen werden, die dem erlittenen Chaos eine heilsversprechende Ordnung entgegensetzt. Im Gepäck haben sie Mythen, Ideen und Überlieferungen aus dem Kulturraum um Euphrat und Tigris; für die Nähe biblischer Motive zu den mesopotamischen gibt es zahlreiche Beispiele. So ähnelt die Erzählung von der Entstehung von Welt und Menschheit stark den sumerischen Schöpfungsmythen. Und dass im Rahmen der Zehn Gebote der Sabbat eine große Rolle spielt, geht auf ein politisches Programm im Babylonien des 7. vorchristlichen Jahrhunderts zurück, dem zufolge die Menschen, unabhängig vom Gestirnezyklus, zur Ehre ihres Schöpfers am siebten Tag nicht arbeiten sollen. Das «babylonische Exil» von 587–539 vor Christus spielt für die Entstehung des Alten Testaments eine entscheidende Rolle. Die Wissenschaft unterscheidet und bewertet die Texte danach, ob sie vor, während oder nach dem Exil verfasst wurden. Je nach dem Zeitpunkt der Niederschrift lassen sich sehr unterschiedliche Motive und ein stark voneinander abweichender Sprach- und Schreibstil erkennen.

Heute sind Dutzende jener Städte, Orte und Plätze, die im Alten Testament erwähnt werden, ausgegraben, freigelegt und als historisch evident identifiziert. Der Gründungsvater der biblischen Archäologie, der Amerikaner William F. Albright, widmete seine Arbeit in den Jahren nach 1922, als er, 31-jährig, Direktor der American School in Jerusalem war, hauptsächlich der Ausgrabung großer Stadthügel im heutigen Israel. Hebräisch heißen sie «Tel», arabisch «Tell», und bestehen per definitionem aus übereinandergelegten Siedlungsschichten, die man, wie beim Häuten einer Zwiebel, Schicht für Schicht abtragen muss. In gewisser Weise entspricht auch die Bibel selbst einem Tel: Ihre Geschichten sind wie übereinandergelegte Interpretationen, deren irgendwann freigelegte Kerne eine Erklärung für die gesellschaftlichen Zustände jener Zeit sind, in der sie verfasst wurden. Sprachwissenschaftler haben die verschiedenen Elemente nachgewiesen, die auf frühere oder spätere Abfassungen hindeuten; es gibt deutliche Unterschiede zwischen dem Hebräisch des 10., des 6. und des 3. Jahrhunderts vor Christus. Je weiter die Berichte in die Eisenzeit vorrücken, desto mehr entsprechen die Texte auch der historisch nachprüfbaren Wahrheit, desto öfter werden die biblischen Figuren auch in außerbiblischen Dokumenten der Assyrer oder Babylonier genannt, und desto mehr scheinen sich die Autoren der Historizität der Ereignisse bewusst gewesen zu sein. Von Anbeginn an muss das Alte Testament als eine Geschichte des Volkes Israel gelesen werden und von Anbeginn an als literarisches Werk zur Identitätssuche dieses «Volkes Gottes». Und dieser große, vielleicht größte bilder- und metaphernreiche Roman aller Zeiten inthronisiert jenen Schöpfer, der bis heute der Gott des Abendlandes im westlichen Kulturkreis ist.

Story oder History – was in der Bibel ist wahr? Neueste archäologische Funde und Interpretationen laden zu einem veränderten, tiefgründigen, unerhörten Blick auf die große Saga vom Bund Gottes mit seinem Volk Israel ein. Die Arbeit der Archäologen – ihre Funde neuer Keramik, ihre Freilegung der Fundamente, ihre Erkenntnisse des kulturellen Hintergrunds der entsprechenden Bibelepochen – wird immer wichtiger und hat starken Einfluss auf theologische Revisionen. Ohne die unabhängige, empirisch arbeitende Disziplin der Archäologie im Hintergrund ist es unmöglich, zu gültigen Aussagen über den Wahrheitsgehalt der Bibel und die Entstehung ihrer Texte zu kommen – so man dies überhaupt möchte.

Stück für Stück präziser, Scherbe für Scherbe kompletter wird jetzt das Bild der Geschichte, Schnitt für Schnitt deutlicher erfasst die zeitgenössische Archäologie soziale und kulturelle Hintergründe im 1. Jahrtausend vor Christus, dokumentiert die Verwüstungen und Zerstörungen der Städte und Dörfer und versucht, die Aussagen der biblischen Erzählungen zu verstehen, indem sie in das reale politische und kulturelle Geschehen der damaligen Zeit rückgebettet werden. Es ist die zarte und diffizile Arbeit am Gerüst unserer Werte, dessen Statik zu kennen im Ringen der Kulturen, Religionen und Ideologien um Deutungsmacht und Gefolgschaft in der globalisierten Gegenwart Tag für Tag mehr zu einem unhintergehbaren Imperativ wird.

# Kurze Biografie der
# sieben Mythen

## 1. Das Paradies

Jeder kennt das Paradies, aber niemand weiß, wo es lag oder liegt. Seit jeher suchen Abenteurer, Bibelleser und Wissenschaftler nach dem «Garten von Eden». Er wurde in Ägypten, Südamerika, in der Mongolei, in Mesopotamien und der Türkei vermutet. Neuerdings rückt vor allem der heutige Iran ins Visier: Eine spezielle Bucht im Persischen Golf erfüllt scheinbar alle wissenschaftlichen Voraussetzungen, um das Paradies plausibel zu verorten.

## 2. Die Sintflut

Seit Jahrtausenden kursieren Geschichten von einer alles vernichtenden Flut in der Welt. Es war eine Naturkatastrophe unvorstellbaren Ausmaßes. Was die Bibel beschreibt, hat es nach Ansicht von Geologen tatsächlich gegeben. Erst seit kurzem können die Wissenschaftler ihre Annahmen belegen: Die Sintflut wurde nicht durch Gottes Zorn ausgelöst, sondern durch den dramatischen Anstieg der Temperatur und das Schmelzen großer Eismassen am Ende der letzten Eiszeit. Für amerikanische Geologen ist das Schwarze Meer der Ort der Sintflut, ein deutscher Wissenschaftler aber hält dagegen. Er will nachweisen, dass das Ergebnis der biblischen Sintflut der Persische Golf von heute ist.

### 3. Sodom und Gomorrha

Wenige Städte auf der Welt haben eine solch mythische Be-
rühmtheit erlangt wie Sodom und Gomorrha. Sie galten als
verrucht und gingen unter in Feuer und Asche. Dabei ist bis
heute nicht sicher, ob sie je existiert haben. Wer sich auf die
Suche nach ihnen macht, findet um das Tote Meer herum
dennoch vage Hinweise auf die Stätten einer der literarisch grausamsten Bestrafungsaktionen der Menschheitsgeschichte. Am tiefstgelegenen Punkt der Erde riecht es sogar
nach Schwefel.


### 4. Der Exodus – Auszug aus Ägypten

Der Auszug der Israeliten aus Ägypten unter Führung von
Moses ist die theologisch und ideologisch zentrale Legende
des Alten Testaments. Mit dem Exodus der Sklaven wird Israel zum erwählten Volk Gottes. Alle seriösen Bibelwissenschaftler sind sich einig, dass der legendäre Mythos auf realen
Ereignissen beruht. Wer heute die Auszugs-Routen entlang-
fährt, kommt zu einem erstaunlichen Ergebnis: Viele der geografischen Angaben der Bibel stimmen. Mit einer Ausnahme –
am Schilfmeer in Ägypten herrscht nicht Ost-, sondern Nordwind.


### 5. Die Schlacht von Jericho

Die Schlacht um Jericho und die Landnahme Palästinas, die
Besiedlung des palästinensischen Kulturlandes durch die israelitischen Stämme, ist die dramatischste und vielleicht folgen-
reichste Geschichte des Alten Testaments. Doch Archäologen
stehen vor einem Dilemma: Die Befunde ihrer Grabungen in

Israel stimmen mit der biblischen Schilderung nicht überein. Es gab keinen Posaunenschall vor Jericho.

## 6. David gegen Goliath

Es klingt immer noch wie ein Märchen: Der kleine Hirte David besiegt den Riesen Goliath mit einer Steinschleuder und entscheidet die legendäre Schlacht zwischen Israel und den Philistern. Bislang gab es keinerlei Hinweise darauf, dass David oder Goliath je existiert hätte. Vor kurzem jedoch haben israelische Archäologen einen sensationellen Fund gemacht. Auf einer Scherbe entzifferten sie den Namen «Goliat». Das Duell könnte tatsächlich stattgefunden haben.

## 7. Die Bundeslade

Kein Gegenstand der Weltgeschichte hat größeres Interesse hervorgerufen als die vergoldete Lade aus Akazienholz, in der die Zehn Gebote aufbewahrt wurden. Legionen von Archäologen haben die berühmte Bundeslade gesucht, niemand hat sie je gesehen. Womöglich liegt sie in einer Kirche im äthiopischen Aksum. Oder unter dem Tempelberg Jerusalems. Oder in einem Warenlager in Washington. Die Spekulationen reißen nicht ab.

# II. DURCHBLiCK

**Die sieben großen Mythen
des Alten Testaments
auf dem Prüfstand**

# Das Paradies

In der Tat, es muss ein göttlicher, ein traumhafter Ort gewesen sein. Auf seinen Feldern wuchsen Safran, Zimt und die Heilpflanze Kalmus. Gerste, Einkorn und Grünkern gediehen, und immerzu sprudelten die Quellen. Es war ein Ort, an dem es weder Krankheit noch Alter, weder Sehnsucht noch Trauer, keinen Hass und keine Gewalt gab, ein Ort, an dem sich Auerochsen, Wildschweine, Gazellenherden und Wild tummelten und der Löwe nicht tötete und die Raben nicht krächzten und die Flüsse reich an Wels, Karpfen, Aal, Barben waren, an Schalentieren und Wasservögeln. Ein Ort, an dem das Dasein perfekt, das Leben sorglos und alle Bedürfnisse erfüllt waren. Bis heute ist dieser Ort für fast alle Menschen und Völker die Chiffre für das Schönste und Üppigste, das Glückselige, Friedvolle, Ideale. Die Werbung arbeitet mit den Sehnsüchten nach dem idealen Ort genauso wie die Priester aller Religionen. Für Juden ist er so heilig wie für Muslime und Christen, für die er dazu auch das Endziel des irdischen Lebens darstellt. Alle kennen das Paradies, doch niemand weiß, wo es liegt. Kann es sein, dass es nur eine Erfindung ist?

An jenem göttlichen Ort kann es nicht wärmer als 35 Grad Celsius gewesen sein. Wäre es wärmer gewesen, hätten Früchte, Korn und Gräser nicht gedeihen können. Hätte es mehr als 35 Grad gehabt, wäre zu viel Wasser verdunstet. Mehr als 35 Grad kann der menschliche Körper nicht ohne weiteres vertragen; es wäre müßig, einen idealen Ort zu entwerfen, an dem seine Bewohner unter Hitze und Trockenheit leiden. Es dürfte an diesem Ort nicht mehr geregnet haben, als ein Kulturboden verarbeiten kann. Süßwasser muss reichlich und stets zugänglich gewesen sein – ein See, Flüsse, eine Quelle. Nirgends dürfte das Verhältnis von Temperatur und Wasser besser austariert gewesen sein als dort. Wenn man sich jenen Ort vorstellt, fliegt ein Geruch von Datteln, Feigen und vielleicht Lavendel heran, und man hört Bäche plätschern, auf deren Oberfläche sich die ewige Sonne spiegelt. Aber darf man sich das Paradies tatsächlich als irdischen Ort denken? Wenn ja, müsste man ihm heute nachspüren können; Orte verschwinden nicht. Oder doch, Orte werden überschwemmt und sind auf ewig unsichtbar. Dann allerdings könnten die Schallwellen moderner Sonartechnologie sie unter Wasser oder Schutt orten.

Wenn der Sinn des Paradieses aber sein sollte, dass es gerade *nicht* existiert, um seine Verführungskraft zu behalten, dann entsprang Eden statt aus einem Flussquell mehr einer Hoffnung, dann war und ist der Ort Ausdruck eines Ideals und dessen Beschreibung reine Fiktion: dass es freilich einen «Designer» gebe, der den perfekten Ort erschafft und dafür verantwortlich ist. Mit dem idealen Ort hinterlässt sein Architekt zugleich die höchste Bürde: Größer kann die Fallhöhe für die Bewohner nicht sein. Und so geschah es bekanntlich. Der Mensch fiel aus dem Paradies, und seither ist die Schuld in der Welt.

Der Reiz, das Paradies zu finden, ist zu keiner Zeit erloschen, und zu allen Zeiten haben Bibelforscher, Abenteurer und Geografen versucht, das Paradies auf Erden zu orten. Eine gewisse Obsession, die Bibel wörtlich zu nehmen, trieb im Jahr 1650

den irisch-anglikanischen Theologen und Erzbischof James
Ussher beispielsweise so weit, den Geburtstag des Paradieses
exakt zu berechnen. Beginnend mit Adam und Eva, addierte er
auf Basis der Abstammungsbäume der Patriarchen die 21 Generationen des Alten Testaments und kam nach über 100 Seiten seiner «Annales Veteris Testamenti» zu dem Schluss, dass
die Welt am Sonntag, den 23. Oktober 4004 vor Christus erschaffen wurde; nach jüdischer Zeitrechnung war es etwas
später, im Jahr 3760 vor Christus.

In der Ära des Kirchenvaters Augustinus im 5. Jahrhundert nach Christus verlegte man das Paradies zwischen Nil
und Ganges. Nach der Renaissance begannen die Spekulationen aufs Neue, und im Laufe der Jahrhunderte wurde der
Garten von Eden in der Mongolei und in Südamerika vermutet. Die meisten Gelehrten der Neuzeit suchten das Paradies
zwischen dem antiken Mesopotamien, dem gegenwärtigen
Irak und der gegenwärtigen Südtürkei, und bis zum heutigen
Tag scheint diese Region jene rätselhaft sparsamen Vorgaben,
die die Bibel dazu gibt, am besten zu erfüllen, obwohl noch
im Jahr 2000 der New Yorker Anwalt Gary Greenberg zu der
Überzeugung gelangte, das Paradies sei gleichzusetzen mit
On, der griechisch Heliopolis genannten «Stadt der Sonne»,
die im Mittleren und Neuen Reich ein bedeutendes Kultzen-
trum Altägyptens war und deren Tempelruinen heute neben
einer gigantischen Müllkippe im Stadtteil El Matariyah in der
Nähe des Präsidentenpalasts von Kairo ein kümmerliches Dasein fristen.

El Matariyah, das heißt: aufgerissene Straßen, mit Plastik-
müll gefüllte Gräben, zwölfstöckige Betonbauten ohne Gesicht,
Autowracks, geplatzte Wasserleitungen, frühmorgendlicher
Smog, verrußte Fassaden, Moscheen im Rohbau, ampellose

Verkehrsgestaltung, Handwerk, Tankstellen, Garküchen, Bäckereien und Laternen aus den 1920er Jahren. Zwischen zwei Krämerläden ein Friseur: *Elite Salon de Coiffure*, vor dem drei traurige Esel warten, auf deren Ladewagen sich Zwiebelknollen türmen. Auf der Suche nach den Ruinen von Heliopolis schicken einen wortstarke Frauen dort- und gestenfreudige Männer hierhin, aber irgendwann halten wir dann doch vor einer großen, umzäunten Fläche, und plötzlich ragt, auf einem Feld umgestürzter Marmorsäulen und herumliegender Fries-Teile, ein Obelisk in den vom grauen Qualm verbrannten Mülls getrübten Himmel. Es ist der zwanzig Meter hohe Granit-Obelisk des bedeutenden Pharaos Sesostris I., bestens erhalten, mit Schriftzeichen und Tiersymbolen. Dort, wo heute außer fünf weißgekleideten Polizisten mit Maschinengewehren und drei schnatternden Aufpassern in Schlappen vor einem Holzhäuschen kein weiterer Mensch zu sehen ist, war das bedeutende Zentrum des Kultes um den Sonnengott Re – nach Meinung einiger Historiker das Vorbild für den Garten Eden, was nachzuempfinden dem Besucher einiges an Phantasie abfordert. Niemals aber kann die Einbildungskraft so groß sein, hier den Fluss Gihon zu verorten, was Greenbergs Idee ins Reich ausrangierter Spekulationen verbannt.

Mir war klar, dass am Anfang der Suche nach dem perfekten Ort Jerusalem stehen musste. Mehr als die Einheitsübersetzung der Heiligen Schrift von 1980 hatte ich nicht dabei im Tempelbezirk der Davidstadt, aber ich wusste nach allem, was Archäologen, Historiker und Religionswissenschaftler herausgefunden hatten, dass die Texte des Alten Testaments hier geschrieben worden sein müssen. Um dem Paradies nachzuspüren, musste ich schließlich dort sein, wo die Autoren es entworfen hatten. Die

Menschen früher hatten keine Landkarten, sie hörten Geschichten und Berichte von Reisenden. Wenn es gelänge, deren Sicht in den Blick zu bekommen, die Warte einzunehmen, von der herab sie die Welt sahen, könnte vieles klarer, könnten all die himmelstürmerisch wirren Vermutungen über die vermeintliche Heimat des idealen Orts womöglich geerdet werden.

Ich stand südlich des Felsendoms in den Ruinen und las, im Lärm Tausender Touristen und rußender Busse, die magische erste Zeile des Buches Genesis: *Im Anfang schuf Gott Himmel und Erde.* Vielleicht ist dies der berühmteste Romananfang, den es je gegeben hat. Roman? So jedenfalls beginnen die Erzählungen von der Entstehung der Welt, der Menschheit und des Volkes Israel. So beginnt die Bibel, die Genesis, das erste der fünf Bücher Mose, so beginnt die jüdische Tora, die man mit «Weltwissen» übersetzt. Wie viel am Mythos ist Mythos, und wie viel historischer Realitätsgehalt darf der Bibel gleich an ihrem Beginn zugetraut werden?

Ein paar Absätze weiter folgen die Koordinaten des Paradieses: *Dann legte Gott, der Herr, in Eden, im Osten, einen Garten an und setzte dorthin den Menschen, den er geformt hatte.* Es ist der erste Fingerzeig darauf, dass Eden der Name einer Region ist und dass es in jener Region einen Garten gab. Eden lag «im Osten». Osten, von Jerusalem aus gesehen. Ist das aber der Osten einer mythischen Ferne, gar der symbolisch-astronomische, in dem die Sonne aufgeht, das heilige Licht und also das Leben? Die konkreten geografischen Hinweise auf das Paradies sind nur elf Zeilen lang und befinden sich im zweiten Kapitel der Genesis.

*Ein Strom entspringt in Eden, der den Garten bewässert, dort teilt er sich und wird zu vier Hauptflüssen.* Der erstgenannte Fluss trägt den Namen Pishon. *Er ist es, der das ganze Land Hawila umfließt, wo es Gold gibt. Das Gold jenes Landes ist gut; dort gibt es auch Bdelliumharz und Karneolsteine.* Bdellium ist ein Harz zur Salbenherstellung; mit Karneolstein könnte das Mineral Chalzedon, also feinster Quarz, gemeint sein. Im Jerusalem des 8. Jahrhunderts vor Christus war Chalzedon ein bekanntes Mineral. Die Region oder der Ort Eden östlich von Jerusalem, in dem ein Garten angelegt wurde, ist also die Quelle von vier Flüssen, die mit konkreten Namen benannt werden.

Das biblische Land Hawila lässt sich bis heute nicht zweifelsfrei bestimmen, neueste Forschungen sehen es, belegt mit dem Titel «Sandland», auf der Arabischen Halbinsel. Niemand kann sagen, ob es den Fluss Pishon (der «sich Ausbreitende») gibt oder gegeben hat, wobei er allerdings im Ägyptischen manchmal mit dem Nil gleichgesetzt wird. Vielleicht sind Pishon und Hawila reine Phantasiebegriffe wie das paradiesische Auenland der Hobbits in J. R. Tolkiens Saga «Herr der Ringe». Sollte der Pishon aber existieren, muss er ebenso östlich von Jerusalem liegen wie das Land Hawila. Einzige Bedingung ist, dass er sich im Einzugsbereich des zweiten Flusses befindet.

Dieser, teilt der Autor des Schöpfungsberichts mit, trage den Namen Gihon und umfließe das ganze Land Kusch. «Kusch» steht als Kurzform für «Land der Kuschiter» und wurde vom jüdisch-römischen Geschichtsschreiber Josephus Flavius als das ägyptische Wort für das antike Nubien identifiziert. Nubien war im Neuen Reich ägyptische Provinz auf dem Gebiet des heutigen Nordsudan und Äthiopien. Ein Mann namens Kusch soll der Urahn der Kuschiter sein und hätte insofern eine Beziehung zur Schöpfungsgeschichte, da er der Enkel von Noah ist.

Gihon bedeutet sinnbildlich «der Sprudelnde» und ist einzig und allein geläufig als Name jener Quelle, die südöstlich des Tempelbergs in der Davidstadt von Jerusalem entspringt. Also steige ich diverse Wendeltreppen in das Grabungsgelände hinab, es riecht nach Algen und Wasser, ist feucht und klamm. Man kann aufrecht gehen, und der Weg führt durch eine großzügig ausgeschabte Grotte. Gerüste stützen den Stein, die Wände sind mit Beton ausgegossen. Kreißsägen kreischen, und Arbeiter klettern von Felsblock zu Felsblock. An diesem Morgen wird eine Abordnung aus palästinensischen Polizisten in blauer und israelischen Soldaten in tarngrüner Uniform tief hinab in die Eingeweide Jerusalems geführt, bewaffnet, vergnügt, gemeinsam. Sie werden über den Fortgang der Grabungsarbeiten und somit auch über ein weiteres Stück ihrer Geschichte informiert.

Je tiefer man steigt, desto schwüler wird es. Nach fünfzehn Minuten hört man ein Sprudeln und Fließen, und dann kommt die Karsthöhle der Quellkammer am Beginn des berühmten, 533 Meter langen Hiskija-Tunnels, durch den der Gihon als Teil eines raffiniert konstruierten Wassersystems aus dem 8. Jahrhundert vor Christus fließt. Am Eingang stauen sich israelische Schulklassen, mit Taschenlampen und reichlich Geschrei waten die Teenager durchs wadenhohe Wasser, und ein Junge, der hier unten Platzangst hat, beginnt, all die Hunderte von Treppenstufen mühsam wieder aufwärtszusteigen.

Der Gihon ist weniger ein Fluss denn ein plätschernder Bach. Er war die zentrale Wasserversorgung der Bevölkerung in vorchristlichen Zeiten. Diesen im Vergleich zu den Weltströmen Nil, Euphrat und Tigris lächerlich kleinen Bach konnte nur kennen, wer in Jerusalem lebte. Sollte damit insinuiert werden, Jerusalem sei das Paradies auf Erden?

‹Der dritte Strom heißt Tigris. Der vierte Strom ist der Euphrat.›
Diese biblische Mitteilung ist geradezu simpel und eindeutig
zu lokalisieren. Die beiden mythischen Ströme Euphrat (hebräisch Perath) und Tigris (hebräisch Hiddekel), zwischen
den Ketten des Zagrosgebirges und der arabischen Sandwüste
gelegen und die meiste Zeit durch glühende Wüste fließend,
entspringen im ostanatolischen Teil der heutigen Türkei, ehe
sie, zuletzt als Schatt el-Arab vereint, bei der Stadt Basra im
heutigen Irak in den Persischen Golf münden. Sie fassen ein
wasserreiches Land ein, das früher Mesopotamien hieß, später in Assyrien (der Norden) und Babylon (der Süden) geteilt
war und Geburtsstätte der Keilschrift war. Dort, wo es stets
wasserreich war, wo Schrift, Schreiben, Lesen und also Kultur entstand – würde man nicht dort den idealen Ort vermuten?

Erstaunlicherweise sind die geografischen Angaben der Bibel
meist richtig; sie entsprechen realen Orten. Die Frage ist allein, zu welcher Zeit welche Orte wem in Jerusalem bekannt
waren. Euphrat, Tigris, Pishon und Gihon, die Landschaf-
ten Hawila und Kusch – das sind nicht viele Hinweise für jenen Raum, in dem das erste Paar der Menschheitsgeschichte
im gnadenvollen Zustand der Perfektion lebte. Aufschlussrei-
cher könnte erst einmal sein, dem Paradies auf sprachwissen-
schaftlichem Pfad näher zu rücken. Das Wort «Paradies» entstammt dem altpersischen Begriff «pairidaeza», der übersetzt
bedeutet: das Umwallte, Umzäunte, oder etwas freier: umwall-
ter Park, noch freier: eingefriedeter Garten. Der Begriff wurde
zum ersten Mal vom griechischen Geschichtsschreiber Xeno-
phon im 4. Jahrhundert vor Christus benutzt, um die von Mauern beschützten Gartenanlagen des persischen Großkönigs zu

beschreiben (die, wie die Hängenden Gärten der Semiramis im Babylon des Nebukadnezar II. oder die Gärten der neuassyrischen Könige, im Übrigen oft Lustgärten waren).

Symbolisch gesehen steht der Garten für den Sieg der Ordnung über das Chaos; er sollte eine göttlich geordnete Welt vorstellen, für die der einzelne Mensch Sorge trägt. Mit gegenwärtigen ethischen Maßstäben betrachtet, ist der Schöpfungsbericht als kluge Anleitung ökologischer Nachhaltigkeit zu verstehen. Den Bibel-Autoren war die Betonung der Fruchtbarkeit offensichtlich äußerst wichtig; es ging ihnen darum, dass in einer Zeit, da das Land in der Sonnenglut verbrannte, ein kultivierbarer Lebensraum zur Verfügung gestellt wird. Solche Gartenanlagen, die alles gedeihen und sprießen lassen, Bäume, Büsche, Früchte, waren ihnen vor allem aus Ägypten und Mesopotamien bekannt. Und auch Jerusalem besaß einen derartigen «Tempelgarten», weswegen die These, man habe in Jerusalem den idealen, traumhaften Ort zu etablieren versucht, wieder ein Stück plausibler wird.

In die Bibel aufgenommen wurde das Wort «Paradies» durch eine gezielte ideologische Absicht, als ab 250 vor Christus die sogenannte «Septuaginta» entstand, die älteste durchgehende Übersetzung des Alten Testament vom Hebräischen ins Altgriechische durch 70 jüdische Gelehrte an 70 Tagen im ägyptischen Alexandria. Durch die Übertragungsarbeiten erfuhr der persische Begriff eine entscheidende Sinnverschiebung: Das «Paradies» wurde vom königlichen Lustgarten zum «Gottesgarten». Wo also könnten Pishon, Gihon, Euphrat und Tigris so zusammenkommen, dass sie südlich wie östlich von Jerusalem den Rahmen eines Gottesgartens bilden?

## Der Gottesgarten: eine iranische Industriestadt?

Paradies gefunden! Emphatisch verkündete Ende des letzten Jahrhunderts ein englischer Archäologe und Ägyptologe eine Sensation, die als solche kaum wahrgenommen wurde. Das lag womöglich daran, dass David Rohl, Jahrgang 1950, eher eigensinniger Abenteurer denn renommierter Wissenschaftler ist. Von der akademischen Welt wurde und wird der leidenschaftliche Freigeist mit Argwohn bedacht und im besten Fall als populistischer Maximalist bezeichnet. «Jene im Wissenschaftszirkel, die es wagen, neue Ideen einzubringen», schießt Rohl zurück, «werden von ihren etablierten Kollegen oft genau deswegen lächerlich gemacht, weil sie ihre Intuition und Imagination nutzen, um irritierende Fragen der Geschichte zu beantworten.»

Wie auch immer seine Person beurteilt werden mag, es lohnt in jedem Fall, Rohls Ideen und Vorschläge einer Prüfung zu unterziehen.

David Rohl ist einer, der, statt sich behutsam an den nachprüfbaren Rändern archäologischer Empirie aufzuhalten, intuitiv ins Herz der Sache vorstoßen will. Schon immer war er Anlaufstelle für allerlei Spekulationen und Theorien nichtakademischer Historiker und Bibelforscher. So kam es, dass ihm im Jahr 1987 zufällig ein Artikel in die Hand geriet, der den reizvollen Titel trug: «The Land of Eden». Autor war ein gewisser Reginald Arthur Walker, 1917 geboren (er würde 1989 sterben), ein englischer Privatgelehrter, von dem weder Rohl noch die meisten sonst je etwas gehört hatten. Zuerst war Rohl verwundert über die merkwürdigen Assoziationen, die Walker anstellte – Wort- und Namensspiele, bei denen er Ortsangaben in Anatolien mit Namen aus dem Pantheon der griechischen

Götter identifizierte; Walker wollte partout die Entstehung der griechischen Mythologie und Religion auf jene Region zurückführen, die Gelehrte seit langem als Herkunftsraum der indoeuropäischen Kultur ansahen: den Kaukasus, genauer: Armenien.

Walkers wie Rohls Herleitung vom Kulturraum Armenien als Adresse des Paradieses ist so erfrischend wie gewagt, besitzt aber eine gewisse Logik. Rohl war und ist der Überzeugung, dass die alten Völker des Vorderen Orients, die Sumerer, Babylonier und Assyrer, das Paradies als realen, irdischen Ort betrachteten. Erst viel später, in der jüdisch-christlichen Theologie der Bibel, wurde es in den Himmel verlegt. «Das Paradies», befindet Rohl, «existiert.»

Nur wo? Wenn das Wort «Paradies» dem Persischen entstammt, muss es ein reales Vorbild in Persien gegeben haben. Gesucht wird also ein von Mauern eingefriedeter perfekter Garten, der, von vier Flüssen umgeben, irgendwo zwischen der Osttürkei, Syrien, Irak und Iran liegt. Und je weiter Rohl las, desto stärker faszinierten ihn Walkers Theorien. Über die Jahre machte er sie sich zu eigen und brach 1997 schließlich auf, sie an Ort und Stelle zu überprüfen. Es war eine Reise in eine abgelegene Gegend. Im Gepäck hatte er sechs verschiedene Landkarten, da es augenscheinlich keine gab, auf der allein alle angegebenen Orte vollständig verzeichnet gewesen wären. Begleitet von einem Fahrer, startete Rohl mit einem Jeep im westlichen Iran, fuhr Richtung Norden durch die Zagros-Berge nach Iranisch-Kurdistan, dann den Berg Sahand hinunter in das fruchtbare Tal am Fluss Adji Chay. Dort treffen nach Ansicht von Walker und Rohl alle im Schöpfungsmythos beschriebenen vier Flüsse, Euphrat, Tigris, Gihon und Pishon, zusammen.

Der Euphrat, arabisch Firat, entspringt nicht weit von der türkisch-anatolischen Stadt Erzurum in der Nähe des Van-Sees entfernt; der Tigris kommt aus dem Taurusgebirge westlich des Van-Sees. So weit würde es stimmen. Den Gihon erkennt Rohl im Fluss Aras, dessen Arme ebenfalls nördlich des Van-Sees abgehen und durch das heutige Aserbaidschan ins Kaspische Meer fließen. Zwar klingen Aras und Gihon nicht besonders ähnlich, interessant ist aber, dass islamische Eroberer im 8. Jahrhundert nach Christus den Aras noch immer Gihon nannten. Mehr noch: «Viktorianische Gelehrte», schreibt Rohl, «haben nicht nur den Aras mit dem Gihon identifiziert, sondern ebenso nahegelegt, dass das Land Cossaea, das neben Media und dem Kaspischen Meer zu finden war, mit dem biblischen Land Kusch identisch sein soll, durch das der Gihon floss.»

Als Pishon schließlich betrachtet Rohl den Fluss Uizhun, der aus mehreren Quellen nahe dem Berg Sahand, einem erloschenen Vulkan neben dem Urmia-See, stammen soll. Der Uizhun ist auch bekannt als «Kezel Uzun» – «langes Gold». Lässt man den ersten Buchstaben «U» in Uizhun beiseite, heißt das Wort «izhun». Alle Lautverschiebungen über die Jahrhunderte miteingerechnet, könnte man bei aller Vorsicht in «izhun» den Namen «Pishon» wiedererkennen. Rohl wird noch präziser und führt den modernen Namen eines 4000 Meter hohen Berges im nördlichen Iran an: «Kusheh Dagh» – übersetzt: Berg Kusch. Ist der Berg Kusch die Bezeichnung für das biblische *Land* Kusch? Tatsächlich findet sich in der Region Kusheh Dagh der Fluss Uizhun. Rohl selbst hat sich von dessen hohem Mineralgehalt überzeugt. Bis vor kurzem noch gab es in dieser Gegend Goldminen. Kurzum: Wenn Uizhun der Fluss Pishon ist und der Berg Kusheh Dagh das Land Kusch bezeichnet, das, laut Schöpfungsbericht, «reich an Gold» ist, dann ist das Gebiet um den Urmia-See im heutigen Nordiran, südlich von Aserbaidschan, als Adresse von Eden nicht ausgeschlossen. Die Region war einst das Herzland einer Gegend mit dem Namen «Armenien», was im 1. Jahrtausend vor Christus so viel hieß wie: Ur-Mannai, Stadt des Stammes von König Mannai. Der Urmia-See ist der größte Binnensee Irans, 140 Kilometer lang, 40 Kilometer breit, ohne Abfluss.

*Gott der Herr, berichtet der Autor der Paradies-Erzählung, ließ aus dem Ackerboden allerlei Bäume wachsen, verlockend anzusehen und mit köstlichen Früchten, in der Mitte aber den Baum des Lebens und den Baum der Erkenntnis von Gut und Böse.* Wo im heutigen iranischen Hochland nun wären Mauern, die einen Garten einfriedeten, damit er zum Paradies im persischen Sinn würde? Für Rohl ist auch das kein Problem. Das gesamte Hochland, stellt er fest, sei komplett eingeschlossen von steil abfallenden Bergmassiven, die man als Schutzmauern anerkennen könne; aus diesen Bergen komme der Fluss Adji Chay. Dessen alter Name sei Meidan. «Meidan» ist persisch und heißt «eingehegter Park»; in der Ortsangabe Meidan-é Shah im iranischen Isfahan taucht er noch heute auf. Spätestens jetzt scheint David Rohl am Ziel zu sein, denn im Zentrum des Meidan-Tals steht die moderne iranische Stadt Tabriz. Hier laufen nach seiner Überzeugung alle geografischen Koordinaten auf das Paradies zu. «Der biblische Garten in Eden», resümiert er, «muss identifiziert werden als das Adji-Chay-Tal im nordwestlichen Iran im Zentrum der heutigen Landeshauptstadt Tabriz.»

Noch eines spricht für die Region um Adji Chay: In den hoch gelegenen Ebenen des Zagrosgebirges fand nach Rohls Einschätzung die neolithische Revolution statt – der Übergang von der Jäger-und-Sammler-Kultur zum sesshaften Bauerntum, zur Domestikation von Tier und Pflanze. «Tatsächlich markiert der biblische Adam den Wandel vom prähistorischen Jäger und Sammler zum spirituellen Menschen im Besitz technologischer Fertigkeiten und Wissen. Dieses Wissen ist die Grundlage der Zivilisation.»

Geht es nach David Rohl, hat die Bibel recht. Ob das wirklich so ist, ist ein Jahrhundertstreit, der bis heute anhängig ist.

## Die Bibel als Lehrbuch zur Eigenverantwortung

Das Buch kann nur verstehen, wer sich den politischen und kulturellen Kontext seiner Entstehung vergegenwärtigt. Der Pentateuch, dessen Auftakt die Genesis ist, wurde nach Überzeugung der seriösen aktuellen Bibelforschung denkbar spät, nämlich erst im 5. Jahrhundert vor Christus, abgeschlossen. Will heißen: Die scheinbar älteste Geschichte vom Anfang der Welt wurde als eine der letzten verfasst und an den Buch-Anfang gesetzt. Mit heißer Feder leisteten die Autoren verschiedener Denkschulen in einem permanenten Diskussionsprozess, was in die Schriften hineingehöre, über Jahrzehnte hinweg kleinteilige Arbeit am Mythos: Immer wieder entstanden neue Versuche der Selbstdeutung mittels aufgesammelter und kopierter Geschichten, die, wenn man so will, in hebräisierter Form fortgeschrieben wurden. Analog der Arbeit in einem Verlag oder einer Magazinredaktion gingen die Texte durch einen Prozess der Selektion, stets die Leitfrage der Autoren im Hintergrund: Wie wollen wir uns sehen? Das große Ziel war, sich über Geschichten eine kollektive Identität zu erschreiben – mit einer übrigens erstaunlichen Spannbreite an Toleranz dessen, was man akzeptierte. Aber wie? Kann man sich eine Art Zentralredaktion vorstellen, unterteilt in verschiedene Ressorts, in eine Dokumentationsabteilung, in Schreiberdienste und Korrektoren, mit Ressortleitern und einem Chefredakteur und Verleger an der Spitze?

Schwer vorstellbar. Von einer Art «Büro zur Erfindung von Geschichten» in Jerusalem, in dem Menschen mit exzessiver Kreativität eine Fiktion nach der anderen ersannen, ist bis heute nichts bekannt. Kein Priester, kein Theologe, kein Autor, der an ideologischer Stoßkraft, Glaubenswürdigkeit und programmatischem Einfluss seines Werks interessiert ist, würde freilich Ereignisse ohne Wirklichkeitsgehalt erfinden, Ereignisse, die die Menschen um ihn herum nicht kennen oder über die sie noch nie gehört haben oder von denen es keinerlei vages Hörensagen gibt. Nein, die Autoren in den Schreibstuben sammelten Geschichten, die bereits auf dem Weg zum Mythos waren, im Sinne des Wortes erlesene Legenden, deren Genese sich in etwa wie folgt anhören könnte: Es gab da einmal eine Höhle mit vorgelagerten Bäumen, und da gab es eine große Stadt mit Mauern, und die gibt es jetzt nicht mehr. Und während der Jahrhunderte erzählten sich die Menschen die Geschichte von den Riesenbäumen und der Höhle in sanften oder stärkeren Variationen. Und so heißt es irgendwann also: Es war einmal eine Schlacht, und nach der Schlacht wurden die bösen Könige gehängt an vierzig Meter hohe Bäume, und ihre Körper wurden in nachtdunkle Höhlen geworfen...

Die Bibel ist ein Buch der konservierten Erinnerungen. Ihre Zusammenstellung findet ein so kritischer und provokativer Kopf wie der Archäologe und Historiker Israel Finkelstein von der Universität Tel Aviv schlichtweg genial. «Wir sprechen hier nicht von der großartigen Zivilisation der Ägypter», sagt er, «wir sprechen nicht über Assyrer, die die Bibel im späten

8. und 7. Jahrhundert vor Christus in vielerlei Hinsicht beeinflusst haben. Wir sprechen über einen Landstrich, der zur damaligen Zeit innerhalb der Levante keinerlei Bedeutung besaß, abgelegen, gottvergessen, wenn man so will.»

Dieser unbedeutende Staat lief neben den großen Zivilisationskulturen her, und dann geschah, plötzlich fast, jene verblüffende Eruption kreativer Kräfte, die das Gründungsdokument der westlichen Welt verfassten, ähnlich der im Athen des 5. Jahrhunderts vor Christus oder der in Florenz im 16. Jahrhundert nach Christus. «Dass so etwas je geschehen konnte», sagt Finkelstein, «ist unglaublich. Man kann es sich nur mit einer starken Ideologisierung der Autoren erklären, in einer Gegend, wo es keinerlei berechenbare Stabilität, nur ein ständiges Auf und Ab, Hin und Her gab.»

Es existierten in Jerusalem im 7. Jahrhundert vor Christus verschiedene Fraktionen und Interessen, wie am besten mit dem verbliebenen Königreich Juda zu verfahren sei. Zur Erinnerung: Das Nordkönigreich Israel ist zu jenem Zeitpunkt ausradiert, die Menschen von den Assyrern deportiert. Jetzt steht Juda, eine rein tribalistisch, also über Stämme organisierte Gesellschaft, angesichts des aggressiven assyrischen Imperialismus vor der Wahl, sich entweder unabhängig zu halten und Gefahr zu laufen, im ständigen Kampf mit den Großmächten aufgerieben zu werden; oder aber ins assyrische Imperium einverleibt zu werden, mit all seiner wirtschaftlichen Stärke, seinen territorialen Ansprüchen, seiner diplomatischen Kultur und seinen politischen Zielen, in denkbar größter Nähe zu einem bekanntermaßen mächtigen und wiedererstarkenden Feind: Ägypten. Die 26., die restaurative Saiiten-Dynastie unter Pharao Sais ab 664 vor Christus stand vor einem steilen Aufstieg, rekrutierte Söldner aus dem gesamten Mittelmeerraum zu einer schlagkräftigen Großarmee und unterstützte die zu jener Zeit bereits stark geschwächten Assyrer im Kampf gegen das neubabylonische Reich unter König Nabopolassar, Vater von Nebukadnezar II. Und die Ägypter interessierten sich anfangs keineswegs für jenes kleine Nest in den östlichen Bergen, das Jerusalem hieß. Was sie interessierte, waren die Hauptstraße, die Küstenrouten. Deswegen machte sich der nächste Pharao, Necho II., mit einer großen Armee auf den Weg nach Norden ...

Sicherheit oder Selbstbehauptung – das waren die Alternativen im unterentwickelten, unbedeutenden, abgelegenen Staat Juda. Eine starke Fraktion um den Jerusalemer Tempel sprach sich eindeutig für wirtschaftliche Sicherheit unter assyrischem Dach aus, was die Preisgabe der eigenen kulturellen und politischen Identität bedeutete. Eine andere Fraktion aber, denkbar unglücklich mit der Aussicht, im assyrischen Empire auf- und also kulturell unterzugehen, schwang sich auf, ein großes Epos zu verfassen: für den Widerstand, für das Ideal, für den traumhaften Ort.

Die Erzählung vom Paradies war die Utopie einer neuen Gesellschaft, die Projektion eines Ideals für Israel, und Jerusalem war der Ort dieses Ideals, an dem sich die Bewohner einen Tempel samt eingefriedetem Garten errichtet hatten. Jerusalem, wo die Autoren leben und schreiben, wird zum beschworenen Paradies auf Erden erhoben. Seine Bewohner haben sich ihre Stadt, ihren Staat so gemacht, wie sie es dann in der Legende vom Paradies beschreiben: Der Tempelgarten ist der Garten Eden und das Paradies irdisch verortet. Weil Abertausende von Menschen aus der Region bis hin zum entfernten Anatolien nicht wegen des Handels oder der industriellen Produktion, sondern wegen seiner Kultstätte nach Jerusalem kamen, konnte aus dem bedeutungslosen Nest eine wichtige, letztlich eine Weltstadt der Pilger werden. Damals suchte man nach einem Zentrum für den JHWH-Kult, und es hätte genauso gut Hebron oder Nablus sein können. Doch das Dorf Jerusalem lag zwischen den Stämmen der Judäer und Benjaminiter, den beiden führenden im Clansystem Judas, sodass es fast logischerweise, jedenfalls geografisch sinnvoll, auf Jerusalem zulief, zumal es dort mit dem Fluss Gihon ja eine hervorragende Wasserquelle für den Anbau von Gemüse, Obst und Getreide gab.

Bekanntlich schafft Gott zuerst Adam. Er schafft, wie es hebräisch heißt, «ha-adam»: den Menschen. Von Anbeginn an ist klar, dass «ha-adam», der Mensch, existenziell einsam ist. *Dann sprach Gott der Herr: Es ist nicht gut, dass der Mensch allein bleibt. Ich will ihm eine Hilfe machen, die ihm entspricht.* Gott macht ein Tier nach dem anderen, der Mensch soll ihm Namen geben, aber der Mensch findet in keinem der Tiere einen ihm adäquaten Partner. Er bleibt einsam. Da lässt der Schöpfer seinen ersten Menschen in einen Schlaf fallen, nimmt einen Teil von ihm und schafft einen zweiten Menschen. Diesen nennt er hebräisch «cheva», «Leben». Aus «ha-adam» und «cheva», aus Mensch und Leben, wurden Adam und Eva. Erst in der Zweisamkeit ist Schöpfung gelungen, erst durch Liebe wird das Leid der existenziellen Einsamkeit gestillt.

Dass die Sünde ins Paradies kommt, ist übrigens nicht die Schuld eines Apfels. Der Apfel spielte überhaupt keine Rolle, im Vorderen Orient der damaligen Zeit gab es keine Apfelbäume. Wie konnte dann der Apfel so schwer belastet werden? Zum einen, weil er eine typisch europäisch-mediterrane Frucht ist, wie sie der Bewohner in den levantinischen Breitengraden von Jerusalem kennt. Zum Zweiten aber, weil sich in der Vulgata, der Bibelversion im 4. Jahrhundert nach Christus, ein Übersetzungsfehler eingeschlichen hat: Das lateinische Wort «malum» heißt «das Böse». Es hat aber auch eine zweite Bedeutung: Apfel.

War die Frucht der Erkenntnis vielleicht eher die Dattel? Unwahrscheinlich. Dafür hätte die Frau nach der Verführung durch die schlaue Schlange den verbotenen Baum in der Gartenmitte mühsam hinaufklettern müssen, weil der Dattelbaum eine hochragende Palme ist. War es der Granatapfel? Sehr verführerisch scheint der nicht zu sein. Am wahrscheinlichsten ist also die Feige, weil sie die einzige Frucht ist, die süß schmeckt, leicht zugänglich und von alters her verfügbar ist. Ob Granatapfel, Dattel oder Feige, einerlei: Wer die Frucht der Erkenntnis isst, überschreitet die heilvolle Schranke totaler Geborgenheit. Er entzieht sich der Obhut Gottes und fällt ins Unheilvolle. Er macht sich schuldig.

Der Schöpfungsmythos teilt sich in zwei Berichte auf, die in verschiedenen Zeiträumen entstanden sind und verschiedene Absichten verfolgen: die beiden ersten Kapitel der Genesis. Der erste Schöpfungsbericht von der Erschaffung der Welt entwirft eine Idealwelt und versucht, in einer einzigen kurzen Erzählung zusammenzufassen, was der Mensch im Eigentlichen ist. Er versucht, die Welt als Stück für Stück besser geordnet zu beschreiben. Da der Schöpfungsbericht mit großer Wahrscheinlichkeit nach 587 vor Christus, dem Beginn des babylonischen Exils, entstanden ist, zu jener Zeit also, da die Israeliten kein Land und ihre Traditionen keine bindende Kraft mehr hatten, spiegelt seine Idealwelt den Kontrapunkt gegen die reale Erfahrung von Zerstörung und Deportation. Er poetisiert die Sehnsucht nach einer stabilen und verlässlichen Ordnung. Über einen Schöpfergott wird versucht, eine neue Theologie aufzubauen und den Menschen mitzuteilen, welche Konsequenz aus der Erschaffung des Menschen resultiert: Seid fruchtbar und macht euch die Erde untertan!

Letztere ist eine Formulierung, die auch aus assyrischen Texten bekannt ist und keineswegs bedeutet, die Erde auszubeuten, sondern, wie man heute sagen würde, nachhaltig mit der Schöpfung umzugehen. Die Verantwortung für die Erde ist eine Fürsorge für den Menschen. Bei den Assyrern war der König zugleich Stellvertreter des Gottes Assur und als solcher hatte er mit unendlicher Verfügungsgewalt die Aufgabe, die göttliche Ordnung umzusetzen. Nach der Deportation 587 vor Christus aber gibt es keinen König mehr, und jetzt wird Nachhaltigkeit auf jeden Menschen übertragen. Der Schöpfungsbericht ist also ein Exempel angewandter praktischer Ethik: Jeder Mensch hat die Aufgabe, für die Erde Fürsorge zu tragen! Als einer der zuletzt verfassten Texte wurde er an den Anfang der Bibel gestellt und ist der initiative Beginn hoher Philosophie über die existenzielle Frage, wie das Böse in die Welt kommt – eine Art Notenschlüssel, mit dem die Basslinie des Alten Testaments eingeführt wird, seine poetisch-melodischen Antworten auf die Frage, wie und wer der Mensch ist und wieso er, der Mensch, ständig selbst entscheiden muss und wie er sein Leben gestalten soll, obwohl es doch Gott gibt, der für alles zuständig ist. Die Bibelwissenschaft geht davon aus, dass sich das Kapitel 2 der Genesis über einen langen Zeitraum hinweg entwickelt hat. Die ältesten Teile entstanden um 900 vor Christus, ehe der Text durch die Montage der Schlange im 7. Jahrhundert vor Christus für die noch heute bestehende Fassung moralisch zugerüstet wurde.

Die Erziehung des Menschen zur Eigenverantwortung ist das moralische Ziel der Schöpfungslegende, ihr ethischer

Kern die Einsicht, dass der Mensch für seine Entscheidungen selbst geradezustehen habe. Es gibt, wollen die Autoren sagen, eine grundsätzliche Fürsorge Gottes für alle Menschen; jeder Mensch kann sich dieser Fürsorge unterstellen, dann wird er leben wie ein König im umfriedeten Garten in Eden. All das aber unter einer einzigen Bedingung: Mensch, iss nicht von dem Baum, denn dann hast du Erkenntnis und das Wissen um Gut und Böse! Dann fällst du aus dem Schutzbereich Gottes heraus, aus dem Bereich des Guten! Das ist jener Moment, da sich der Übergang vom Natur- zum Kulturwesen vollzieht. Folgerichtig wird der Mensch am Ende der Paradies-Erzählung aus dem Garten entlassen. Jetzt hat er sich außerhalb des wundersamen Eden zu bewähren. Dieses Leitmotiv ist keine genuine Erfindung des Alten Testaments. Es lässt sich schon viel früher finden.

### Der Schöpfungsbericht: ein Plagiat?

Am 13. Januar 1902 trägt in Gegenwart des deutschen Kaisers Wilhelm II. ein gewisser Friedrich Delitzsch vor der Deutschen Orientgesellschaft in der Sing-Akademie zu Berlin etwas Ungeheuerliches vor. Der Redner, 1850 in Erlangen geboren, ist ordentlicher Professor für Assyriologie an der Friedrich-Wilhelms-Universität in der preußischen Hauptstadt und genießt in Fachkreisen höchste Reputation. Er ist Mitbegründer der Deutschen Orientgesellschaft und seit 1899 Direktor der Vorderasiatischen Abteilung der Königlichen Museen. Seine unbestrittenen Verdienste liegen in der Erforschung der alten vorderasiatischen Sprachen Assyrisch und Akkadisch.

An jenem Januartag 1902 also behauptet Friedrich Delitzsch, das Alte Testament und die jüdische Religion hätten ihre Ursprünge in sehr viel älteren babylonischen Mythen. Heftige Reaktionen, Empörungen, ja persönliche Attacken gegen den Referenten folgen, der berühmte «Babel-Bibel-Streit» ist geboren. In zwei weiteren Vorträgen verschärft Delitzsch den Ton und stellt die These auf, das Alte Testament sei, so lassen sich seine Aussagen zusammenfassen, nichts weiter als ein Plagiat, mehr noch: Die Bibel sei eine minderwertige Kopie 2000 Jahre älterer Texte. Alles in allem: Die babylonisch-assyrische Kultur sei der alttestamentlich-israelitischen religiös hoch überlegen gewesen. Welch Provokation der christlich-jüdischen Gelehrtenschaft! Schriften und Gegenschriften entstehen, und die mit großer Schärfe geführte Diskussion gipfelt in der Frage, ob die Motive und Bilder der alttestamentlichen Schöpfungsgeschichte tatsächlich eine Imitation altorientalischer Epen darstellen.

Vieles spricht dafür. Zahlreiche Schöpfungsmythen, Kosmogonien genannt, sind wesentlich älter als die Paradies-Erzählung des Alten Testaments: altägyptische, sumerische, akkadische, hethitische, persische. In den heliopolitanischen Mythen etwa entfaltet sich eine Urmasse aus sich selbst und verwandelt die sogenannte Neunheit, die Elemente des Kosmos, in Fleisch und Blut. In der sumerischen Schöpfungsgeschichte geht es um die Vermählung des Süßwasserozeans (Enki) mit der Erde (Nintu), und im babylonischen Schöpfungslied «Enuma elisch» («Als droben...») um die Erschaffung der Menschen aus dem Blut des Gottes Marduk, mit der Konsequenz, dass der Mensch schon im Moment seiner Entstehung schuldig und sein Blut mit Sünde und Tod belastet ist.

Das älteste, bekannteste und einflussreichste Epos der

Menschheit ist das des Gilgamesch, des Herrschers von Uruk, der, im Besitz größter Weisheit, um 2600 vor Christus als Halbgott den Thron bestieg. Das Epos wurde in akkadischer, also semitischer Sprache auf zwölf Tafeln mit Schilfgriffeln in Ton geritzt; jede Tafel entspricht einem Kapitel. Entdeckt wurden die Tafeln Ende des 19. Jahrhunderts in den Tempelruinen von Nabu und der Palastbibliothek des assyrischen Königs Assurbanipal im sagenhaften Ninive, einem der ältesten Kulturzentren der Menschheit, dessen Überreste am linken Tigris-Ufer gegenüber der Stadt Mossul im gegenwärtigen Nordirak zu finden sind. Die Bruchstücke der Keilschrifttafeln liegen in Museen der ganzen Welt verstreut. Zusammengefügt erzählen sie die Geschichte von Gilgamesch, dem dritten König der sumerischen Stadt Uruk, der nach vielen Abenteuern, Verlusten und aus Angst vor dem eigenen Tod nach den Geheimnissen des ewigen Lebens sucht, weswegen er zu Utnapishtim im Wohnort der Götter reist, der einige Antworten wissen soll.

Im Gilgamesch-Epos, entstanden um 2150 vor Christus, ist die Lage des idealen Orts als «Garten der Götter auf einem Berge» beschrieben. Er heißt Dilmun und soll auf einer Insel liegen, dort, «wo die Sonne aufgeht und fern an der Ströme Mündung». In der jungfräulich reinen und hellen Welt von Dilmun gibt es weder Alter noch Krankheit, es herrscht Stille und Frieden. *In Dilmun krächzen die Raben nicht, der wilde Vogel stößt seinen Schrei nicht aus, der Löwe tötet nicht, der Wolf reißt nicht das Lamm, unbekannt ist der wilde Hund, der das Zicklein verschlingt …*

Als auch die Schriftgelehrten und Priester der israelitischen Oberschicht vom siegreich wütenden König Nebukadnezar II. aus Jerusalem in die Gefangenschaft nach Babylon, ins Land der Sumerer, deportiert wurden – ein für den Entstehungsprozess der Bibel folgenreiches Trauma –, kamen sie über die Jahrzehnte des Exils ständig mit all jenen Schöpfungserzählungen in Berührung, die in den Gedächtnispalästen der Völker an den Gestaden von Euphrat und Tigris seit Jahrhunderten archiviert waren. Sie adaptierten sie und brachten sie bei ihrer Rückkehr in ihre zerstörten Königreiche Israel und Juda, deren Einheit zersplittert, deren Volk in Gruppen zerstreut, deren Land zerfasert war. Der Schöpfungsbericht der Genesis spiegelt die Sehnsucht der Heimkehrer nach einer endlich geordneten Welt, einer Idealwelt, eines idealen Ortes wider.

Heute steht außer Zweifel, dass die alttestamentliche Paradies-Erzählung zu wesentlichen Teilen auf sumerischen und persischen Schöpfungsmythen basiert. Die Leitmotive Engel, Teufel, Dämonen und Weltgericht sind nahezu deckungsgleich. Friedrich Delitzsch hatte recht.

## Der Gottesgarten in der Bucht von Bandar-e Abbas

Paradies gefunden! Wo jährlich Abertausende Öltanker zwischen Iran und Oman auf der Straße von Hormuz nach Kuwait fahren, exakt dort soll, folgt man Norbert Buchner, Physiker, Forschungsentwickler und emeritierter Professor für Verfahrenstechnik an der Hochschule Stuttgart-Hohenheim, der Göttergarten Dilmun gelegen haben. Im Wohnzimmer seines Hauses in Winnenden auf der Schwäbischen Alb – auf dessen Tisch ein riesiger Atlas liegt – geht Buchner sogar so weit, das Paradies auf einer kleinen, versunkenen Inselgruppe mit den Namen Groß- und Klein-Tunb zu verorten, südlich der Halbinsel Kism, wo sich heute Strandurlauber sonnen. Nicht exakt bei Kism, sondern etwas weiter westlich, am Kopf des Persischen Golfs in Bahrain, hatte bereits in den 1990er Jahren der Anthropologe Juris Zarins von der Southwest Missouri State University den Garten von Eden verortet, vom Golfwasser begraben.

Buchner ist weder Anthropologe, Archäologe oder Historiker, noch ist er ein aktiver Abenteurer wie David Rohl. Um die detailgenaue Ableitung der biblischen Flüsse Gihon, Pishon und der Länder Hawila oder Kusch aus der geografischen Realität geht es ihm nicht. Er analysiert in größeren Bögen. Getrieben von persönlicher Begeisterung und Neugier, begann er vor zwanzig Jahren, Schöpfungsmythos, Menschheitsgeschichte, Geologie und Klimakunde zusammenzudenken, und auf einmal lief alles auf den südlichen Iran zu. Auf den ersten Blick scheint es, als müsste Buchner im Babel-Bibel-Streit eindeutig auf Seiten Babels und Friedrich Delitzschs stehen. Der Urmythos von der Erschaffung von Welt und Mensch in sieben Tagen ist seiner Auffassung nach ein persisches Motiv, und ebenso wie Rohl vertritt er die Meinung, das einstige, von vier Flüssen begrenzte Paradies lasse sich noch heute finden. Im Gegensatz zum englischen Ägyptologen liest Buchner die Paradiesgeschichte geologisch und klimatologisch und verortet den Schöpfungsmythos dort, wo es auch die Sumerer taten: «am Meer», wo «alle Flüsse zusammenfließen», dort, «wo die Sonne aufgeht» – im Osten also. In Persien.

Beim Blick auf die Landkarte des Persischen Golfs fällt auf, dass ein Sporn der arabischen Erdplatte in die eurasische Platte stößt. Die Ketten eines Gebirges sind halbkreisförmig zurückgedrängt und müssen also aufgefaltet worden sein. Eine beträchtliche Anzahl großer und kleiner Flüsse muss am Ende der letzten Eiszeit parallel aus dem Gebirge gekommen und wie Speichen in einem Rad südöstlich in eine weite

Bucht hinein ausgelaufen sein. Das Gebirge hielt die scharfen Nordwinde ab und lud die Wolken zum Abregnen ein. Eine riesige Tiefebene war übersät mit Süßwasserseen von der Länge der Entfernung Frankfurt/Main bis Wien – Aufblähungen von Flüssen, ähnlich der des Bodensees, der ein Großbecken für den Rhein darstellt. Aufgrund der 1996 veröffentlichten Ergebnisse von Bohrungen maritimer Sedimente durch den australischen Geologen K. Lambeck von der National University of Canberra ist bekannt, dass es südlich der Bucht von Bandar-e Abbas vor 15 000 Jahren Landmasse gab. Der Persische Golf existierte damals noch nicht. Kleinstlebewesen in den Sedimenten geben Hinweise, wann zu welcher Zeit an jenem Ort Salz- oder Süßwasser, also Meer oder Land, war. Anhand des Bodenprofils im Golf lassen sich die verschiedenen Phasen der Küstenverläufe rekonstruieren. Am Ende der letzten Eiszeit waren die Meeresspiegel im Vergleich zum heutigen Niveau um etwa 130 Meter abgesenkt und weltweit geschätzt bis zu 50 Millionen Kubikkilometer Süßwasser in Gletschermassen gebunden. Der größte Teil der Nordsee lag ebenso auf Land wie die obere Adria, und der Indische Ozean hatte sich weit zurückgezogen. Weil die Kurve für den Meeresspiegel während der letzten Eiszeit erforscht ist, lässt sich errechnen, wie viel Land vom Meer freigegeben wurde. So können die Küstenverläufe rekonstruiert werden: 70 Prozent des Persischen Golfs, der heute im Mittel nur 35 Meter tief ist, bestanden damals aus fruchtbaren Äckern und Süßwasserseen, die von Euphrat und Tigris gespeist wurden.

Es muss eine bizarre Landschaft gewesen sein: ein von Seewasser umspieltes Gebilde aus Landzungen und Landbrücken, Ausbuchtungen, Anhöhen, Hügeln und Kuppen und an der Nordspitze dieser großen Oase schließlich jener Berg, den

Buchner – die iranische Bezeichnung «Tunb» steht für «Berg» – als Groß-Tunb identifiziert hat. Begrenzt war dieses Gebiet vom östlichen Ende des «Zentral-» und dem westlichen des «Ost-Sees», deren Becken noch heute in ihrer einstigen Struktur auf dem Grund des Persischen Golfs erkennbar sind. «Wenn es einen Garten Eden gegeben hat», sagt Buchner, «dann bleibt eigentlich nur ein Platz übrig: die Bucht von Bandar-e Abbas.»

Diese Bucht war durch Ausläufer des Zagrosgebirges nach Osten wie nach Norden geschützt, lag auf Meeresniveau und profitierte von reichlich Süßwasserangebot, die Ufer von Euphrat und Tigris waren ja höchst fruchtbar. Also schließt Buchner: «Die ersten Menschen müssten wirklich dämlich gewesen sein, wenn sie vor etwa 52 000 Jahren, aus Ostafrika, dem heutigen Äthiopien, über das Rote Meer und den heutigen Jemen kommend, an diesem idealen Refugium vorbeigestolpert wären.»

Klimawissenschaftlich erwiesen ist, dass die Temperaturen nach Ende der letzten Eiszeit um 10 000 vor Christus im Mittelwert um acht bis zehn Grad niedriger als heute lagen. Buchner hat die aktuellen Jahresdurchschnittstemperaturen von fünf verschiedenen Anrainerstaaten des Golfs für je Sommer und Winter errechnet und zehn Grad abgezogen. Herrschen heute in der Bucht um die moderne Industriestadt Bandar-e Abbas in den Sommermonaten tropische 40 bis 45 Grad bei 90 bis 100 Prozent Luftfeuchtigkeit, so sein Ergebnis, müssen es damals subtropische 30 Grad gewesen sein. Sicher hat es im Gebirge um Bandar-e Abbas auch andere Stellen gegeben, an denen Flüsse zusammenliefen und Seen entstanden. Die aber lagen 1500 Meter höher, wo es 15 Grad kälter war, und erste archäologisch nachweisbare Spuren einer Besiedlung gibt es dort oben erst aus der Zeit um 7000 vor Christus.

Buchner wollte es noch genauer. Er suchte weiter. Nach einem speziellen Ort, wie es auch David Rohl getan hatte. Während der Engländer sich auf geografische Angaben und etymologische Spitzfindigkeiten kaprizierte, den «Ländern» Kusch und Hawila nachspürte und spekulationsfreudig die heutigen Namen der Flüsse Pishon und Gihon herleitete, fahndete Buchner nach dem versunkenen Eden mit geologischen Instrumenten. Tabriz und der Urmia-See kommen für ihn als Paradies nicht in Frage: «Wir müssen für die damalige Zeit heutige Temperaturen voraussetzen, und da war es auf dieser Höhe zur fraglichen Zeit viel zu kalt.» Das Gebiet um Urmia, auf 1600 Meter gelegen, sei von dürftiger Fruchtbarkeit; bis März liegt Schnee, manchmal schneit es bis in den April. Die Felder können ein halbes Jahr nicht bestellt werden, und im Sommer wird es sehr heiß. Außer Pappeln und Weiden wächst dort oben kaum ein Baum, die Vegetationsperiode von Getreide ist eingeengt. Darüber hinaus hat der Urmia-See mit 30 Prozent einen ähnlich hohen Salzgehalt wie das Tote Meer. «Das», sagt Buchner, «ist absolut nicht das, was ich mir unter einem Paradies vorstelle.»

Seine Vorstellungen von Eden entsprechen eher den Verhältnissen des mediterranen Landstrichs am heutigen Lago Maggiore oder am Gardasee in Norditalien. Im Schnitt ist es dort 25 – 30 Grad warm, es gibt reichlich Süßwasser, die Region ist durch die Alpen gegen kalte Nordwinde geschützt, es wachsen Jasminsträucher, Zitrusfruchtbäume, Pinien und Zypressen. Solche idealen Zustände also sollen vor 10 000 Jahren in der Bucht von Bandar-e Abbas geherrscht haben; während der beginnenden Wärmephasen, den Interstadialen, konnten sich die Menschen hervorragend vermehren und ernähren.

Wer sich vom Schreibtisch aus über Google Earth an die Bucht heranzoomt, kann gut erkennen, dass davor noch heute zwei kleine Inseln aus dem Persischen Golf herausragen. Sie heißen Groß-Tunb und Klein-Tunb und liegen zwölf Kilometer voneinander entfernt; Groß-Tunb hat einen Umfang von siebzehn mal sechs Kilometern. Heute gehören Groß- und Klein-Tunb zur iranischen Provinz Hormozgan. Aus den «geochemischen Untersuchungen» des deutschen Meeresgeologen Eugen Seibold, seinerzeit Direktor des Geologisch-Paläontologischen Instituts der Universität Kiel, der 1965 mit seinem Forschungsschiff Meteor II im Golf und der Straße von Hormuz unterwegs war, ist bekannt, dass die Inseln ein steiles Profil mit scharfer Kante und ebener Fläche hatten und etwa 60 Meter aufragten. Es liegt nahe, dass das Land eingedeicht war, um es vor den immer wieder heranrückenden Überflutungen aus dem Indischen Ozean zu schützen. Gemäß dem sumerischen Schöpfungsbericht befand sich das Paradies ja auf einer Anhöhe, mit Bäumen aus Edelstein und dem Weltenbaum mitten im Garten. Könnten die Deiche von Klein- und Groß-Tunb nicht jene Mauern sein, die das Paradies einfriedeten? Und Dilmun, Ort des sumerischen Paradieses, ist im Übrigen der antike Name für das heutige Bahrain ...

Die Straße von Hormuz, die Route der Öltanker zwischen südlichem Iran und Oman, die den Persischen Golf mit dem Arabischen Meer und dem Indischen Ozean verbindet, ist ein strategisch äußerst sensibles Gebiet. Seit Jahren hat dort keine Forschung mehr stattgefunden, und das archäologische Interesse der Iraner ist nach Buchners Erkenntnissen wenig ausgeprägt. Klein- und Groß-Tunb wurden ebenso wie die Insel Abu Musa am Vorabend der Gründung der Vereinigten Arabischen Emirate im Dezember 1971 vom Iran in einer Nacht-und-Nebel-

Aktion besetzt und zum Marinestützpunkt ausgebaut. Wenn Groß-Tunb also tatsächlich der Garten in Eden ist, steht heute auf dem Paradies ein Militärflughafen.

## Das Paradies in der anatolischen Landebene?

Weder geologische Fakten noch klimatologische Ableitungen überzeugen den Bibelarchäologen Wolfgang Zwickel von der Universität Mainz davon, das Paradies dort zu suchen, wo es Rohl und Buchner tun. Und Zwickel liest den Schöpfungsbericht auch weder geografisch noch geologisch, er versteht ihn kulturell. Gegen das Bergland um den Urmia-See spricht seiner Ansicht nach, dass das Gebiet abgelegen war und es dort zu viel Regen und Feuchtigkeit gibt. Vor allem aber: «Zwischen Palästina und der Region um Bandar-e Abbas herrscht ein viel zu großer Kulturunterschied.» Für die fragliche Zeit gebe es keine Belege einer blühenden Kultur in der Region des Persischen Golfs. Weil Zwickel sich viel stärker für den kulturellen Kontext interessiert, richtet er sein Augenmerk auf den Großraum eines besonders fruchtbaren Gebiets in sichelförmigem Schwung, für das der amerikanische Ägyptologe James Henry Breasted Anfang des 20. Jahrhunderts den Begriff «fruchtbarer Halbmond» prägte: das von Euphrat und Tigris eingerahmte Land nördlich der Arabischen Halbinsel zwischen dem antiken Ur in Chaldäa, dem heutigen Südirak, und dem Nildelta Ägyptens im Westen. Fruchtbarkeit, meint Zwickel, sei das eigentliche Thema der Paradiesgeschichte. «Der Gegensatz zwischen Sommer und Winter, zwischen Fruchtbarkeit und dem totalen Verbrennen des Landes unter der Sonne spielte eine extrem große Rolle für die Menschen der damaligen Zeit. Aus

Wünschen nach fruchtbarem Land entstehen Vorstellungen eines idealen Raums.»

Inmitten des *fruchtbaren Halbmonds*, in der heutigen Region Nordsyrien und Südanatolien, gab es vor 3000 Jahren ein aramäisches Fürstentum mit dem Namen «Bit Adini». Es lag, zwanzig Kilometer südlich der einstigen Stadt Karkemisch in der aktuellen südosttürkischen Provinz Gaziantep, am oberen Euphrat und wurde um 880 vor Christus von den Assyrern erobert. Bit Adini und seine Hauptstadt Til Barsip waren Zentrum der kultischen Verehrung des Wettergottes Adad. Mit hoher Wahrscheinlichkeit ist Bit Adini identisch mit dem hebräischen Bet-Eden, dem «Haus Eden», das vom Schafzüchter und Maulbeerfeigenpflanzer Amos im 8. Jahrhundert vor Christus erwähnt wurde. Amos war der erste Prophet des Alten Testaments, dessen Visionen in Schriftform überliefert und in die Bibel aufgenommen wurden. Durch das *Haus Eden* verliefen die großen Handelsstraßen von Nord nach Süd und von Ost nach West, auf denen Güter und mit den Gütern Erzählungen und also Gedanken, Vorstellungen, Hoffnungen transportiert wurden.

Die geschwungene Landebene – geschützt von dem iranischen Zagros- und dem türkischen Taurusgebirge, 500 Millimeter Niederschlag pro Kubikmeter, dazu stets reichlich Wasser durch Euphrat und Tigris – war und ist ein höchst fruchtbares Biotop. Anthropologen, Archäologen und Bibelwissenschaftler sind sich einig, dass der *fruchtbare Halbmond* optimale Voraussetzungen für paradiesische Zustände bot, angesichts deren man auf die Idee kommen könnte, der Garten von Eden sei nicht eine Stadt oder ein Tal oder eine genau zu lokalisierende Insel, sondern vielmehr die Bezeichnung für einen landschaftlichen Großraum gewesen, der sich, aus 5000 Meter Höhe be-

trachtet, in sattem Grün von den gelben Wüsten- und Trocken-
gebieten nördlich, südlich und westlich abhebt. Nachweislich
fand innerhalb des «fruchtbaren Halbmonds», des Ursprungs-
lands von Ackerbau und Viehzucht, die neolithische Revolution
statt: der Übergang von der Alt- zur Jungsteinzeit.

Nicht weit der Ruinen des antiken Bit Adini liegt die türkische Stadt Urfa. Manches spricht dafür, dass Abraham, der
Erzvater der drei großen Offenbarungsreligionen, dort geboren wurde und aufgewachsen ist. Deswegen ist Urfa Juden,
Christen und Muslimen heilig und heißt seit 1984 «Sanlíurfa»,
heiliges Urfa. Der Name Urfa stammt vom syrischen Urhai ab,
dieses vom arabischen Er-Ruha, was übersetzt «große Wasser-
menge» bedeutet.

Um in den heiligsten Bezirk der Stadt zu kommen, zu jener
schlichten Felsgrotte, die Urfa zum Pilgerort aller drei Offenbarungsreligionen adelt, führt der Weg Richtung Hauptmoschee
durch den Basar und in den Hoheitsbereich der Stoffhändler,
deren Werben man sich nur durch hartherzige Ignoranz zu
entziehen vermag, weiter über lichtlose Gassen der Messer-
schleifer und Kupfermacher in das Viertel der Moscheen, das
man in Urfa «Dergah» nennt, zum schönen, mit angelegten
Bächen durchzogenen Park in dem Innenhof der erst 1987 definitiv vollendeten Mevlid-i-Halil-Moschee. Oben, auf dem Felsen über der Moschee, stehen in monumentaler Absicht die
zwei kaum versehrten Steinsäulen, die so wenig aus dem Bild
der Stadt wegzudenken sind wie Urfa aus der Mythologie der
Menschheitsgeschichte.

Zwei Eingänge führen in die Grotte, rechts jener für Männer,
links der für Frauen. Die Schuhe hat man draußen abzustellen.
In den Stein im Rundbogen des Eingangs ist ein arabischer Su-
renvers gemeißelt. Es ist dämpfig, und durch ein Eisengitter

hindurch sieht man in eine ausgemeißelte, flache, sehr geräumige Höhle. Ab jetzt hat man zu glauben, dass in jener Grotte der Erzvater Abraham geboren wurde; dass Abrahams Geburtsgrotte über die Jahrtausende unangetastet geblieben ist; dass das aus dem Grotteninneren in ein Becken geleitete Wasser, welches aus einem schlichten, ständig laufenden Wasserhahn getrunken werden kann, heiliges und also heilendes ist, obwohl es, offen gesagt, nicht anders schmeckt als gewöhnliches Leitungswasser, vielleicht entkalkt, ja, aber nicht süß oder bitter oder nach dem Honig der Ewigkeit.

Die Legende besagt nun, dass Abraham, übersetzt: «Der Vater ist erhaben», der auf der Existenz eines einzigen Gottes bestand, sich den Groll des Königs Nimrod zuzog, welcher ihn daraufhin zum Tode verurteilte, in ein Katapult auf den Felsen, in dessen Grotte der Erzvater geboren worden sein soll, spannen und über die Stadt schleudern ließ, sodass Abraham unten im Scheiterhaufen zur Landung und zu Tode käme. Doch es geschah das Unglaubliche: Der Scheiterhaufen verwandelte sich in einen Teich, und die Holzscheite wurden zu Karpfen. Gott dankte für Abrahams Treue und rettete sein Leben. Der gesamte Teich wird bis heute bevölkert von Hunderten übermästeter Karpfen, und wer immer sie mit den Körnchen aus der Schale füttert, die drei clevere Geschäftsleute für umgerechnet einen Euro verkaufen, der füttert vielleicht von Gott gesandte Tiere, jedenfalls die unsterbliche Legende des alttestamentlichen Urfa. Wer hingegen einen Karpfen fängt und verzehrt, wird von Gott mit Blindheit bestraft.

Abraham, der Vater aller monotheistischen Religionen, ist bis heute der berühmteste Sohn der Stadt Urfa, obwohl nicht abschließend geklärt ist, ob er, so es ihn als Menschen tatsächlich gegeben hat, aus Urfa stammte oder vielmehr aus der Stadt Ur in Babylon, die ebenso Anspruch auf den Rang als Abrahams Geburtsstadt erhob.

## Die erste Gottesvorstellung am «Bauchberg»

Urfa zählt heute offiziell 386 000 Einwohner, ein Viertel davon Araber, ein Viertel Türken, die Hälfte sind Kurden. Im Sommer wird es bis zu 40 Grad Celsius heiß, im Winter ist es angenehm kühl. Sanlíurfa war seit jeher Scharnier und Schmelzofen des anatolischen Orients: Von Süden kamen die Araber, von Westen die Türken, von Osten und Norden die Kurden. Es gibt in der Stadt über dreihundert Moscheen. Auf der Hauptstraße Divan Yolu, vis-à-vis der Großen Moschee, reihen sich die Geschäfte der Goldhändler aneinander, ein paar Straßen weiter westlich, mitten in der Altstadt, hinter hohen Mauern in schmaler Gasse, wohnt für drei bis sechs Monate im Jahr ein deutscher Archäologe, der Großes im Sinn hat.

Auf den Arbeitstischen im Innenhof seines Hauses liegen Scherben, Henkel und Knochen, und Studenten messen, notieren und zeichnen. Klaus Schmidt, Archäologieprofessor an der Universität Erlangen und Wissenschaftlicher Referent in der Orient-Abteilung des Deutschen Archäologischen Instituts in Berlin, gräbt seit fünfzehn Jahren am nahe gelegenen Göbekli Tepe, dem «Berg Göbekli», Luftlinie etwa zehn Kilometer nordöstlich von Urfa. Der Göbekli, sagt Schmidt, sei eine Sensation. Hier, auf diesem erkennbar künstlich angelegten Hügel, sei die Grundlage der städtischen Kultur gelegt worden, der Beginn einer völlig neuen Kultur- und Gesellschaftsform.

Wenn ihn der Schwung der Begeisterung mitnimmt, scheut

der fränkische Frühgeschichtler nicht einmal den Vergleich mit den Pyramiden von Giseh. «Der Göbekli ist das erste Zeugnis der Zivilisation und sozialen Ordnung in der Menschheitsgeschichte.»

Zu seinem Lebensthema kam er durch Zufall. Als ein Team der Universität Erlangen in den 1980er Jahren in Nevali Cori eine Jungsteinzeitstadt ausgrub, fuhr der junge Assistent eines Archäologen etwa 150 Kilometer südlich eher zufällig an einem merkwürdig geformten Berg vorbei. Von allen Hügeln der hügelreichen Gegend war dieser der auffälligste. Dem Assistenten war klar, dass hinter dieser künstlich anmutenden Wölbung Menschenhand stecken musste. 1994, mittlerweile selbst Professor der Archäologie, beantragte er bei der türkischen Verwaltung eine Lizenz. Ein Jahr später begann Klaus Schmidt an dieser Stelle zu graben. Aufgrund seiner Wölbung heißt der Berg Göbek, «Bauchberg». Er erhebt sich von einem Kalksteinplateau 750 Meter über null. Von allen Seiten der Ebene ist er gut sichtbar. Bis heute hat Schmidt etwa 10 Prozent im 10-mal-10-Meter-Schachbrettrasterprinzip ausgegraben. Es gibt dort keine Spuren alltäglichen Lebens, weder Feuerstellen noch Tonfigurinen. Der Göbekli Tepe war kein Siedlungsplatz, er war mehr: ein Heiligtum, sehr wahrscheinlich eine Totenkult- und Begräbnisstätte auf einer Fläche von neun Hektar, eine Art Pilgerort der Jungsteinzeit, wohin die reichen Bauern und Jäger des fruchtbaren Halbmonds zum Sterben kamen.

Die ganze Anlage besteht aus mindestens 20 großen ovalen wie rechteckigen Stätten mit je zwei monolithischen Pfeilern in der Mitte, die von bis zu 14 kleineren Pfeilern gerahmt werden. Die Pfeiler aus Kalkstein in Form eines T sind zwischen eineinhalb und fünf Meter hoch und repräsentieren Kopf und Körper mit Reliefs, auf denen menschenartige Wesen und reale Tiere erkennbar sind. Schmidts Ansicht nach sind diese seit 12 000 Jahren unverändert auf dem Boden stehenden Pfeiler die ersten Zeugnisse religiös-spiritueller Vorstellung, die es auf der Erde gibt. Der Göbekli, sagt er, sei die erste Kathedrale der Steinzeit.

In den vier bis fünf Meter tiefen Schichten dieser wuchtigen Naturkathedrale haben Schmidt und der Paläontologe Joris Peters, Direktor der Staatssammlung für Anthropologie und Paläontologie an der Universität München, Eicheln und Wildschweinknochen gefunden, Holzreste und Samen von wilden Pistazien und Mandelbäumen, Linsen und Einkorn. Um die Revolution im Kulturkreis des fruchtbaren Halbmonds zeitlich bestimmen zu können, kombinierte Peters die Radiokarbonmethode mit der Alt-DNA- und der klassischen morphologischen Analyse. Das Radiokarbon-Verfahren basiert auf dem Zerfall des radioaktiven Kohlenstoff-Isotops 14C, dessen Halbwertszeit bei 5730 Jahren liegt und das in den oberen Schichten der Erdatmosphäre produziert wird. Der in der Luft als $14CO_2$ vorkommende radioaktive Kohlenstoff wird durch die Photosynthese als Kohlenwasserstoff in die lebende Pflanze eingebaut und gelangt in die Nahrungskette von Tier und Mensch. In einem 14C-Verfahren wird, in Knochen oder Muscheln, der Todeszeitpunkt eines Organismus gemessen.

Den Knochen zufolge haben vor 9000 Jahren um den Göbekli Tepe in großen Mengen asiatische Wildesel, persische Kropfgazellen, Auerochsen, Rot- und Damhirsche, Hasen und vor allem Rotfüchse auf inselartigen Waldflächen, im offenen Wald, auf Hängen mit Wildgetreide, in den Tälern und Weiten gelebt. Im nahen Euphrat siedelten Wels, Karpfen, Barbe und Aal, und der Himmel war bevölkert von Kranichen, Krähen, Ibissen, Trappen, Dohlen, Enten, Gänsen und Geiern, deren kulturelle

Bedeutung in der Verbindung von Erde und Himmel liegt – die Geier haben zur Mazerierung auf Steinbänke gelegte Leichen gefleddert und Fleischreste mit in den Himmel genommen. Nur die Knochen blieben, und die sind in den Kreisanlagen des Göbekli in vielen Ossuarien bestattet. «Der archäologische Vergleich von Pfeiltypen und Werkzeugen sowie die radioaktive 14C-Bestimmung der Knochen beweisen, dass Menschen Hunderte von Kilometern aus der syrischen Steppe, wo völlig andere Pflanzen wachsen, hierher eingewandert sind», sagt Peters. Die Kohlenstoff-Struktur der Knochen lässt Rückschlüsse auf die Ernährungsweise des Verstorbenen zu.

Obwohl Klaus Schmidt explizit und nachhaltig alle Versuche zurückweist, die Region Urfa und den Göbekli Tepe unter Paradiesverdacht zu stellen, erfüllt die Region viele Kriterien dessen, was unter wissenschaftlichen Gesichtspunkten dem Garten Eden am nächsten kommt. Als vor einigen Jahren türkische Zeitungen berichteten, am Göbekli suche man nach den Spuren des paradiesischen Menschen, war die Aufregung so groß, dass sie Schmidt fast die Grabungslizenz gekostet hätte. Adam ist im Islam bekanntlich der erste und Mohammed, der auf Adam zurückgeht, der letzte Prophet. Sollte Adam hier gelebt haben, wäre der Göbekli Tepe muslimisches Heiligtum. Die entsprechende Hysterie ist vorstellbar.

Für Schmidt ist diese Annahme absoluter Unsinn. Er will den Nachweis führen, dass hier, zu Beginn der Jungsteinzeit, zwischen 9600 und 8800 vor Christus, die Jäger und Sammler sesshaft wurden und ihre wildbeuterische Existenzform aufgaben. Es war jene Zeit, da der Epoche werdende Zyklus von Ackerbau, Viehzucht und Bauerntum begann, der Übergang zur Haustierhaltung und zur organisierten Fütterung mit domestiziertem Einkorn etwa, während die Menschen nachweislich Fleisch aßen, das sie über erhitzter Holzkohle in einer Grube oder auf einem heißen Stein garten. Und es war jener weltgeschichtliche Moment, als vermutlich zum ersten Mal eine Gottesvorstellung aufkam. Am Göbekli, meint Klaus Schmidt, wurde an einen Gott gedacht; der T-Pfeiler ist seiner Einschätzung nach der erste eindeutige archäologische Nachweis einer Gottesidee: Hier habe der Mensch einen Gott nach seinem Ebenbild geschaffen.

Dafür gibt es zwei mögliche Erklärungen. Nach dem Ende der Eiszeit, ab 10 000 vor Christus, führte die plötzliche Veränderung des Klimas zu einer starken Bewaldung, die Steppen verschwanden, und die menschliche Kultur wandelte sich grundlegend. Die altsteinzeitlichen Jäger und Sammler wurden sesshaft und waren in der Lage, überschüssige Erträge zu speichern. Wenn die, die gewöhnlich als Nomaden weiterziehen, also plötzlich sesshaft und in einer bäuerlichen Gemeinschaft zu Landbesitzern werden, muss es eine akzeptierte Instanz geben, die alles transzendiert und für Recht und Gerechtigkeit sorgt – eine Gottheit. Und wer sesshaft wird, ist angewiesen auf gutes Wetter und ideale Bedingungen. Was tut er dafür? Er beginnt, für gute Umstände zu beten. Im Vorderen Orient der damaligen Zeit war die Betonung der Fruchtbarkeit viel wichtiger als die Existenz eines Schöpfergotts; was man sich von der Gottheit erbat, war die Fruchtbarkeit des Bodens, der Tiere, der Menschen. Die Abhängigkeit von seinem Hof machte den sesshaften Feldbauern auch abhängig von gutem Wetter und also abhängig von einer überragenden Kraft, die für gutes Wetter verantwortlich ist.

Aber warum gerade hier, am ‹Bauchberg›?

Am Göbekli musste eine höhere Energie geherrscht haben; er war das Zentrum kultischer Verehrung. Wer aus der Steppe kam, musste die Göbekli-Ebene in ihrer verschwenderisch-üppigen Vegetation als paradiesisch empfinden. Der Göbekli ist die Nahtstelle zwischen Anatolien und Arabien und markiert die Grenze zweier Ökosysteme: Etwas weiter südlich, in der syrischen Steppe, wachsen bereits die Pflanzen der tropischen Klimazone mit C4-Photosynthese, während der ‹Bauchberg› noch in der gemäßigten Zone liegt. Im Neolithikum vor 9000 Jahren herrschte in Südostanatolien ein ähnliches Klima wie heute: lange, angenehm temperierte Sommer, Regen in Herbst und Frühjahr mit geringer Verdunstung, dass der Boden stets ausreichend Wasser zur Verfügung hat.

Der Göbekli war womöglich jener Ort, an dem der Geist der Alten bewahrt wurde. In der Auseinandersetzung mit den Religionen der Vorgänger bildeten die ersten sesshaften Menschen einen Monismus aus, die Vorstellung, nur einen Gott unter den vielen zu verehren. Ein Name zieht all diese Vorstellungen an sich: *Abram*, der später, von Gott erwählt, zu *Abraham* wurde.

Wenn es ihn denn gegeben hat, ist er in hohem Alter von Urfa in die «Goldene Stadt» gezogen, 48 Kilometer Richtung Südosten, wo heute die türkisch-syrische Grenze ist, vorbei an Getreide- und Baumwollfeldern, durch eine weite, fruchtbare Ebene, die von Felsplateaus gerahmt wird. Die «Goldene Stadt der Geschichte» – so wurde Harran, wo man den Mondgott verehrte, einst genannt. Harran war die große Kreuzung der beginnenden Bronzezeit. Dort trafen der mesopotamische und der mediterrane Handelsweg zusammen, und dort fand und heiratete Abram der Bibel zufolge seine Sara und begründete die Linie Israels. Das Paar lebte im Haus von Abrams Onkel Laban, irgendwo innerhalb der vier Kilometer langen Stadtmauer aus Lehm mit ihren fünf berühmten Toren, von denen heute noch zwei Ruinen vom zerstörerischen Sturm der Mongolen 1260 nach Christus künden. Irgendwo hier muss den Autoren der Genesis zufolge Abram den Auftrag Gottes erhalten haben, in das verheißene Land zu gehen. *Da zog Abram aus, wie der HERR zu ihm gesagt hatte, und Lot zog mit ihm*, heißt es im ersten Buch Mose, *Abram aber war fünfundsiebzig Jahre alt, als er aus Haran zog. So nahm Abram Sarai, seine Frau, und Lot, seines Bruders Sohn, mit aller ihrer Habe, die sie gewonnen hatten, und die Leute, die sie erworben hatten in Haran, und zogen aus, um ins Land Kanaan zu reisen. Und sie kamen in das Land, und Abram durchzog das Land bis an die Stätte bei Sichem, bis zur Eiche More; es wohnten aber zu der Zeit die Kanaaniter im Lande.*

Heute ist Harran ein trauriges, von der Armut seiner 8000 Bewohner geprägtes, weitgehend aus Lehm gebautes Dorf – die kraftlose Behauptung einer großen Epoche. Kinder mit Rotznasen und hysterische Hähne schreien, wenn Fremde hereinkommen, und außer dem Ruf des Muezzins ist dann nicht mehr viel zu hören. Um sich ein paar Münzen zu verdienen, bieten Jugendliche sich als Führer an, doch jeder kann die Reste der Stadt bestens zu Fuß bewältigen und in aller Stille des unaufgeregten Dorfs am eingezäunten Grabungsgelände die Trümmer der Vergangenheit sehen. Wo einst die bedeutende Stadt thronte, liegen lieblos verstreut die Steine der Großen Moschee und der, wie man in Harran mit Trotz und Stolz behauptet, ersten Universität der islamischen Welt. Unversehrt ist nur das rechteckige Minarett aus Lehm. Systematisch gegraben wird schon lange nicht mehr, die Türkei investiert keine weitere Lira in die Aufdeckung der eigenen Geschichte.

Das mit Hügeln bedeckte, gewellte Land zwischen Harran und Urfa, beschienen von der goldgelben Sonne, wo es nach Lammfett und Zwiebeln riecht, wo Melonenpyramiden stehen und vor kargen Felsplateaus wilde Ziegen an den Staubstraßen im Steppengras trotten, ist von enormer religions- und kulturgeschichtlicher Bedeutung. 60 Kilometer von Urfa entfernt lag Sogmatar, Zentrum des Paganismus, einer polytheistischen Religion der Assyrer und Babylonier um 2000 vor Christus, die auf Mond- und Sonnengott ausgerichtet war. In dieser geheimnisvollen Stadt, in der sieben Tempel die sieben Planeten symbolisierten, soll Moses nach der ersten Flucht aus Ägypten von Hiob den Hirtenstab erhalten haben, und sechzehn Kilometer westlich von Sogmatar soll jene Höhle gewesen sein, in der Hiob selbst sieben Jahre lang sein Leiden als Prüfung ertrug.

Einige Kilometer westwärts von Urfa fließt der große Euphrat unterm Dunstschleier. Er riecht nach frischen Algen und gleitet in breitem Bett herrschaftlich an Halfeti und Birecik vorbei, durch die südliche Türkei, über die Grenze nach Syrien. Die Türken nennen den Euphrat «Frat». Die Kronen der dichtstehenden Bäume an seinen Ufern neigen sich dem magischen Wasser zu, das türkisfarben ist und auf dessen Haut die Sonne Tausende tanzender Schuppen setzt. Viele seiner Arme haben das Land zerfurcht, die meisten Bachbetten sind vertrocknet. Canyons und Oasen wechseln sich ab, Moscheen und Burgen, Einspänner und Autos; Öl-, Grapefruit- und Mandelbäume wachsen in großen Mengen, der Boden ist terrakottafarben. Am Ufer stehen Palmen, und angeblich soll es hier Wasserschildkröten und bis zu 100 Kilogramm schwere Fische geben.

Der Ruf dieser Goldenen Region des fruchtbaren Halbmonds hallte lange nach, bis hinein nach Jerusalem, zum Tempel und zu den Stuben der Chronisten, als sich irgendwann um 622 vor Christus, womöglich in den Palästen viereinhalb Kilometer südlich der Hauptstadt, die königlichen Schreiber und

Priester ans Werk machten, eine ideale Welt zu entwerfen, sie dem Volk Israels als Lehrbuch vorzulesen, und im Auftrag des Königs die zur Bibel werdenden Texte zum ersten Mal niederschrieben. Ob sie dabei an Tabriz, Groß-Tunb oder den fruchtbaren Halbmond dachten – mit unauslöschlicher Tinte setzten sie den ersten Satz aufs Leder: «Im Anfang schuf Gott Himmel und Erde.»

Das Paradies war geboren.

Aber schon bald würde es untergehen.

# Die Sintflut

Plötzlich kam das Wasser. Es drückte sich durch die Palmenreihen, die Wellen waren bis zu dreißig Meter hoch. Es rauschte und hallte, die Gischt explodierte. Der Himmel war heiter. In einer ersten Welle lief das Wasser auf, nahm Fahrt auf, lief, raste, die Menschen kletterten Palmenstämme hinauf. Manche kreischten, manche fluchten. Tassen klirrten, Frauen schrien. Das Wasser fraß Häuser und verschlang Tiere. Es lief durch Straßen und Wege, Tote schwammen auf dem Schwall. Höfe schwemmten voll, es rumpelte, wirbelte, schäumte.

Dann kam die zweite Welle. Das Meer kochte. Seine Wassersäulen prallten auf die Küstenlinie, schäumten auf, 20, 30 Meter. Der Strom nietete Kinder und Alte um. Hunde jaulten, dann verstummten sie. Alles wurde mitgerissen. Wer nicht auf einer Anhöhe stand, wurde weggesaugt. Der Schwall schob entwurzelte Bäume vor sich her, Platten, Holzlatten. Stadtteile ertranken, Dörfer verschwanden. Häuser brachen unter dem Wasserdruck zusammen. Möbel, Dächer erschlugen Frauen wie Männer. Dann kam der dritte Angriff des Meeres. Die Kronen der Palmen knickten ein, und es war, als ginge das Paradies unter. 230 000 Menschen ließen in dieser Sintflut ihr Leben. Die, die davonkamen, hatten Prellungen, Quetschungen, innere Blutungen. Sie erzählten das Ereignis vom tobenden, tosenden Wasser. Hier und da kamen Details dazu. Erklären konnte sich die Katastrophe zuerst niemand. Eine Geschichte entstand, ein Mythos. Dann kam die Wissenschaft.

Am jenem 26. Dezember 2004 war der Himmel blau, Wolken gab es nicht. Der Mega-Tsunami im Indischen Ozean vor der indonesischen Insel Sumatra verzeichnete den Messwert 9,3 auf der Richterskala. Es war das drittstärkste je gemessene Beben. In acht asiatischen Ländern – Indonesien, Sri Lanka, Indien, Thailand, Myanmar, Malediven, Malaysia und Bangladesh – starben Menschen, weinten Kinder, verloren Familien ihre Existenzgrundlagen. Tausende Kilometer südöstlich im afrikanischen Madagaskar, in Somalia, Tansania, Kenia, auf den Seychellen spürte man noch die unglaubliche Kraft des Bebens. Eine todbringende Flut ist keine Seltenheit. In den letzten zehn Jahren wurden weltweit 82 Tsunamis registriert, zuletzt einer im April 2007 im Südpazifik bei der Insel Gizo, der die Salomonen verwüstete und 20 Menschen in den Tod riss. Im Juli 2006 starben vor der indonesischen Insel Java 700 Menschen bei einem Tsunami. Es gab Seebeben in Papua-Neuguinea (1998), Nicaragua (1992), vor den Philippinen (1976), in Alaska (1964), Kamtschatka (1952), Hawaii (1946), Messina / Italien (1908), Kolumbien und Ecuador (1906). Am häufigsten traten sie im Pazifik auf. In den Jahren 1945 bis 1965 musste Japan eine Reihe verheerender Fluten erleiden, aus dieser Zeit stammt auch das japanische Wort Tsunami.

3500 Jahre früher, 1628 vor Christus, bewirkte eine Vulkanexplosion auf der griechischen Insel Santorini 60 Meter hohe Wellen im gesamten Mittelmeerraum, deren beständiges Anrollen zur Auslöschung der bronzezeitlichen minoischen Kultur auf Kreta führte. Heute weiß man, dass die Ursache dieser verheerendsten aller Naturkatastrophen Erdbeben, Vulkanausbrüche, Bergstürze oder Meteoriteneinschläge sein können. Man weiß, dass ein Tsunami seine zerstörerische Energie über mehrere tausend Kilometer in sich tragen kann. In den Ozeanen mit durchschnittlich 5000 Meter Tiefe beträgt seine Ausbreitungsgeschwindigkeit bis zu 800 Kilometer in der Stunde. Wäre der Tsunami vom 26. Dezember 2004 dreitausend Jahre früher geschehen, hätte das Ereignis als Mythos von der alles tötenden Flut seinen Weg durch die Geschichte antreten können. In antiken Zeiten, ohne geografische Kenntnisse, ohne Landkarten und elektronische Kommunikation, hätten sich die Menschen diese Naturkatastrophe nicht anders erklären können als mit dem Zorn eines Gottes, der aus Wut über die Fehlbarkeit und Hybris des Menschen alles Leben auf Erden vernichtet. *Der Herr sah*, heißt es folgerichtig in Genesis 6, *dass auf der Erde die Schlechtigkeit des Menschen zunahm und dass alles Sinnen und Trachten seines Herzens immer nur böse war. (…) Der Herr sagte: Ich will den Menschen, den ich erschaffen haben, vom Erdboden vertilgen, mit ihm auch das Vieh, die Kriechtiere und die Vögel des Himmels, denn es reut mich, sie gemacht zu haben.*

Die sündigen Menschen haben das Paradies verspielt. Sie sind gefallen. Die «Gottessöhne», die Männer also, nahmen sich unter den schönen Menschentöchtern so viel Frauen, wie sie wollten, da regnete es ohne Unterlass. Und dann brach die Urflut los. Sie dauerte 40 Tage und 40 Nächte. Das Wasser wütete mit unbändiger Kraft und war 15 Ellen, will heißen 6 Meter 90, über die höchsten Berge hinaus angeschwollen. Alle Wesen aus Fleisch verendeten. Was durch die Nase Lebensgeist atmete, kam um. So weiß es die Bibel.

Wenn der irische Erzbischof James Ussher recht hatte, müsste die Sintflut mit mathematischer Logik 2348 vor Christus stattgefunden haben. Ussher hatte im 17. Jahrhundert nach

Christus die Schöpfung des Menschen auf Sonntag, den 23. Oktober 4004 vor Christus datiert. Die Flut, lässt die Bibel wissen, ereignete sich im Jahr 1656 nach der Erschaffung von Adam, dem Menschen, und Eva, dem Leben. Die erstaunlich konkreten Zeitangaben des Alten Testaments, Tage, Monate, Jahre, ergeben oft kein stimmiges System. Die Widersprüche innerhalb der Fluterzählung etwa werden nicht aufgelöst: Dauerte sie nun 40 Tage und Nächte oder 150 Tage und Nächte, wie es im selben Absatz heißt? Wenn die Flut am 17. Februar beginnt und 150 Tage waltet, endet sie, den schematischen Jahreskalender von 360 Tagen zugrunde gelegt, am 17. Juli, als Noahs Arche schließlich strandet. Nach weiteren 150 Tagen, am 17. Dezember, sind die Wassermassen verschwunden – laut Bibeltext war am siebenundzwanzigsten Tag des zweiten Monats die Erde trocken. Wissenschaftlich lässt sich das mit verschiedenen Kalendersystemen zu verschiedenen Zeiten erklären. Vom 17. Februar bis zum 27. Februar des Folgejahres vergehen ein Jahr und elf Tage. Elf Tage sind die Differenz zwischen lunarem und solarem Jahr. Der Autor der biblischen Genesis könnte also das Geschehen auf der Basis des lunaren Kalenders (354 Tage) berichtet haben, wohingegen die Flut ein solares Jahr (365 Tage) gedauert hat. Eine allgemein anerkannte Interpretation der Chronologie gibt es bis heute nicht. Mathematisch betrachtet liegt jedenfalls ein Irrtum vor.

## Die Sintflut als pädagogische Parabel

In der europäischen Kulturgeschichte symbolisiert die Sintflut die Sündflut – die Flut der Sünden. Man könnte den Begriff doppelt auslegen: die Sintflut als Wasserflut, die das gesamte sündige Leben auf der Erde vernichtet, oder aber als Flut der Sünden auf der Erde, die dann durch das Wasser weggespült werden, auf dass sie, die Erde, aufs Neue paradiesisch rein sein werde. Jedenfalls geht das Wort Sintflut auf das althochdeutsche «sinvlout» zurück, wobei «sin» die Bedeutung «immer» oder «überall» besitzt.

Wie die Paradies-Erzählung lässt sich auch der biblische Sintflutmythos nur vor dem Hintergrund der politischen Konstellation in den Königreichen Israel und Juda im 6. Jahrhundert vor Christus verstehen. Bevor «die Kinder Israels» von den angreifenden Babyloniern ins Exil getrieben wurden, war die Religiosität im Gelobten Land denkbar simpel. Es herrschte der sogenannte «Tun-Ergehens-Zusammenhang», gemäß der Maxime: *Was du tust, so wird es dir ergehen, und tust du Schlechtes, wird dir Schlechtes widerfahren.*

597 vor Christus brach ein erster Feldzug der Babylonier über das Königreich Juda herein, elf Jahre später marschierte Nebukadnezar ein, eroberte Jerusalem und setzte den Tempel Jahwes in Brand. Zidkija, der letzte judaische König vom Stamm Davids, die Schriftgelehrten und Priester wurden an die Ufer von Euphrat und Tigris verbannt, die Söhne des Königs getötet, große Teile der Bevölkerung ins Exil geführt. Alles, was bis zu dieser Katastrophe israelitische Identität ausgemacht hatte, war verloren: der Staat, der Tempel, das eigene Land. Es war der große Einbruch, das Trauma, die Katastrophe. Eine Zäsur. Das Volk Israel gab es nicht mehr. Das Königreich Juda war von der Landkarte gelöscht. Die Kinder Israels waren gedemütigt, versprengt, ohne Perspektive.

Nach ihrer Befreiung durch Kyrus von Persien 538 vor Christus und der Rückkehr aus dem Exil unter Führung des hohen persischen Beamten Esra von Babylon nach Jerusalem standen die jüdischen Priester und Schriftgelehrten vor der Aufgabe, den erlittenen Zerfall des Landes und den Schicksalsschlag zu erklären. Um überleben zu können, musste sich Israel neu erfinden. Stück für Stück wurden die jüdischen Wurzeln freigelegt, wurde das Judentum neu konstruiert. Die Tora ersetzte den Staat, Heimat das Land, Schrift und Gebet ersetzten den Tempel. Es gab nur zwei Möglichkeiten, sich die Schmach zu erklären: Entweder man zweifelte die Allmacht Gottes an, salopp gesagt: Jahwe hat uns nicht beschützt, also verehren wir ab sofort den Gott Maluk. Oder aber man hielt an Jahwe als gutem und einzigem Gott fest, wofür man das traumatische Geschehen der Zerstörung in ein historisches Muster betten musste.

Und so geschah es. Schriftgelehrte und Priester schufen die Legende vom Volk, das schlecht gehandelt haben musste, weil es das göttliche Geschenk des Landes Kanaan nicht sorgsam gepflegt habe. Das babylonische Exil wurde als Strafe für die eigene Schuld betrachtet, also war Jahwe, dem guten und einzigen Gott, nichts anderes übriggeblieben, als den Untergang herbeizuführen: die Vernichtung allen Lebens in der Sintflut. Geschichte wurde zur Dekadenzgeschichte, als Geschichte des Abfalls der Kinder Gottes von ihrem Vater. Dieser moralisch-theologische Faden der Schuld und Sühne wurde in die mitgebrachten Erzählungen von einer großen Flut eingewoben.

Musste aber nicht einer überleben, der die Fortführung des Lebens und der Gattung Mensch, der ja ein Ebenbild Gottes war, gewährleistete? Der Einzige, der vom Zorn des Herrn ausgenommen wurde, hieß *Noach*. Man kennt ihn unter dem Namen Noah. Was unterschied Noah vom Rest der Menschheit? Im Gegensatz zu allen anderen Wesen aus Fleisch, die verdorben sind und Gewalt auf die Erde bringen, sei Noah, wie der legendenschöpfende Bibelautor wissen lässt, ein rechtschaffener Mann gewesen. Er allein habe Gottes Wort befolgt, und Noahs Gehorsam ermöglichte Rettung und Neuanfang der Menschen. Weder klärt die Bibel auf, wie beispielsweise der Kot von Tausenden Tieren auf der Arche entsorgt wurde, noch gibt sie Hinweise, wo die Nahrungsmittel gelagert wurden, noch berichtet sie, wie sich Katze und Maus, Spinne und Fliege, Löwe und Lamm so harmonisch verhielten, dass in der Arche 150 Tage lang Frieden herrschte. Das war nur mit Hilfe Gottes für den Frommen möglich. Will heißen: Der, der so fromm wie Noah ist, wird gerettet; nur der fromme Mensch wird überleben, und er wird, wie Noah, sogar 950 Jahre alt.

Alle gegenwärtig lebenden Erdbewohner sollten sich Noahs Gehorsam zum Beispiel nehmen – das ist der moralische Kern der Sintflutlegende. Und ihre theologische Lehre ist: Gottes Zusage zum Bestand des Lebens kann der Mensch selbst nie zu Fall bringen. Gott geht aus Gnade mit den Menschen einen Bund ein, und alles Leben auf der Erde ist diesem Bund geschuldet. Und weil der Mensch Ebenbild Gottes ist, würde Gott, tötete er den Menschen, in gewisser Weise auch sich selbst töten.

## Jede Kultur hat ihren Flutmythos

Bis heute kursieren in der Welt über 170 Sintflutmythen, die meisten von Forschungsreisenden und Abenteurern früherer Jahrhunderte verbreitet. Auf ihren naturwissenschaftlichen Kern hin sind sie nie untersucht worden. Bis heute ist ungeklärt, ob die Mythen von der Ausrottung der Menschheit durch eine große Flut Variationen ein und desselben Ereignisses sind.

Unumstritten ist, dass so gut wie jede Kultur ihre eigene Flutlegende besitzt. Die Kelten haben ihre Erzählungen um Dwy-
fan, die Germanen jene der Völospá, die Inder ihre um den
Waisen Manu, die Chinesen jene von Gun und Yu. Fast jeder In-
dianerstamm kennt einen eigenen Mythos von der großen Flut.
Ägypter und Azteken errichteten angeblich hohe Pyramiden,
damit die Wassermassen sie nicht zerstören konnten. Die Religion der australischen Aborigines, die älteste der Welt, soll
ihre Wurzeln in einer Sintflut haben; Felsgemälde von Regen-
bogenschlangen wurden als Zeichen eines religiösen Kults gedeutet. Der fünfte Kontinent, nimmt man an, war vor Jahrtausenden durch eine Sintflut im Wasser versunken.

Die Angst vor dem Weltuntergang ist seit jeher so weltum-
spannend wie die Erlebnisse von Überschwemmung und Flut
in Gebieten, wo es nur Sonne und Hitze gibt. Die Sintflut ist
der wahrscheinlich einzige universell gültige Mythos aller Völker der Erde. Im Laufe der Jahrhunderte hat es allerlei Erklärungsversuche für die große biblische Flut gegeben. Man versuchte es beispielsweise mit der Theorie des Druckausgleichs:
Als Gott Himmel und Erde am dritten Tag der Schöpfung
trennte, seien große Wassermassen unter der Erde eingeschlossen worden; enormer Druck habe sich aufgebaut, woraufhin
das Wasser in simultan stattfindenden Ausbrüchen von Gey-
siren das Land der gesamten Erde überschwemmt haben soll.
Wenig Zweifel besteht, dass solche Wassermassen in der Erd-
tiefe nicht vorhanden sind; die Erklärung überzeugt nicht.

Anfang der 1960er Jahre vertritt der Kreationist Henry
Morris, Professor für Hydraulik am Virginia Polytechnical Institute und Begründer des Institute of Creation Research, die
aufsehenerregende These, über der Atmosphäre hätte eine
Wasserdampfschicht existiert, die durch einen unbekannten

Mechanismus kollabiert sei und ihr Wasser über die Erde ergossen haben soll. Das nun hätte einen derart großen Druck zur Folge gehabt, dass alles Seiende förmlich zerquetscht worden wäre. Morris und seine christlich-fundamentalistischen Gesinnungsgenossen, für die die Bibel die höchste Autorität ist, suchen in der Folge in 13 Expeditionen auf dem 5165 Meter hohen Berg Ararat nach Überresten der Arche Noah. Theorie wie Suche bleiben ohne Ergebnis.

1985 unternimmt der amerikanische Marineoffizier David Fasold eine Expedition zum Ararat, um das Geheimnis dennoch zu lüften. Mit Detektoren will er eingeschlossene Schiffsbalken aufspüren. Zu Recht geht Fasold davon aus, dass das Holz der Arche längst zerfallen ist. Doch wenn Noah das Boot mit Nägeln gezimmert hatte, dann müssten ja Eisensplitter nachzuweisen sein. Und tatsächlich – der Detektor schlägt an! Die Forscher rekonstruieren den Plan für ein Schiff und übertragen die ermittelten Daten auf das Gelände. Markierungsstreifen machen neun quergelagerte Schotte sichtbar, sogar die Käfige, in denen Noah die Tiere untergebracht hat. Jahre später fährt der australische Geologe Ian Plimer zum Ararat, um die Experimente zu wiederholen. Er findet nur steinige Erde.

1993 schließlich taucht eine in Wissenschaftskreisen vehement kritisierte, allerdings sehr interessante Theorie auf. Der 2007 verstorbene Wiener Universitätsprofessor und Geologe Alexander Tollmann behauptete damals, die Sintflut sei durch den Einschlag eines Meteoriten auf der Erde ausgelöst worden, durch einen Weltraumkörper, der, in sieben Teile gespalten, sieben verschiedene Regionen der Erde schwer getroffen habe. Deshalb, so Tollmann, hätten zu gleicher Zeit an verschiedenen Orten die gleichen Mythen einer überwältigenden, verschlingenden Flut entstehen können. Die Zerstörungskraft großer Meteoriten kann theoretisch der Energie von 300 000 Atombomben vom Typ Hiroshima entsprechen. Beim Einschlag eines Meteoriten in einen Ozean hätte er eine gigantische Flut erzeugt. Tollmann kommt zu einem spektakulären Ergebnis: «Die Sintflut fand um drei Uhr früh mitteleuropäischer Zeit am 23.9. im Jahr 9545 vor Christus plus/minus 20 Jahre statt.»

Obwohl der Wiener Geologe überall auf der Welt und vor allem in Australien sucht, findet er bis zu seinem Tod keine überzeugenden Beweise für seine Annahmen.

Sieben Jahre später tritt Bruce Masse mit einer ähnlichen Vermutung auf den Plan der internationalen Agenda zur Entschlüsselung des biblischen Sintflut-Rätsels. Der US-amerikanische Umweltarchäologe vom Los Alamos National Laboratory ist wie Tollmann der unerschütterlichen Überzeugung, dass die Sintflut real war und durch den Einschlag eines Kometen im Ozean verursacht wurde. Masse vergleicht astronomische Tabellen und Daten von erdnahen Meteoriten mit alten Sagen vom Nahen Osten bis Hawaii und entdeckt, dass alle Kulturen ihre eigene, mündlich überlieferte und in der Kunst dargestellte Flutgeschichte hat. «Viele der indianischen Völker in Nord- und Südamerika beziehen sich auf Flut mit Abbildungen von Wasserschlangen und Schlangen mit gefiedertem Kopfschmuck.» Auffallend in beinah allen Darstellungen, so Masse, sei eine langgestreckte Figur mit Hörnern. Für den Archäologen ist dies die symbolische Darstellung eines Kometen, dessen Schweif wie ein Kopfschmuck erscheint. Gesetzt den Fall, ein Komet mit einem Durchmesser von 3000 Metern raste mit 160 000 Kilometern pro Stunde direkt auf die Erde zu und würde 1500 Kilometer südöstlich von Madagaskar ins Wasser einschlagen, so hätte das zur Folge, dass zehnmal so viel Wasser, wie der Komet an Masse besitzt, in die Atmosphäre geschleudert würde. Dieser Aufschlag würde eine Energiesumme von zehn Millionen Megatonnen TNT freisetzen, die fünfhundertfache Energie der Nagasaki-Bombe, die so viel Wasserdampf in die Atmosphäre blasen würde, dass dies sechs oder sieben Tage katastrophale Regenfälle zur Folge hätte. Mehr noch, ein Mega-Tsunami im Indischen Ozean würde 2500 Kilometer entfernte Küsten mit 200 Meter hohen Wellen treffen; Wirbelstürme würden ausgelöst. Nach Masses Auswertung war der Zeitpunkt eines solchen Einschlags exakt am 10. Mai 2807 vor Christus.

Abgesehen davon, dass seine rückverlagerte Sintflut-Projektion den Ereignissen um den Tsunami vom 26. Dezember 2004 verblüffend ähnelt, kann niemand Masses Annahme widerlegen, niemand sie bestätigen. Tatsache ist, dass heute 120 Krater auf der Erde auf Meteoriteneinschläge zurückgeführt werden. Vermutlich war ein Kometeneinschlag auch für das Aussterben der Dinosaurier vor 65 Millionen Jahren verantwortlich, und hätten ein solcher Kometeneinschlag und die folgende Verwüstung nicht in jeder Kultur einen bleibenden, einen mythentauglichen Eindruck hinterlassen?

Am Ende der letzten Eiszeit, vor 22 000 Jahren, hatten sich in der Arktis bis zu 3500 Meter hohe Gletscher aufgetürmt, die Meeresspiegel waren um 120 bis 130 Meter gesunken. Während der Jahrtausende danach gab es immer wieder Temperaturschwankungen: Wärmephasen, Rückfälle in eiszeitliche Perioden, neuerliche Erwärmungen. Wenn man sich vor Augen hält, welche katastrophalen Auswirkungen im 20. Jahrhundert allein der Anstieg der Temperatur um nur 0,6 Grad hatte – zahllose Überschwemmungen, Fluten, Wirbelstürme –, dann wird man bei acht Grad Erwärmung apokalyptische Dimensionen voraussetzen können: Hungersnöte, Seuchen, Versalzungen, Dürren, dann wieder Fluten, Stürme, Wasserstürze.

Ungefähr 9600 vor Christus sprang plötzlich der Golfstrom an, die Temperatur stieg innerhalb von zwanzig Jahren um sechs bis acht Grad an. Eine Gletscherschmelze setzte ein; die Eismassen des Nordens wichen langsam zurück; Millionen Kubikmeter Wasser strömten in die Ozeane. Ihr Pegel stieg schließlich so weit an, dass das Wasser des Mittelmeers an den Damm jenes Landes drückte, der heute die Westtürkei ist. Östlich dahinter befand sich, deutlich tiefer gelegen, ein Süßwassersee.

Und plötzlich kam das Wasser. Es rauschte und hallte, und die Gischt explodierte. Das Wasser spülte heran, kam immer näher, nahm Fahrt auf, lief und raste. Wie es die Gesetze der Schwerkraft vorschreiben, brachen die mediterranen Wassermassen mit der 200-fachen Wucht der Niagarafälle über das Land herein, fielen wasserfallartig herab, 130, 140, 150 Meter, und schossen mit 100 Stundenkilometern durch die Rinne hinunter in den See, immer stärker, immer heftiger, immer wuchtiger. Die Rinne vertiefte sich und war nach 90 Tagen so tief, dass ein mehrere Kilometer breiter Strom entstand.

Heute ist diese Rinne der Bosporus.

Das Wasser fraß Hütten auf, verschlang Tiere, lief durch Straßen und Wege. Tote schwammen auf dem fließenden Schwall. Höfe schwemmten voll. Es rumpelte, wirbelte, schäumte. Menschen schrien. Die Ebene muss gebebt, die Welt der fruchtbaren Flusstäler sich in eine Wasserfläche verwandelt haben. Tag für Tag überschwemmte die Flut das Land der Ackerbauern um einen weiteren Kilometer.

Aus dem Süßwassersee war das Schwarze Meer entstanden.

Die jungsteinzeitlichen Jäger, Sammler und gerade sesshaft gewordenen Bauern, die dort in paradiesischen Verhältnissen lebten, müssen den immensen Lärm gehört, die gewaltige Wucht des dämonischen Stroms muss sie in Panik versetzt haben. Sie flüchteten bis nach Mesopotamien. Das Paradies war untergegangen. Was blieb, war die Erinnerung, die als emotional codierte Erzählung im kulturellen Gedächtnispalast von Menschen, Völkern und Kulturen lagert. An spezifische Orte gebunden scheint sie nicht zu sein. Oder doch?

Anfang der 1990er Jahre schickte Petko Dimitrov, Ozeanologe an der Bulgarischen Akademie der Wissenschaften, vor der Küste von Varna sein Tauchboot auf Forschungsreise ins Schwarze Meer, sammelte Sedimente vom Meeresboden und entnahm Bohrkerne. Aus den Ablagerungen aus Flora und Fauna kann die ganze Erdgeschichte abgelesen werden – wann die letzte Eiszeit stattfand etwa oder welche Pflanzen ausstarben. Merkwürdigerweise enthielten Dimitrovs Bohrkerne Spuren von Pflanzen und Tieren, die nur im Süßwasser vorkommen. Am 19. März 1993 schrieb der Bulgare in einem Fax an die beiden US-amerikanischen Marinegeologen Walter Pitman und William Ryan vom Lamont-Doherty Earth Observatory der New Yorker Columbia University, es gebe überzeugende Beweise, dass der Pegel des Schwarzen Meers vor 9750 Jahren 100 Meter tiefer gelegen habe als heute, mit enormen Konsequenzen für die Umwelt. Dimitrov will sagen: Das Schwarze Meer muss ein Süßwassersee gewesen sein.

Pitman und Ryan organisieren daraufhin eine Forschungsreise und nehmen 1998 vor der nordtürkischen Küste abermals Proben vom Grund des Schwarzen Meers. Nachdem sie ihre Ergebnisse ausgewertet haben, sind sie sicher, eine erhebliche Anzahl von Stränden unter der Wasseroberfläche entdeckt zu haben. Den tiefstgelegenen Küstenring verorten sie bei 156 Metern. Die Bohrungen im Meeresgrund weisen den extrem schnellen Übergang von Süßwassermuscheln zu Meeresmuscheln nach. Und alle Meeresmollusken scheinen zur selben Zeit aufgetreten zu sein: vor 7600 Jahren.

All das untermauerte Dimitrovs These. Um 5600 vor Christus muss am Schwarzen Meer ein unerhörtes Ereignis stattgefunden haben: ein plötzliches Massensterben von gigantischem Ausmaß durch eine ungeheure Salzwasserflut, die alle Lebewesen des Süßwassersees vernichtete. Wenig später bestätigt der Titanic-Entdecker Bob Ballard die Theorie der beiden Geologen Pitman und Ryan. Zum ersten Mal schien eine kühne Verortung des Sintflutmythos wissenschaftlichen Erklärungen standzuhalten. Doch dann kommen Zweifel auf: War eine Flut im Schwarzen Meer nicht viel zu weit von der Kultur der Sumerer entfernt, um einen derart starken Eindruck zu hinterlassen, dass das Ereignis so prominent im Gilgamesch-Epos verhandelt wird?

## Nichts spricht für den Berg Ararat

*Mach Dir eine Arche aus Zypressenholz!*, instruierte der Herr seinen Auserwählten, *statte sie mit Kammern aus, und dichte sie innen und außen mit Pech ab!* Die Arche sollte 300 Ellen lang, 50 Ellen breit und 30 Ellen hoch sein. Eine Elle, gemessen vom Ellbogen zur Spitze des Mittelfingers, zählt im Schnitt 46 cm. Noahs Arche war demzufolge 138 Meter lang, 23 Meter breit und 13,80 Meter hoch. Das Gefährt hätte ein Volumen von 40 000 Kubikmeter gehabt, was 14 000 Bruttoregistertonnen oder etwa 520 Eisenbahnwaggons mit insgesamt 125 000 Schafen entspricht. Ein Wunderwerk. Eines der größten Boote, die es je gegeben hätte. Ein solches Boot zu bauen wäre technisch sehr aufwendig: Planken mussten gekocht, gehoben, gebogen werden. Und wusste Noah, dass bei gleicher Materialstärke die Festigkeit proportional zur Größe abnimmt?

Das Wort «Arche» stammt von dem lateinischen «arca» ab, das übersetzt «länglicher Kasten» bedeutet. Der Bibel zufolge bestand die Arche aus drei Stockwerken mit je viereinhalb Meter Höhe. Auch der salomonische Tempel in Jerusalem bestand aus drei Stockwerken. Tempel wie Arche haben die Form eines eckigen Kastens. In der Bibelwissenschaft ist unbestritten, dass die Texte des Alten Testaments in Jerusalem, in den Schreibschulen im Umkreis des Tempels, verfasst wurden – als Lieder, kurze Berichte, Erzählungen, immer wieder überarbeitet, ausgeschmückt, redigiert, durch Varianten erweitert und im 2. Jahrhundert vor Christus zur Endfassung zusammengestellt. Der Text über die Sintflut und Noahs Arche, wie der Text über Paradies und Schöpfung, ist vermutlich im 6. Jahrhundert vor Christus geschrieben worden, in der sogenannten nachexilischen Phase, der produktivsten Zeit der Geschichtsschreibung nach Rückkehr aus dem babylonischen Exil 537 vor Christus. Die Bibelwissenschaft stuft die Sintflut-Erzählung als einen der jüngsten Texte ein, verfasst zu einer Zeit, als die Israeliten gerade aus dem Exil zurückgekommen waren. Es ist sehr wahrscheinlich, dass der Jerusalemer Tempel das Vorbild für die Arche Noah war: Tempel und Arche sind Orte des Heils und der Rettung.

*Am siebzehnten Tag des siebten Monats setzte die Arche im Gebirge Ararat auf.* Seit Dekaden vergeht kaum ein Jahr, in dem nicht ein Gelehrter oder Flut-Forscher die Sintflut und Noahs Rettung zu erklären und/oder zu beweisen antritt. Legionen von Beobachtern wollen die Arche auf dem Berg Ararat gesichtet haben. Der erste uns bekannte Zeuge war der chaldäische Priester Berosus um das Jahr 475 vor Christus, der in seinen Chroniken über Menschen schrieb, die den Ararat bestiegen und teerhaltige Schichten von einem Holz abkratzten. Josephus Flavius fand im 1. vorchristlichen Jahrhundert heraus, dass die Armenier den Ararat noch immer «Ort der Landung» nannten. 330 nach Christus versuchte Jakobus, ein Patriarch aus Nisibis, den Gipfel des Ararat zu erklimmen, woraufhin ihm angeblich ein Engel erschien und ein Stück der Arche übergab. Französische Botaniker und britische Diplomaten versuchten vergeblich, den unbezwingbaren Riesen mit seinen ungeheuren Schneemassen zu besteigen, und doch sah im Jahre 1930 ein britischer Entdecker ein rechteckiges, hölzernes Gefüge auf dem Ararat. 1952 fotografierte aus einem Hubschrauber der Ingenieur George Jefferson Greene eine schiffsähnliche Form, die aus dem Eis des Ararat ragte; im selben Jahr entdeckte der französische Abenteurer Fernand Navarra unter dem Gletschereis einen schiffsförmigen Umriss, der mit der biblischen Arche übereinstimmte. Drei Jahre später gelang es ihm, ein zwei Meter großes, angeblich mit Pech imprägniertes Stück Holz zu beschaffen, das, so versicherte Navarra, 5000 Jahre alt sei. Die Sensation hatte sich gerade angebahnt, da eröffnete ein Führer der Expedition, dass der Franzose das Stück nicht nur vom Berg mit-, sondern Monate vorher auch hinaufgebracht hatte. Zudem datierte die C-14-Analyse das Holz auf einen Zeitraum zwischen 260 und 790 nach Christus. Wahrscheinlich, so wurde Navarra zugutegehalten, stamme es von einem Nachbau der Arche aus dem frühen Mittelalter.

Seit der Kadett Porcher L. Taylor III. Mitte der 1970er Jahre in der amerikanischen Militärakademie Westpoint das Gerücht gehört hatte, ein Satellit habe beim Überfliegen des Ararat ein Bild gemacht, auf dem ein Schiffsrumpf in einem Gletscherrachen zu sehen sei, trieb ihn die Obsession um, das Ding genauer zu untersuchen. Jahre später gelang es Taylor, die Firma Digital Bloke zu überreden, mit hochauflösenden Kameras ihres Iconos-Satelliten besagte Stelle zu fotografieren. Im Februar 2003 lagen gestochen scharfe Aufnahmen vor. Zu sehen war ein bootsähnliches Gebilde von 310 Meter Länge und 50 Meter Breite – ein Größenverhältnis von 6:1, das genau den biblischen Angaben entsprach! Taylor suchte den Geologen Farouk el-Baz von der Universität Boston auf und zeigte ihm die Satellitenbilder. Je länger der anfangs begeisterte el-Baz die Aufnahmen betrachtete, desto mehr war er überzeugt, dass es sich allenfalls um Felsvorsprünge aus dunklem Stein handelte, jedenfalls nicht um etwas von Menschen Gemachtes.

Um definitiv zwischen Wahrheit und Dichtung zu scheiden, kletterte der ehemalige amerikanische Polizist und selbsternannte Bibelforscher Robert Cornuke mit seinem Team den Berg Suleiman in den iranischen Elburz-Bergen bis auf 4000 Meter hinauf. Angekommen, sah er so etwas wie die verkohlten Überreste eines Gebäudes. Das Material erinnerte ihn an versteinertes Holz, Cornukes Leute identifizierten sogar Zellstrukturen; 500 Meter höher fanden sie Muscheln. Stand der Berg tatsächlich einmal unter Wasser? War es tatsächlich die Arche? Kritiker kamen überein, dass es sich beim angeblichen Holz um siliciden Sandstein handelt, und eine Radiokarbon-Datierung im Labor brachte das ernüchternde Ergebnis zutage, dass die Muscheln 40 000 Jahre alt waren – zu alt für

Noahs Zeit, zu jung, um aus der Entstehungszeit der Berge zu stammen.

Kurzum: Bis heute gibt es keinerlei Hinweis auf die Arche Noah am Berg Ararat. «Der Ararat ist 5000 Meter hoch», resümiert der Mainzer Bibel-Archäologe Wolfgang Zwickel, «eine Sintflut, die so hoch kommt, kann es nicht gegeben haben.» Gerade in dieser viel zu großen Höhe aber liegt die Erklärung für den biblischen Landeplatz «Ararat». Um die Arche dort aufsetzen zu lassen, wo sie am weitesten über jede irdische Zerstörung erhaben ist, benötigte der Autor des Genesis-Textes den höchsten damals bekannten Berggipfel. Der Ararat war der einzige signifikant hohe Berg, der dem kulturellen Gedächtnis im 7. oder 6. Jahrhundert vor Christus zur Verfügung stand und den Völkern im fruchtbaren Halbmond von Mesopotamien bis nach Kanaan bekannt war; Jerusalemer Bibelautoren wussten weder von der Existenz des Himalaya noch des K2.

Bei genauer Lektüre des Bibeltextes fällt auf, dass der Autor nicht vom «Berg Ararat», sondern vom «Gebirge Ararat» spricht. Jene Berge Ararat sind identisch mit dem Gebirge der Region des alten Königreichs Urartu, das den Siedlungsraum des armenischen Hochlandes mit Urmia-See, Sevan- und Van-See in der heutigen Osttürkei umfasste. Die Region war früher geläufig unter dem Namen Aratta. Das Land Aratta wiederum ergoss sich in die weite Ebene südlich des Urmia-Sees, die bekanntlich der englische Archäologe und Ägyptologe David Rohl als Garten von Eden identifiziert haben will. Der einzelne Berg Ararat bekam seinen Namen erst viel später, als das Königreich Urartu lange untergegangen war.

Wenn die wissenschaftliche Gemeinschaft bislang keine der angebotenen Theorien von der Sintflut und der Rettung Noahs auf dem Berg Ararat als überzeugend in ihren Kanon aufnehmen wollte oder konnte – müsste man nicht vielleicht an ganz anderer Stelle suchen, weiter südlich, dort, wo vor 5000 Jahren die Schrift entstanden ist?

## Die große Flut in Mesopotamien

Herbst 1872. Im Zimmer des Sekretärs der Königlich Asiatischen Gesellschaft London macht der englische Bankier und Assyrologe George Smith eine unglaubliche Entdeckung. Er puzzelt mehrere jahrtausendealte Tontafelfragmente zusammen, die eine englische Expedition zuvor aus den Ruinen des Tempels von Nabu und der Palastbibliothek des Königs Assurbanipal im sagenhaften Ninive, einem der ältesten Kulturzentren der Menschheit, dessen Überreste am linken Tigris-Ufer gegenüber der Stadt Mossul im gegenwärtigen Nordirak zu finden waren, nach London gebracht hat. Als Smith, im schummrigen Licht einer Öllampe, die mit Schilfgriffeln in feuchten Ton geritzten oder eingedrückten Zeichen der Keilschrift auf Fragment K63 zu entziffern beginnt, stellt er fest, dass es sich um eine Erzählung handelt, die der Geschichte in der Genesis verblüffend ähnlich ist: Aus der Flut, die über der Erde wütet, wird ein Mann gerettet, dessen Boot am Berg Nissir aufsetzt. Vergebens sucht Smith auf den Fragmenten den Namen Noah. Die entscheidende Tafel fehlt.

Die Zeitung *Daily Telegraph* aber wittert einen Scoop und bietet Smith an, eine weitere Expeditionsreise ins ehemalige Ninive zu zahlen. Smith bricht auf und gräbt in kurzer Zeit im Ruinengelände von Kuyunjik am Fuß der Zagros-Berge weitere 300 Fragmente aus, darunter die fehlende Tafel. Von da an gibt es keinen Zweifel mehr: Bei seinem Fund handelt es sich um das sumerische Flut-Epos des Gilgamesch. Es wurde um 1800 vor Christus in akkadischer Sprache auf zwölf Tafeln niedergeschrieben; jede Tafel entspricht einem Kapitel. Vor allem Tafel XI erzählt von der Vernichtung der Welt und der Menschen durch eine Flut. Für die Altertumswissenschaft gilt dies seither als Beweis, dass es eine Sintflut tatsächlich gegeben hat. Das Gilgamesch-Epos ist eine Collage älterer mesopotamischer Fluterzählungen und wird als bedeutendstes literarisches Werk Mesopotamiens angesehen. Im Laufe der Jahrhunderte wurde es in zehn verschiedene Sprachen übersetzt. Eine der Tafeln wurde, zum Leidwesen der Forscher unstratifiziert, also undatierbar, in Megiddo gefunden – was nahelegt, dass man das Epos auch in Israel kannte. Heute gilt als bewiesen, dass es das leitmotivische Vorbild der Bibelautoren war.

46 Jahre später – Smith war auf seiner dritten Reise ins antike Ninive im Alter von sechsunddreißig an einem Virus gestorben – stößt sein Landsmann Sir Charles Leonard Woolley im Grabungsgelände der antiken mesopotamischen Stadt Ur im heutigen Südirak auf eine dicke Schlammschicht. Anfang 1922 scheint es, als sei der archäologische Beweis für die biblische Flut endgültig erbracht. Der Sensationsrummel ist enorm; Woolleys Buch «Ur of the Chaldees» würde später zum meistverkauften Archäologiebuch aller Zeiten werden. Wie fürchterlich muss für den bibeltreuen Woolley dann die Ernüchterung gewesen sein, als sich kurze Zeit später herausstellte, dass es sich im Falle der Verschlammung von Ur keineswegs um eine Flut von biblischen Ausmaßen, sondern lediglich um eine lokale Überschwemmung gehandelt hatte,

auch wenn sie verheerend war und die Stadt Ur im 4. Jahrtausend vor Christus unter einer meterhohen Geröllschicht begraben hatte!

Dennoch schufen Smith und Woolley das Bewusstsein für die bis heute geltende Theorie, dass die Sintflutlegende des Alten Testaments in Aufbau, Motivik, Handlung und Aussage bis ins Detail der sumerischen Fluterzählung mit dem Helden Ziusudra, der amoritischen mit dem Helden Nuabu, der akkadischen mit dem Helden Atrahasis und später der babylonischen des Gilgamesch-Epos mit dem Helden Utnapischtim entspricht. In jeder Übersetzung erhielt der Held einen neuen Namen, und jedes Mal war es ein einheimischer Name, zuletzt, in der hethitischen Version, Nahamoliel. Mit hoher Wahrscheinlichkeit sind nach der Rückkehr der Israeliten aus dem babylonischen Exil auch hebräische Erzählvarianten der Flutlegende verfasst worden, deren Autoren den Namen *Noach* wählten.

Die Unterschiede zwischen sumerischem und biblischem Mythos sind äußerst gering: Um nach der Flut wieder trockenes Land zu finden, entlässt der sumerische Held erst eine Taube, dann einen Raben aus dem geretteten Schiff, Noah hingegen erst einen Raben und dann dreimal eine Taube. Der signifikante Unterschied zwischen den sehr viel älteren mesopotamischen Varianten und der biblischen Form der Sintflutlegende besteht vielmehr in der moralischen Stoßrichtung. Im Alten Testament werden die Menschen für ihre Sünden bestraft; von einer Schuldverstrickung des Menschen ist im Gilgamesch-Epos nichts zu lesen. Flutmythen sind oft Schuldmythen. Die meisten Religionen haben die Vorstellung einer Urverschuldung gemeinsam, durch die der paradiesische Urzustand verlorengeht und die unvollkommene Welt entsteht, die Welt, wie wir sie kennen: mit Angst, Sterben, Tod, Leiden, Mühsal, Arbeit und Entbehrung.

Wenn das Epos von Gilgamesch und der Flut nun aber wirklich ein Tatsachenbericht sein sollte – handelt es sich dann um eine einzige, superlativistische Sintflut, oder haben sich hier mehrere kleine Fluten in der Erinnerung zu einer übermächtigen Flut verdichtet?

Die Tontafeln aus Ninive beweisen, dass die ältesten Fluterlebnisse aus dem mesopotamischen Raum stammen. Am Unterlauf von Euphrat und Tigris ist es immer wieder zu heftigen Überschwemmungen gekommen. Die ältesten Siedlungen im südlichen Lauf von Euphrat und Tigris waren angelegt wie die ostfriesischen Halligen, knapp über der Wasseroberfläche. Wer wie der deutsche Physiker Norbert Buchner das Paradies auf einer Inselgruppe im Persischen Golf vermutet, für den hat sich auch die Sintflut dort ereignet. Theologisch und inhaltlich beziehen sich Paradies und Sintflut aufeinander: Gott zerstört die beste aller Welten aus Wut über den Menschen durch eine Art Tsunami.

Für Buchner deuten alle geologischen, klimatologischen und überhaupt logischen Hinweise für eine mögliche Sintflut auf eine Region im südlichen Iran hin, vor der Bucht von Bandar-e Abbas, gegenüber dem heutigen Oman, dessen Landspitze wie ein Sporn in den Persischen Golf sticht. Die Inseln Groß-Tunb und Klein-Tunb erfüllen alles, was er dem Paradies zuschreibt; dass sie heute im Golf versunken sind, ist für Buchner eben das Ergebnis der Sintflut. Genau genommen: mehrerer Fluten. Der schwäbische Physiker begnügt sich nicht mit einer Flut, er geht von vier Fluten aus, die in der Erinnerung zu einer großen Sintflut verschmolzen sind. Flut eins ist Buchners Ansicht nach eine sich über Jahrhunderte ziehende Flutung des fruchtbaren Landes zwischen Euphrat und Tigris gewesen, an deren Ende vor ungefähr 12 000 Jahren der Meeresspiegel um 65 Meter anstieg. Die Seen waren versalzen, und die Menschen, aus dem Paradies vertrieben, wanderten auf der Suche nach kultivierbarem Land die Küste entlang oder flohen ins Landesinnere auf der Suche nach Nahrung und Trinkwasser.

Tausend Jahre später kam Flut zwei, und sie muss Buchner zufolge die jäheste gewesen sein. Als vor ca. 11 000 Jahren plötzlich der Golfstrom ansprang, eine rasche Erwärmung einsetzte und es zur großen Eisschmelze kam, stieg der Meeresspiegel um 35 Meter an. Vom früheren Garten in Eden, dem Salzstockmassiv namens Groß-Tunb, ragte dann nur noch der 17 Kilometer lange Höhenrücken aus dem Wasser. Die meisten Menschen und Siedlungen überlebten diese Flut nicht. «Von der Verdichtung dieser beiden Fluten», sagt Buchner, «geht meiner Ansicht nach der persische Flutmythos des Atrahasis aus.»

Die dritte Flut bestand, der ersten vergleichbar, im allmählichen Vorrücken des Wassers und war nach Buchners Auffassung jener Prozess von Überschwemmungen vor 9000 Jahren, die der Autor der Genesis später in den göttlichen 40 Tagen und 40 Nächten Regen zusammenfasst, während deren Noah die Arche baute. Die Menschen errichteten Dämme, um ihre Gärten und Städte zu schützen. Je höher das Wasser stieg und je weiter es ins Landesinnere vordrang, desto höher bauten sie ihre Dämme. Irgendwann brachen die Dämme; das Land ging verloren, die Menschen flüchteten westwärts.

Auf einmal wurde es ruhig in der Region. Die Verhältnisse blieben stabil. Die Temperatur sank. Die sesshaft gewordenen Jäger und Sammler bauten ihre Siedlungen um Euphrat und

Tigris aus. Sie vermehrten sich prächtig, als plötzlich abermals der Golfstrom ansprang. Die Temperatur stieg um mehrere Grade Celsius an, die Feuchtigkeit nahm zu. Und so kam die vierte und letzte Flut. Der Meeresspiegel wuchs um fünf Zentimeter an, und es zerbrachen, wie es im Gilgamesch-Epos heißt, «die Schollen der Erde wie ein irdener Krug».

Die vierte war jene finale Flut vor 8000 Jahren, vor der, so erzählen die ersten schriftlich festgehaltenen Schreckensberichte der Menschheit, die sesshaft gewordenen Ackerbauern des «Goldenen Zeitalters» in die persische Hochebene flohen. Dort befindet sich der vergleichsweise kleine Berg Nissir. Im Gilgamesch-Epos heißt es: «Der Berg Nissir erfasste das Schiff und ließ es nicht wanken.» Das persische Wort «Nissir» heißt Rettung, und Buchner glaubt, dass dieser namenlose «Berg der Rettung» der ursprüngliche Landeplatz des Vorbilds aller mythischen Archen war und später, in der biblischen Variante, durch den zur damaligen Zeit in Jerusalem als höchsten Berg bekannten Ararat ersetzt wurde.

Diese vierte Flut war eben auch jene, die die immer stärker durch Deiche geschützten Inseln Groß-Tunb und Klein-Tunb schließlich überflutete. Durch Sedimentbohrungen des deutschen Wissenschaftlers Eugen Seibold in den 1960er Jahren konnten für verschiedene Phasen das Tiefenprofil und die Küstenverläufe rekonstruiert sowie die Höhe des Wasserspiegels zu verschiedenen Zeiten festgelegt werden. Seibolds Untersuchungen erbrachten den Beweis, dass viele Inseln im Persischen Golf zur selben Zeit untergegangen sind. Also flohen die Menschen ins Landesinnere und erzählten die Geschichte von der großen Flut. Und so könnten sie angesetzt haben: «Stellt euch vor, was uns geschehen ist ...»

Aber sie hatten überlebt, wie später die Israeliten die Zerstörungen durch die Assyrer und Babylonier, die sintflutartig über Israel und Juda gekommen waren und die Königreiche vernichtet hatten, überlebt haben. Was war die Lehre daraus? Im Umkreis des Jerusalemer Tempels war man sich einig, dass es eine derartige Zerstörung des Landes nicht wieder geben durfte. Die Schreiber spitzten die Feder, glätteten das Leder und begannen ihr Werk. Und schreibend legten sie das Schicksal der Menschheit in die Hände Gottes, der mittels Noah einen Bund mit den Menschen geschlossen habe, und Rettung versprachen sie denen, die an diesen Gott glaubten, und sie stellten die Legende an den Anfang ihres Buches.

Die Hoffnung, dass eines Tages auf der Spitze eines Berges, durch ewiges Eis bestens präpariert, die Arche Noah, das vielleicht größte je gebaute Schiff, entdeckt wird, ist mittlerweile selbst ein Mythos. Dass jeder von Noah und seiner Arche, kaum jemand aber von Ziusudra oder Utnapischtim spricht, ist jedoch ein weiterer Beleg für die immense kulturelle Leistung des Alten Testaments.

# Sodom und Gomorrha

Und wieder zürnte der Herr, und wieder musste er in seinem glühenden Zorn Menschen und Mauern, Felder und Plätze zerstören. Als überm moabitischen Bergland die Sonne aufging, ließ er vom Himmel herab Schwefel und Feuer regnen und vernichtete von Grund auf die beiden Städte, die Menschen, die Tiere, die Wege, die Gegend und alles, was auf den Feldern wuchs. Und wer von fern gegen Sodom und Gomorrha blickte, sah, dass Qualm von der Erde aufstieg wie aus einem Schmelzofen. Was Sodom und Gomorrha erleben mussten, war das fürchterlichste Strafgericht, das sich denken lässt. Sodom – Ort des Horrors. Sodom – Stadt der Sünde. Sodom – Fanal Gottes. Ein fürchterliches Vergehen gegen höchste Gebote muss sich hier zugetragen haben, eine moralische Katastrophe, der GAU der frühen Bronzezeit...

Ich begann mit der Suche nach Sodom und Gomorrha in Amman. Im American Center of Oriental Research, im Süden der jordanischen Hauptstadt, traf ich den jungen Archäologen Zakarija Ben Badhan, der seit Jahren über die Begräbniskultur bronzezeitlicher Städte forscht und aus dem ostjordanischen Bergland stammt. Zakarija vertrat strenge muslimische Ideale und war für die Idee einer Liebe vor der Ehe keineswegs zu gewinnen. Es war von vornherein wenig aussichtsreich, Sodom und Gomorrha eindeutig zu lokalisieren. Man reist nicht einfach nach Sodom und stellt auf dem Parkplatz das Auto ab, weil erstens in keiner Weise geklärt ist, ob die Stadt je existierte, zweitens die Meinungen der Gelehrten unvereinbar auseinandergehen, ob sie, wenn es sie gab, im heutigen Jordanien oder im heutigen Israel gelegen hat, weil drittens die populär gewordene Vermutung nicht widerlegt werden kann, dass ihre Fundamente vom Salzwasser des Toten Meers begraben sind, und viertens keineswegs klar ist, ob die tatsächlich begehbaren Grabungshügel auf beiden Seiten des Toten Meers, wo manche die Ruinen der Städte vermuten, tatsächlich dem Sodom der biblischen Legende entsprechen. Wenn die Archäologen schon nichts Gewisses über die Koordinaten des Ortes aussagen können, so können sie es ebenso wenig über die Art und den Zeitpunkt seiner Vernichtung. Nur eines ist sicher: Der Mythos der gerichteten Stadt Sodom fällt in den Übergang von der frühen zur mittleren Bronzezeit um 2100 vor Christus.

Nur in der Bibel ist von Sodom und Gomorrha die Rede, und nur in der Erzählung über diese beiden Orte gibt es innerhalb der Bibel eine sprachlich derart drastische, radikale Schilderung dessen, was sich dort zugetragen haben soll. Im Verhältnis zur kurzen Länge ihrer Schilderung ist die Geschichte von Sodom und Gomorrha die vielleicht wirkmächtigste des Alten Testaments. Beide Städte, die meist in einem Atemzug genannt werden, gelten bis heute als Chiffre für Verfehlung, Verdorbenheit und Verwerfung. In der späteren Tradition des Christentums wurde Sodom mit der Erbsünde «Wollust» assoziiert und schließlich gleichgesetzt mit dem «Laster wider die Natur». Von der Antike bis zur Neuzeit verstand man unter Sodomie alle Formen der Unzucht und sexuellen Perversion – im deutschen Sprachgebrauch vor allem sexuelle Handlungen mit Tieren. Der Begriff stand stellvertretend für all jene Praktiken, die nicht zur Fortpflanzung beitrugen, insbesondere männlicher Analverkehr. Im Mittelalter war die sogenannte «Sodomiterverfolgung», die Hinrichtung von Männern, denen man das «sodomitische Laster» vorwarf, gang und gäbe. Bis zum 13. Jahrhundert diente «Sodomie» als Blaupause für den Sündenvorwurf an Häretiker und Ketzer im französischen, deutschen und englischen Mittelalter, bevor sie zu Beginn des 14. Jahrhunderts fast überall in Europa mit der Todesstrafe belegt wurde. Noch im 18. Jahrhundert kam es in London und Amsterdam zu eruptiven «Sodomiterverfolgungen», und von 1872 bis 1994 war «Sodomie» die Bezeichnung einer Straftat in § 175 des deutschen Strafgesetzbuches, für die es unter den Nazis bis zu 5 Jahre Gefängnis gab. Nach den verschiedenen Fassungen des § 175 wurden in Deutschland insgesamt 140 000 Männer verurteilt.

Theologisch betrachtet ist Sodom der Inbegriff menschlicher Sündenverfallenheit schlechthin, und noch heute ist ein «Leben wie in Sodom und Gomorrha» der sprichwörtliche Ausdruck für ein wildes, verirrtes, ungeordnetes, anarchisches Zusammenleben.

### Tatsächlich: Schwefelgeruch!

Ich stellte mir vor, ich sei, wie die Menschen der frühen Bronzezeit vor etwa 4000 Jahren, ein Nomade, und fuhr, im weißen Licht eines milden jordanischen Morgens, die Ostküste des Toten Meers entlang südwärts, Richtung Aqaba. Die überzeugendsten archäologischen Hinweise deuten auf das südliche Ende des Toten Meers im heutigen Jordanien hin, wenn es um die Frage geht, wo Sodom und Gomorrha existiert haben könnten, dort, wo in der Frühbronzezeit vier vergleichbare Städte auf nebeneinanderliegenden Hügeln waren, zu denen später eine weitere kam, weswegen man sie «Pentapolis» nannte: eine Reihe von fünf Städten mit imposantem Mauerwerk und zum Teil gigantischen Grabkammerhöfen, antike Großstädte, deren Größe heute derjenigen von kleinen Ortschaften in der deutschen Provinz entspricht. Niemand weiß genau, wie diese Städte hießen, um 2100 vor Christus gab es noch keine Schriftkultur am Toten Meer, und also gab es aus den Städten keinerlei Texte, was den Phantasiespielraum natürlich weit öffnet.

Zur Rechten das Meer und am anderen Ufer Israel, offenbart sich linker Hand eine Welt aus zerklüftetem, rotgetünchtem Sandsteinfels. Täler und Furten wechseln mit terrassenartig abfallenden Erhebungen und steil aufragenden Zinnen. Der Versuch einer Palme, dazwischen zu Wuchs zu kommen, schlägt fehl. Am Wegesrand, in kleinen Buchten, stehen Kamele, Schafe und Esel gerade ansässiger Beduinen. Auf der Küstenstraße fahren kaum Autos, und wer fährt, fährt langsam, weil die wunderbare Welt der Berge jeden für Naturschönheit empfänglichen Menschen überwältigt. Spuren einer Besiedlung gibt es nicht. Immer wieder ist zu sehen, wie tief Archäologen hier und dort in den Fels gegraben haben auf ihrer erfolglosen Suche nach der großen Geschichte. Was man fand, waren Reste einer Zitadellenmauer, einen Keramikofen aus der byzantinischen Zeit und, in diversen Höhlen, Knochen von Mensch und Tier. Über Jahrtausende hinweg wurden hier Furten ausgewaschen, von einem Fluss aber ist nichts mehr zu sehen. Und rechter Hand, über die in schönem, dunklem Grün schillernde Haut des Toten Meers hinweg zu sehen, erheben sich die Berge des Heiligen Landes. Alle zwanzig Kilometer kontrollieren drei bis vier fast immer entspannte jordanische Soldaten die Reisenden an Checkpoints, die Wachtürme dienten bis zum Friedensvertrag zwischen Jordanien und Israel 1994 zur Observation des israelischen Feindes.

Wir fuhren in der Stille der Einsamkeit, als nach 50 Kilometern plötzlich eine merkwürdige Figur aus dem Felsplateau wuchs. Sie war schlank, dreigeteilt, mit einer taillenähnlichen Buchtung, geschätzte vier Meter hoch, nach Art einer Burg aus getropftem Sand und ähnlich schwer zu identifizieren wie die Figuren beim Bleigießen. Mit etwas Phantasie hätte man einen gesichtslosen Kopf mit irgendeiner Bedeckung erkennen können, der auf einem langgezogenen Oberkörper saß. Selbst bei fahrlässiger Deutungsfreude ließ sich weit und breit keine vergleichbare Formation finden. Ein Schild tauchte auf: Diese sagenhafte Felsfigur sei Lots Frau Idit. Kann das sein? Als Lot und die Hebräer der Bibel zufolge aus Sodom in die Berge flohen, schleuderte der Herr Feuer und Schwefel. Niemand, hatte Gott durch die beiden Engel wissen lassen, dürfe sich umdrehen, niemand den Sündenpfuhl brennen und qualmen sehen. Doch Idit glaubte an Lot und nicht an den Herrn. Lot sagt: *Wenn uns wieder Entbehrungen und Gefahren entgegnen sollen, bist Du verloren ohne Glauben.* Und Idit sagt: *Dann bin ich eben verloren! Ich kann nicht an etwas glauben, das ich nicht sehen kann. Genügt es nicht, dass ich an Dich glaube?*

Da stellt die ungläubige Idit Gott auf die Probe, postiert sich auf den Felsen, dreht sich langsam um und reißt, entsetzt über die apokalyptische Vernichtung jener Stadt, in der sie einst Leibsklavin der Sodomiter-Königin gewesen war, die Augen auf. Dann erstarrt sie zur Säule. Am Boden zurück bleibt ihr Kamm.

Schon der biblischen Schilderung zufolge kann diese zur Hälfte des Weges nach Süden auftauchende Salzsäule nicht Lots Frau sein, denn Feuer und Schwefel fielen erst auf Sodom und

Gomorrha, als Lot samt Familie bereits in der «kleinen Stadt» Zoar von Sodom angekommen war. Zoar ist aller Wahrscheinlichkeit nach ein Grabungshügel neben der heutigen Stadt Safi, 13 Kilometer südlich von Bab edh-Dhra, die fragliche Steinsäule aber befindet sich etwa 40 Kilometer nördlich. Entweder ist Lots Frau allein nach Norden gegangen, oder Zoar ist nicht identisch mit dem Grabungshügel es-Safi. Oder der Bibelautor war geografisch nicht beschlagen. Dass die Säule aus Salz gewesen sei, ist insofern denkbar, als Sodom, beziehungsweise jene Städte, die als Sodom vorstellbar sind, in den Zeiten, als die Bibel verfasst wurde, das Zentrum der Salzgewinnung war. Die wohlhabenden Städte bauten ihren Reichtum auf dem Verkauf des Minerals auf und holten dafür Gastarbeiter beziehungsweise Sklaven aus Afrika heran, deren genetisches Erbe sich im einen oder anderen Küstenbewohner bis heute erkennen lässt. Bis auf den gegenwärtigen Tag gewinnen auf beiden Küstenseiten, Jordanien wie Israel, prominent angelegte Fabriken dem Toten Meer das Salz ab. Und merkwürdig: Hier und da wehen Böen heran, und es stinkt nach Schwefelwasserstoff, leicht vergoren, leicht verfault, als stoße das Innere der Erde verruchte Gase aus, und hier, und nur hier im Übrigen, sind schwarze Steine zu sehen, Steine, die aussehen, als seien sie verbrannt, als sei, wie der Koran berichtet, ein Steinregen vom Himmel gefallen.

Nach 60 Kilometern wird es flacher und grüner, und weitere Beduinen mit Schafen und störrischen Ziegen tauchen auf. Die Kinder sitzen vor Zelten, die auf den Geröllwüstenhalden aufgebaut sind. Hinter ihnen erheben sich steil die schützenden Felsen der Sandsteinberge. Die Menschen hier leben aus dem Stein, mit dem Stein, im Stein. Ins verlandete Meer streckt sich die «Lisan-Zunge», Schilder warnen vor kreuzenden Rindern. Felder sind üppig bewachsen, das Land muss fruchtbar sein. Es wirft reichlich Bananen und Tomaten ab, die, noch grün, zu Tausenden von rußenden Lkws Richtung Aqaba transportiert werden. An der Hauptstraße im Dorf Al-Maszra'h bietet ein Händler Gurken und Oliven an, Kinder schultern mindestens drei Paletten Wasserflaschen, wofür man sie bewundern kann. In einer Art Teestube mit offener Küche treffen sich Arbeiter und essen Fladenbrot mit Humus und Öl für 20 Cent. Frauen sind nicht zu sehen. Ein Esel malmt bräsig den Kiefer. Das Licht ist grell und aggressiv, ohne Sonnenbrille fällt das Sehen schwer. Da ruft der Muezzin zum Gebet.

Von der Küstenstraße links ab geht es leicht bergauf nach Potash City, einer Stadt, vielmehr einer Ortschaft, die aus nichts weiter als drei Antennen eines jordanischen Militärgebäudes, einer Reihe Plattenbauhäuser und einer Betonmoschee besteht. Dann führt die Straße hügelan.

«Hier ist es», sagt Zakarija, «hier ist Bab e-Dra!»

Wir parken den Landrover am Rand der Straße vor einem löchrigen Zaun, der Unbefugten den Zutritt verbietet. Zu sehen ist ein Hügel aus Geröll, aus größeren und kleineren Quadern Stein, von denen manche auf den zweiten Blick von Menschenhand behandelt scheinen. Rechts klafft das Maul eines Canyons. Die ersten Meter auf einem weichen Lehmweg zwischen mehr oder weniger großen Steinhaufen durch dieses kiesgrubenähnliche Gelände sind leicht zu bewältigen. 38 Grad Celsius treiben den Schweiß. Je höher es geht, desto stärker weht die rettende, manchmal sogar kühlende Brise. Jeder Schritt will bedacht sein, die Steine und Brocken lassen keinen sicheren Tritt zu.

Bab e-Dra ist der arabische Name jenes Grabungshügels, auf dem von 1973 bis 1981 das große und einflussreiche Grabungsprojekt der amerikanischen Archäologen Walter E. Rast und R. Thomas Schaub von der Valparaiso University statt-fand. Wenn Sodom keine ausschließliche Erfindung der biblischen Legendenerzähler ist, dann war es mit einiger Wahrscheinlichkeit hier. Und in der Tat: Rast und Schaub fanden heraus, dass sowohl Bab e-Dra als auch die Nachbarstadt Numeira, beide aus Lehmziegeln errichtet, gebrannt haben müssen! Die Ruinen, die sie ausgruben, waren mit Aschedreck bedeckt, und unter manchen Trümmern fanden sie verkohlte Steine. Aus der Sicht der Archäologen muss sich hier zwischen 2400 und 2300 vor Christus, lange vor der Zeit der Israeliten, vor Abraham und Lot, eine der umfassendsten und radikalsten Zerstörungen in der Geschichte des antiken Jordanlandes ereignet haben. Zwar war Lot dem Alten Testament zufolge in der mittleren Bronzezeit in Sodom, also zwischen 2000 und 1800 vor Christus, doch nach Überzeugung von Zakarija Ben Badhan datieren die Ruinen von Bab e-Dra gut fünfhundert Jahre früher, also um 2400 vor Christus – so, wie Schaub und Rast es behaupteten. Wie lässt sich der Unterschied erklären? Vielleicht durch die Vermutung, dass es Sodom als Stadt zu Lebzeiten Lots gar nicht gegeben hat? Oder dass es sich bei Bab e-Dra um eine Ansammlung beeindruckender Mauern dreht, deren Einsturz man sich in der Bronze- wie Eisenzeit nicht erklären konnte?

Rast und Schaub waren die Letzten, die in Sodom gruben. Der erste Ausgräber war der amerikanische Bibelarchäologe William Foxwell Albright im Jahr 1924. Albright, Namensgeber des renommierten Albright-Instituts, gilt vielen noch heute als so genialer wie wegweisender Archäologe. Auf ihn beziehen sich jene, für die, wie für Albright selbst, die biblischen Texte authentisches Zeugnis realer Ereignisse sind, die die Schilderungen des Alten Testaments mit Hilfe der Wissenschaft veri-

fizieren wollen – die sogenannten Maximalisten, oft evangeli-
kale, überaus konservativ gesinnte Christen meist außerhalb
von Universitäten in den USA, für die das Wort des Einen Gottes historische Realität ist. Albrights großer Gegenspieler zu
Lebzeiten war der deutsche Archäologe Julius Wellhausen
aus Göttingen, auf den sich bis heute die Minimalisten und
all jene beziehen, die die Legenden der Bibel nicht als historische Überlieferungen, sondern als Reflektion auf die Welt der
damaligen Zeit oder, mehr noch, als rein fiktionale Epen des 4.
bis 2. Jahrhunderts vor Christus ansehen. Die radikalsten Minimalisten der sogenannten «Kopenhagener Schule» um den
ins liberale Dänemark ausgewanderten amerikanischen Bibelhistoriker Thomas L. Thompson setzen allein auf archäologische Befunde, an denen sie die biblischen Angaben messen.
Vor allem seit Thompsons Büchern «The Origin Tradition of
Ancient Israel» aus dem Jahr 1987 und «The Mythic Past» von
1999 hat in der biblischen Archäologie ein Paradigmenwechsel stattgefunden. «Die große Revolution seit Ende der 1980er
Jahre», sagt Israel Finkelstein, den Minimalisten geneigter Archäologe von der Universität Tel Aviv, «besteht darin, dass die
Archäologie nicht mehr rein dekorativ verstanden wird, sondern als unabhängige Disziplin betrachtet werden muss, die
überzeugender als alle anderen Erklärungsversuche ist, weil
sie authentisches Beweismaterial beibringt.»

In den 1960er Jahren tauchten in Jerusalem plötzlich eigen-
artige Gefäße auf dem Antikenhandel auf, und man fand heraus, dass sie aus Bab e-Dra kamen. Man organisierte von da
an Grabungen – nicht notwendig mit dem Ziel wissenschaftlicher Erkenntnis, sondern vielmehr, um dem Boden von
Bab e-Dra vielleicht wertvolle Keramik entreißen zu kön-

nen, in dem, wie man heute weiß, bis zu drei Millionen Gefäße lagen; der Ort besaß einen riesigen Friedhof, und seine Bewohner hatten sich darauf spezialisiert, Begräbniskeramik zu produzieren und die Toten aus dem Großraum des südlichen Ostjordanlandes zu bestatten. Weil nach den darauf folgenden Erkenntnissen der Archäologen Bab e-Dra von 3300 bis etwa 2300 vor Christus kontinuierlich besiedelt und darüber hinaus von einer für die frühe Bronzezeit erstaunlichen Größe war, lag die Vermutung nahe, es handele sich um die Stadt Sodom. Der Name «Sodom» bedeutet «eingeschlossener Ort», was im Fall von Bab e-Dra eher metaphorisch zu verstehen ist. Das mit hohen Mauern umgebene Stadtgebiet maß 300 auf 100 Meter und war von Osten durch das Gebirge geschützt. Geschätzte 800 Menschen lebten hier. Unterhalb der Stadtmauern lief eine Siedlungsfläche weit in die Ebene aus. Auf einem südwärts abfallenden Bergfuß befand sich die größte Grabanlage der Gegend am Toten Meer: der überregionale Friedhof mit Tausenden Tumulusgräbern. Die Eingänge zu einigen von ihnen sind heute noch zu sehen, und genau hier forscht Zakarija seit Jahren über bronzezeitliche Begräbniskulturen.

Es ist leicht, sich die Trockenheit und Verstaubtheit, die mittägliche Sommerhitze von bis zu 50 Grad Celsius, kurzum die notorische Unwirtlichkeit des Landes vorzustellen, in das zwischen 2000 und 1800 vor Christus Lot, der Neffe Abrahams, und seine Gefährten von Kanaan aus weitergewandert waren, auf der Suche nach Weideplätzen für ihre Tiere. Sie waren Nomaden und ließen sich an den Ufern eines Flusses nieder. In Genesis, Kapitel 13 berichten die Autoren: *Da erwählte sich Lot die ganze Gegend am Jordan und zog nach Osten. Also trennte sich ein Bruder von dem andern, sodass Abram wohnte im Lande Kanaan und Lot in den Städten am unteren Jordan. Und Lot zog mit seinen Zelten bis nach Sodom.*

Sodom und Gomorrha, wie alle anderen Städte der Ebene, lagen jeweils an einem Wadi, einem Flussbett, das ins südliche Becken des Toten Meers lief. Aber warum lassen die Bibelautoren Lot das Land ausgerechnet als fruchtbar und gutbewässert bezeichnen? Seit Jahrtausenden ist es trocken, geradezu dürr, und für agrikulturelle Nutzung denkbar ungeeignet. Dient vielleicht genau das dem angestrebten hohen Pathos der Erzählung?

## Aus Vermutungen werden Mythen

Der Mythos von Sodom entstand vornehmlich durch die Kunst. Die Genesis-Erzählung von Abrahams Neffen Lot, der, nachdem sich Abraham und Lot im Konflikt um Weideland getrennt hatten, seine Hebräer vor die Tore der Stadt Sodom führte, initiierte eine erste Vorstellung, durch die sich die Maler von Renaissance bis Realismus anregen ließen, deren Gemälde, wie das monumentale Öl-Opus des französischen Orientmalers Jules A. Laurens Ende des 19. Jahrhunderts, wiederum die Vorlage für weitere Gemälde und Monumentalbildnisse abgaben, die – wie der 1961 von Westernregisseur Robert Aldrich gedrehte Hollywood-Film «Sodom und Gomorrha» – ohne Zweifel die kreative Kraft besitzen, Bilder von Städten und Figuren über Generationen hinweg zu prägen. In der pathetischen Ausschmückung biblischer Sagen unübertreffbar, wurde der Film zwar in Marokko gedreht, vermittelt aber die Wüstenödnis des ostjordanischen Berglands eindrücklich. Der stets glattrasierte, silbergelockte Stewart Granger als Lot setzt das

Bild des Führers der Hebräer ebenso fest wie Charlton Heston jenes des rauschebärtigen Moses in «Die Zehn Gebote». Aldrichs Kostümfilm zeichnet Sodom als Ort der totalen Sünde: Lustsklavinnen führen erotische Tänze auf, Arbeitssklaven ächzen unter der Sonne. Mit dem Fleisch von ihren Knochen, klagen die Hebräer, seien die frevlerischen Städte Sodom und Gomorrha erbaut worden; dort finden hedonistische Gelage und laszive Wasserspielchen statt. Es herrscht das Matriarchat übers Patriarchat, und die lesbisch angehauchte Sodomiten-Königin Bera ist von unersättlicher Gier nach Duft und Diamanten und ausgestattet mit der sadistischen Lust zur Bestrafung jener, die im Untergrund an der Befreiung der Geknechteten arbeiten. In Sodom triumphieren Verrat und Intrige, Ausschweifung und Dekadenz. Als Lot im Feld toter Sklaven sitzt, ruft er, den Blick zum Himmel gerichtet: «Was ist das für ein Ort!»

In sechzig Jahren Grabungstätigkeit wurden aus dem Schutt dieses vermeintlich dekadenten, verruchten Ortes Keramik und Lehmziegel gezogen und sieben Meter dicke Steinmauern, Türme, die Fundamente einer Tempelanlage sowie weitere von Wohn- und Lagerhäusern freigelegt. Man fand Juwelen, Gold, Bronzewaffen und Kupfergeräte und Reste von Pistazien, Feigen, Mandeln, Oliven, Weintrauben und Weizen. Diese Zeugnisse beweisen, dass es hier eine sehr lebhafte und urbane Kultur gegeben haben muss, die weit über die Region des Toten Meers bekannt war. Die Bewohner der Stadt haben intensiven Handel mit mesopotamischen und ägyptischen Städten getrieben.

Gegen 2200 vor Christus muss dann plötzlich etwas Unerwartetes geschehen sein. Sodom stürzte. Zeichen einer Stadtkultur aus der darauf folgenden Eisenzeit fand man nicht. Sodom und Gomorrha waren nicht wieder besiedelt worden. Sie waren tot. Warum fiel Sodom? Wie konnte diese große, bedeutende, massive Stadt vernichtet werden? Wie erklärte man sich das Unerklärliche?

In einer nomadischen Kultur gibt es viele und verschiedenartige Migrationsbewegungen; Fremde kommen und gehen, von Nord nach Süd, von Süd nach Nord am Toten Meer entlang, das arabisch Bar Lut, «Meer des Lot», heißt. So entstehen erste Vermutungen, die mündlich weitergegeben werden, aus Vermutungen werden Gewissheiten, aus Gewissheiten Mythen. Nach Carl Gustav Jung, Begründer der Analytischen Psychologie, sind Mythen Manifestationen eines kollektiven Unbewussten, in dem uralte Erfahrungen der Völker und der Menschheit zum Ausdruck kommen. Schicht für Schicht entsteht ein kulturelles Gedächtnis, in dem tradierte Erinnerungen abermals tradiert werden, von Mund zu Mund erzählt, ehe sie in Texten und schließlich in einem Buch wie der Bibel eine endgültige Form annehmen. Die an der Universität Konstanz lehrende Literatur- und Kulturwissenschaftlerin Aleida Assmann, die sich seit langem systematisch mit Erinnerungskultur und Gedächtnistheorien befasst, übersetzt «Erinnern» mit «Übersetzen» von einer in eine spätere Periode. «Die Versessenheit auf Mythen und Anekdoten ist universal und kulturumspannend», sagt Assmann, «der Mensch ist auf Mythen angewiesen, weil ihn erzählte Geschichten mit Anfängen und Enden versorgen, über die er selbst nicht verfügt.»

Zur Zeit, als das Alte Testament geschrieben wurde, waren Sodom und Gomorrha bereits lange zerstört. Es ist sehr wahrscheinlich, dass die lokal kursierende Geschichte einer großen Stadt am Ufer des Toten Meers, die auf unerklärliche Weise vernichtet wurde, die mündlich überlieferte Blaupause für eine Erzählung abgab, die der Autor der Bibel im babylonischen Exil im 6. Jahrhundert vor Christus nutzte, um das Thema des göttlichen Strafgerichts einzuführen und so den Katalog eines Werte- und Normensystems zu entwerfen. Auf die Legende von Sodom und Gomorrha folgt wenig später das Buch Exodus, die Legende von Moses und den Zehn Geboten und der Grundlegung des jüdischen Gesetzes im Bund mit dem einen Gott. Nach altorientalischem Gesetz geht ein Volk, das eine Unrechtstat begeht, an sich selbst zugrunde. Schuld bestraft sich selbst – so lautet die moralische Grundlage der antiken Weisheitslehre: Wer Schlechtes tut, dem ergeht es auch schlecht. Aber woher weiß man, was gut und was schlecht ist? Wenn Leute ihre Stadt verlassen haben, muss es ihnen schlechtgegangen sein, denn niemand verlässt freiwillig einen solch reichen Hort wie Sodom. Ging es ihnen schlecht, müssen sie etwas Schlechtes getan haben; wurde die Stadt vernichtet, muss es etwas außergewöhnlich Schlechtes gewesen sein. Sodom wurde nicht einmal wieder aufgebaut wie sonst die zerstörten Städte. Es war verbranntes, verruchtes, verfluchtes Land. Was Sodom widerfuhr, musste also eindeutig eine moralische Katastrophe als Ursache haben. Das Wort von der «Vernichtung» der beiden Städte verrät die geistige und geografische Herkunft der Grundmotive: Es war im Wortstamm neoassyrischer Vertragstexte im 8. und 7. Jahrhundert vor Christus und wurde gemeinsam mit den Wörtern «Schwefel», «Feuer» und «Versalzung» gegenüber Handelspartnern als Vokabeln angedrohter Vergeltung bei potenziellen Vertragsverletzungen gebraucht.

## Kern des Mythos ist die Menschenwürde

Was war geschehen in Sodom? Der Bibelautor berichtet die entscheidende Szene in Genesis 18 und 19. Als Abraham, Erzvater und Onkel von Lot, bei den Eichen von Mamre in der Mittagshitze am Zelteingang sitzt, erscheinen drei Männer. Obwohl Abraham keinen der drei Wanderer kennt, holt er Wasser, lädt sie ein und lässt seine Frau Sara aus drei Maßeinheiten des besten Mehls Brotfladen backen. Er selbst schlachtet ein zartes, junges Kalb und erweist den unbekannten Fremden, ein wenig übertrieben sogar, höchste Wertschätzung. Dann erheben sich die Männer von ihrem Platz und sehen gegen Sodom. Der Verfasser fährt fort: *Der Herr sprach also: das Klagegeschrei über Sodom und Gomorrha, ja, das ist laut geworden, und ihre Sünde, ja, die ist schwer.* Die Männer gehen gegen Sodom, und Abraham verhandelt mit dem Herrn, Sodom nicht zu zerstören, wenn sich – nein, nicht 50, nicht 45, nicht 40, nicht 30, nicht 20, wie der Herr will – wenn sich nur 10 Gerechte unter all den Ruchlosen der Stadt befinden. Währenddessen hat Lot das Angebot der Königin angenommen und sich mit seinem Stamm innerhalb der Mauern Sodoms niedergelassen. Doch Lot ist kein anerkannter Bürger Sodoms. Er ist nur geduldet. Zwei Engel kommen an Sodoms Stadttor, und Lot, tadelloser Gastgeber, wie es die Nomaden waren, lädt sie zu sich ein. *Meine Herren, kehrt doch im Haus eures Knechtes ein, bleibt über Nacht und wascht euch die Füße!* Er bereitet ihnen ein Mahl aus ungesäuertem Brot. Da geschieht es. Die Männer Sodoms umstellen das Haus und fordern die Fremden: *Heraus mit ihnen, wir wollen mit ihnen verkehren.* Das Verbrechen bahnt sich an. Die angekündigte homosexuelle Vergewaltigung der Gäste wäre die schlimmstmögliche Demütigung, die im Vorderen Orient zur Bronzezeit aber keineswegs außergewöhnlich war. Vasen aus persischer Zeit etwa zeigen einen Griechen, der einen Perser sodomitisch vergewaltigt, und in ägyptischen Texten wird jene Form der männlichen Vergewaltigung als gängige Form der ritualisierten Demütigung fremder Völker beschrieben.

Angesichts der überaus heiklen Situation tut Lot etwas dem westlichen Wertesystem völlig Unverständliches und bietet den Sodomitern einen Tausch an: *Seht, ich habe zwei Töchter, die noch keinen Mann erkannt haben. Ich will sie euch herausbringen. Dann tut mit ihnen, was euch gefällt.* Doch Sodoms Männer geben nichts auf das Angebot, im Gegenteil: Sie beschimpfen ihn, den Zugereisten, den urban gewordenen Nomaden, der keine Bürgerrechte besitzt, sie bedrohen und bedrängen ihn, treten an die Tür und geben vor, die sodomitischen Laster mit ihm, Lot, noch schlimmer zu treiben als mit den beiden Gästen. Nein, nicht ein einziger Gerechter ist unter den Ruchlosen der Stadt zu finden. Als die Sonne aufgeht, regnet es Feuer und Schwefel über Sodom und Gomorrha.

Der moralische Kern der Legende von der Vernichtung der großen Städte voller Sünden ist im Großen die Verletzung der Menschenwürde, im Kleinen die Missachtung eines der wichtigsten Werte der damaligen Zeit. Im semitischen Verständnis ist Gastfreundschaft die höchste Norm innerhalb der Werteordnung des Vorderen Orients; der Schutz des Fremden gilt auch dann als oberstes Gut, wenn der Gast der schlimmste Feind wäre.

Weil das Leben der bronzezeitlichen Epoche weitgehend nomadisch geprägt war, war auch die Beherbergung der Fremden wichtig. Durch die Reisenden erfuhr man, wo es Wasser und Weideland gab, was in fernen Städten vor sich ging und wer Krieg gegen wen führte. Gastfreundschaft war die Basis einer überlebenswichtigen Kommunikationskultur. Die Legende vom Fall Sodoms und Gomorrhas ist ein Hohelied auf die individuelle ethische Verantwortung für das Ganze und zugleich eine Warnung an die Nomaden vor den Gefahren der Stadt. Die pädagogische Lehre heißt: Es bekommt einer Gesellschaft nicht, wenn ihre Mitglieder unmenschlich sind. Das theologische Motiv: Wer gegen die Gebote Gottes verstößt, ist dem Untergang geweiht. Nur jene Stadt wird überleben, deren Bewohner nach den Regeln der Tora handeln; wer der Tora, den fünf Büchern Mose, gemäß lebt und die Menschenwürde achtet, kann Hoffnung haben, gerettet zu werden, zu überleben. Wo die Tora verletzt wird, gräbt sich der Mensch sein eigenes Grab. «In der Tora sind die heutigen Menschenrechte vorformuliert», befindet Manfred Görg, emeritierter Lehrstuhlinhaber für Katholische Theologie der Uni München. Das verruchte Sodom ist der Inbegriff für die Missachtung der Menschenwürde, die Lehre daraus die Achtung des Anderen. «Bei der Geschichte von Sodom und Gomorrha», sagt der Mainzer Alttestamentler und Bibelarchäologe Wolfgang Zwickel, «geht es zentral um den Kontrast zwischen der Lebensweise der Nomaden und der der Städter; die Legende will verdeutlichen, wie gefährlich die Sittenlosigkeit in den Städten sein kann, und verherrlicht zugleich Ideale nomadischer Werteordnung.»

Auch in diesem Fall dürfte es für Personen und Orte reale Vorbilder geben. Die Figur des Lot, von vielen als Urvater der Stämme Moabiter und Ammoniter betrachtet, könnte die sogenannten «Landjudäer» repräsentieren, die nach 597 vor Christus nach Jerusalem gezogen waren, um zehn Jahre später umzukommen oder deportiert zu werden. Der offensichtliche

Antagonismus zwischen den vorbildlichen Landbewohnern Abraham und Lot einerseits und den verschlagenen, ruchlosen Städtern andererseits lässt – die Entstehung des Textes nach dem babylonischen Exil 537 vor Christus im Hinterkopf – darauf schließen, dass es sich bei Sodom um das von den neubabylonischen Besatzern verwüstete Jerusalem der Exilzeit handeln könnte – zumindest legen das die Texte der Propheten Jesaja und Jeremia nahe, wenn es bei Letzterem, Kapitel 23, Vers 14, etwa heißt: (…); *aber bei den Propheten zu Jerusalem sehe ich Gräuel, wie sie ehebrechen und mit Lügen umgehen und die Boshaften stärken, auf dass sich ja niemand bekehre von seiner Bosheit. Sie sind alle vor mir gleich wie Sodom und die Bürger Jerusalems wie Gomorrha.*

## Asche in Gomorrha

Ich stehe mitten in Sodom, wenn man unter dem Namen Sodom «eingeschlossene Stadt» verstehen kann und der Überzeugung ihrer Existenz näher als dem Zweifel daran ist. Von unten ruft der Muezzin herauf, die rotgestrichene Moschee ist auf weite Sicht erkennbar. Das Tote Meer reflektiert die Sonne, die Fliegen rasen irr. Jetzt gilt es, die Bilder der Filme und Gemälde und die Bilder der eigenen Phantasie abzuwerfen. Die Grabungsstätte ist seit 1983 verfallen. Die Grabungsschnitte sind verschüttet. «Ausgegrabene Städte sterben meist ein zweites Mal», sagt Zakarija und geht hinunter, dorthin, wo vielleicht einmal der Königinnentempel stand. Dann ruft er hinauf: «Es ist hier noch längst nicht alles ausgegraben.» Archäologische Arbeit erfordert Geduld und Obsession. Manchmal geht es nur um Fund, Radiokarbon-Untersuchung und anschließende Interpretation einer einzigen Scherbe, die über Kraft und Glaubwürdigkeit eines Mythos entscheidet. Da finden wir unverhofft eine unlasierte Tonscherbe, noch eine, einen ganzen Haufen, Teller, Henkel, Kannen- und Vasenteile. Wie jeder Altertumsarchäologe mit schnellem Auge für Rillen, Bodendicke und Konsistenz der Scherbe ausgestattet, datiert Zakarija sie auf die frühe Bronzezeit. Sind es Zeugnisse aus dem sagenhaft sündigen Sodom?

Bab e-Dra ist angeblich der tiefste Punkt der Erde. Das ist geografisch, nicht moralisch zu verstehen; vielleicht entspricht es sich auch. 457 Meter unter null drängt sich ins vom Sauerstoff berauschte Bewusstsein die Frage: Wenn Bab e-Dra wirklich Sodom ist – wo ist dann Gomorrha? Sodom taucht 39-mal in der Bibel auf, Gomorrha nur 19-mal und stets an der Seite von Sodom, während Sodom oft für sich steht. Die Paarung von Orten ist typisch für altorientalische Poesie, und dennoch ist die Verzahnung mysteriös, weil von Gomorrha nichts weiter bekannt ist als die Übersetzung des Namens in «Kluft». Kluft wozu?

Wir fahren nach Süden, an Johannisbrotbäumen und einem Mahnmal für gefallene jordanische Soldaten aus der Region im Kampf gegen Israel 1976 vorbei. Dreizehn Kilometer südlich von Bab e-Dra liegt ein zweiter Tell, also ein Hügel mit diversen erkennbaren Siedlungsschichten: Tell Numeira. In Numeira lebten in der mittleren Bronzezeit etwa 125 Menschen auf 0,5 Hektar. Numeira ist so wahrscheinlich Gomorrha wie Bab e-Dra Sodom ist. Aus den Bergen mäandert völlig unerwartet ein Bach und quillt vergnügt, das frische Wasser ist warm. Bis 1992 war hier ein Wachturm der jordanischen Armee, jetzt lebt im ersten Stock der wahrlich nicht großgewachsene Mohammed in Army-Hose mit seinem Hund, der am liebsten alle verfügbaren Schattenlauben aufsucht. Mohammed ist eine Art Wächter über das Vermächtnis des Ortes, wahrscheinlich erhält er dafür vom örtlichen Verwaltungschef sogar ein paar Münzen zum Überleben. Der Blick über das Meer ist grandios, an den Ufern des verlandeten Südbeckens sieht man verrostete Förderbänder. In der Sonne leuchten 20 Meter hohe und 50 Meter lange Magnesiumberge, die von gelben Baggern abgetragen werden. Die Felsen aus rotem Stein stehen stramm wie stumme Götter. Auf Tell Numeira ist es windig, Tell Bab e-Dra ist nicht zu sehen. Zakarija sagt, hier sei Gomorrha, frühe Bronzezeit, um 2700 bis 2300 vor Christus. Wächter Mohammed bestätigt. Zakarija weist auf Rundlöcher in Fundamentsteinen hin, in denen sich Tür-Stelen drehten. Wächter Mohammed nickt. Fundamente hochgetürmter Mauern sind zu sehen, im Schutt steckende Keramikscherben. Reste eines zwei Meter dicken Tores sind eindeutig als solches zu erkennen. Je dicker die Mauern eines Grabungshügels, desto wahrscheinlicher war einst die Gefahr, desto größer die Angst vor Feinden.

Mitten im Geröll tauchen schwarze Steine auf. Schwarze Steine? Hier? «Sehr ungewöhnlich», sagt Zakarija. Ist es Gomorrhas Asche? Wahrscheinlich ist es Basaltstein. Mauersegler umkreisen uns. Unten, in der Ebene, wo das Stadttor war, trotten Beduinen mit Schafen und Ziegen in Zeitlupe. Von fern wiehern Esel. Sonst ist es still. Nur die Fliegen sind wie immer hysterisch. Rechts des Tell Numeira hat sich der Fluss in den Stein gefräst, als hätte jemand ein Muster auf den Bauch des Canyons gemalt. Die ganze Gegend besteht aus Furchen, Plateaus und abgezirkelten Zwiebelfeldern. Wahrscheinlich waren Bab e-Dra und Numeira auf den Anhöhen weit und breit die einzigen sichtbaren Großstädte, fest verriegelt und durch Mauern geschützt, an strategisch sinnvollen Plätzen, und dazwischen existierte nichts, nichts als Hitze, Stein und Staub und das Salzmeer, in dem kein Stück organisches Leben gedeihen kann.

Vier Kilometer südlich von Numeira, oben im Felsen, gibt es eine Höhle von etwa fünf auf sieben Metern, in der Lot und seine beiden Töchter während des Fanals Zuflucht gesucht haben sollen. Im fünften nachchristlichen Jahrhundert baute man dort ein byzantinisches Kloster in den Stein, heute ist *Lots Höhle* Anlaufstelle von zwei bis vier Bibelpilgern am Tag.

Ich gehe aus der Höhle hinaus und erkenne mit einem Blick, dass Lot nach rechts blickend den Rauch des verkohlenden Gomorrha und, weiter hinten, den Qualm des brennenden Sodom gesehen haben kann, nicht aber das Feuer selbst, denn die Sicht auf Sodom ist aus dieser Perspektive durch die Berglandschaft verstellt.

Vierzehn Kilometer südlich liegt An-Neqe'. Der Ort ist identisch mit es-Safi, und es-Safi könnte der antiken Stadt Zoar entsprechen, die, wie die Bibel wissen lässt, von Gottes Zorn als einzige ausgenommen wurde. Es-Safi ist ein kleines Dorf, das von Landwirtschaft und Familiensinn lebt. Die Gesellschaft des ostjordanischen Berglands ist noch immer tribal, über Stämme organisiert; Reste eines großen Friedhofs der Bronzezeit sind zu erkennen, über der rötlich braunen Bergkette zieht der Mond herauf. Langsam sinkt die Sonne, und der Sandstein des Gebirges beginnt zu glühen. Die Tomatenfelder in der Ebene werden bewässert durch ein System feiner Schläuche, man hört die ratternden Dieselpumpen, hier und da bewegt sich ein Pferd. Vermutlich ist das

antike Zoar unter ebendiesen Tomatenfeldern begraben, obwohl der örtliche Direktor des Department of Antiquities bei
einer Tasse süßem Minztee beteuert, es habe auf den Anhöhen der Gegend keinerlei Zeugnis einer Besiedlung zu Lebzeiten Abrahams und Lots gegeben. Vielmehr glaubt er, dass
die berühmten zerstörten Städte Sodom und Gomorrha im
heutigen Israel, genauer: im Westjordanland, liegen. Andersherum gesagt: Die Urväter Israels, Abraham und Lot können
keine Augenzeugen der Zerstörung gewesen sein, legt man
die biblische Chronologie selbst zugrunde. Beide Männer, so
sie denn, wofür es allerdings kaum überzeugende Hinweise
gibt, tatsächlich existiert haben, lebten sehr viel später und
wurden von den Bibelredakteuren in der Zeit nach ihrem Exil
ab 538 vor Christus in die alte kanaanäische Legende des Falls
der mächtigen Städte am Toten Meer eingearbeitet. Zwischen
Abrahams und Lots angesetzter Lebenszeit in der sogenannten «Ära der Patriarchen» um 2000 bis 1800 vor Christus und
der Zerstörung von Bab e-Dra als Sodom und Numeira als Gomorrha um 2300 vor Christus liegen mindestens 300 Jahre.
Nur mit forsch angewandter biblischer Phantasie und litera-
rischer Freizügigkeit lässt sich das zu einer kohärenten Geschichte von der Intervention Gottes und der Lehrstunde seines Strafgerichts verknüpfen.

Was der Direktor seit Minuten kundgibt, ist offizielle
Sprachregelung in Jordanien. Wenn es um den Übertritt von
der Bronze- in die Eisenzeit geht, wird Archäologie zum Politikum. Wissenschaftschronologisch folgt die frühe Eisenzeit
auf die späte Bronzezeit. Alle Zeugnisse, die es im heutigen
Jordanien aus der frühen Eisenzeit ab 2100 vor Christus gibt,
stammen von den Hebräern, den Israeliten. Würde man also
zustimmen, dass Sodom und Gomorrha hier, in der ostjorda-

nischen Beckenebene, wie angenommen zu Abrahams und Lots Lebzeiten um 2000 vor Christus existiert haben, würde man das göttliche Versprechen auf das schöne, weite Land, in dem Milch und Honig fließen, auch auf die Ebene östlich des Jordans ausweiten können und dem heutigen Israel indirekt den ideologischen Besitzanspruch auf das Territorium des heutigen Staates Jordanien einräumen. Für die politische Propaganda kommt es deshalb durchaus auf Jahreszahlen und chronologische Logik an, und weil in solch elementaren Fragen des Staates nur die Regierung in Amman Auskunft zu geben befugt ist, bittet der Direktor höflich, aber nachdrücklich um Anonymisierung und bemüht abermals das quasi offizielle Leitmotiv: «Die Erzählungen der Bibel passen nicht zu unseren Siedlungen, die allesamt früher existiert haben. Hier gibt es nur Zeugnisse der frühen, nicht aber der mittleren Bronzezeit.»

Aus dem Fernseher im Eck tönen die Schreie eines billigen ägyptischen Actionfilms, in der schief gehängten Air Condition knarzt es unablässig. Der Direktor verabschiedet den deutschen Gast mit freundlichem Handschlag, den Muslim Zakarija küsst er. Die langsam ermattende Sonne blendet das Tote Meer, dessen Oberfläche jetzt aussieht, als brenne sie.

Für den Fall, dass der Direktor mit seinen Ansichten recht hätte, schlug Zakarija vor, zum Berg Sodom zu fahren, der, auf Höhe des Dorfs es-Safi, gegenüber dem Meer auf israelischer Seite liegt – westlich des Südbeckens, das zu besagter Zeit von «Sodomitenfürsten und Gomorrhavolk», wie es später in der Bibel heißt, ein wasserreiches, fruchtbares, offenes Marschland war. Abraham und Lot könnten hier tatsächlich vorbeigekommen sein, als sie aus Hebron über En Gedi südwärts zogen.

An diesem Punkt trennen sich unsere Wege, denn Zakarija fährt nicht nach Israel, selbst wenn er könnte. Die Einreise erfolgt immer über Tel Aviv, dann geht es eine Stunde südwärts, ins Landesinnere. Die so gut wie unbefahrene, aber in gutem Zustand befindliche israelische Küstenstraße westlich des Toten Meers, das weithin vom ewigen Dunst angekündigt wird, führt durch eine ähnlich schöne, in ihrer Ödnis verstörend attraktive Landschaft, wie es ihr in ebenso gutem Zustand befindliches Pendant auf der jordanischen Seite tut. Die stumme Natur ist im dauernden Zwiegespräch mit sich selbst. Um das Tote Meer, so scheint es, ist auch totes Land. Nichts bewegt sich. Von hier aus ist bestens zu sehen, wie das Meer, an seiner tiefsten Stelle 4000 Meter tief, zusehends verlandet. Wo heute die Küstenstraße verläuft, schwappte zur Ära der Patriarchen vermutlich Salzwasser. Der Grundwasserstand sinkt seit Jahren, mit der Konsequenz, dass die Region peu à peu vertrocknet und irgendwann der Kampf um Wasser unvermeidlich scheint. Merkwürdige Parallelen sind das durchaus.

## Auch auf israelischer Seite eine Salzsäule

Nahe der Oase En Gedi, jenem beliebten Badeort einige Kilometer südlich des Vorhut-Plateaus der antiken Stadt Qumran, wo, versteckt in einer der mühsam zugänglichen Höhlen, in Tonkrügen bestens erhalten, die legendären Schriftrollen aus Ziegenleder gefunden wurden, auf denen, von Mönchen der asketischen, auf Sauberkeit bedachten Sekte der Essener verfasst, unter anderem eine Abschrift des Alten Testaments geschrieben steht, stinkt es nach faulen Eiern, was auf Schwefel schließen lässt. Es ist morgens sieben Uhr, die Temperatur hat bereits 26 Grad Celsius erreicht. Weiße Toyotas der UN fahren Patrouille. Am Hang wachsen parabolartige Akazien und Dattelpalmen, deren Blätter nicht rascheln, so windstill ist es. An der Küste des Toten Meers schmieren sich Menschen mit dem angeblich heilenden Schlamm ein, es riecht nach Mineralien, irgendeine Mischung aus Eisen, Phosphor und Magnesium.

Der namentlich mit der Stadt so verführerisch identische Berg Sodom ist ein Salzberg, wie viele der Berge der Kette einen hohen Salzgehalt besitzen. Sodom war berühmt als Salz-Stadt, ihr Reichtum gründete auf Salzgewinnung und Salzverkauf. Um Sodom herum waren zahlreiche Salzminen. Das Mosaik einer antiken Landkarte aus Madaba, südlich des heutigen Amman, zeigt die damals gängige Verschiffung von Salz aus dem Stein des Sodomgebirges zwischen dem Hafen Zoar und Jericho auf dem Toten Meer an. Auch hier gibt es höchst bizarre Felsformationen und Figuren, aber der Sandstein ist poröser, seine Formationen wirken wie Schuppen und Flechten auf einem sehr alten Knochengewebe. Die israelischen Berge sind verspielter, klüftiger, geheimnisvoller als die herrschaftlichen Jordaniens gegenüber. Sie laden permanent zur Erkundung dessen ein, was um die nächste Ecke wohl zu erwarten ist.

Minus 440 Meter sind durchaus zu spüren, der Blutdruck ist hoch, der Gleichgewichtssinn beeinträchtigt. Wer zu schnell geht, bezahlt mit Kurzatmigkeit. Heute ist der Berg Sodom offiziell deklariertes Naturreservat. Doch kein Mensch wandert, kein Tier ist zu sehen, nicht einmal ein Baum. Zu hören sind die Motoren beschleunigender Lkws auf der einsamen Straße am Toten Meer entlang und das Surren des durch die simplen Leitungen fließenden Stroms wie das Flügelschlagen hungriger Hummeln am Blütenkelch.

Plötzlich, kurz vor den Salzkrusten am Rand der Wasserfelder von En Boqeq und seiner Massentourismushotels Grand Nirvana, Roayal, Spaclub und Oasis, taucht linker Hand auf den Bergen mit ihrer Haut aus Sand, Kiesel und Lehmschuppen ein frei stehender, dünner Felskeil von etwa 15 Meter Länge auf. Der Sockel ist aus aderndurchfurchtem grauem Salzstein, das obere Viertel, von weitem sichtbar, aus sandsteinhellem Gips und Mergel, als sollte es ein Kopf sein. Am Eingang des Parkplatzes steht ein Schild und verkündet mit zwei Wörtern: «Lots Wife». Sich diese Naturskulptur als Frau vorzustellen, ist bedeutend schwieriger als es im Fall der ziselierten Säule auf jordanischer Seite schräg über das Tote Meer hinweg möglich ist. Interessant aber bleibt, dass am Fuß des Bergs, direkt unterhalb der Figur, sich eine Höhle etwa 40 Meter tief in den ausgeschabten Fels verjüngt, von Besuchern sichtbar als stilles Örtchen missbraucht. War das die wahre Höhle des Lot, in der er um seine salzgewordene Idit trauerte, mit Blick auf das dampfende Sodom, irgendwo dort, wo heute die Förderbänder eines Magnesiumwerks stehen?

Ein Kloster gibt es nicht. Nichts ist beschrieben, nichts beschildert, gewarnt wird nur vor möglichem Steinschlag. Das Licht wird vielfach reflektiert, vom Wasser, den Steinen, dem gelagerten Salz und Magnesium, sodass stets der Eindruck des Dunstigen, Blendenden, Unscharfen vorherrscht. Ansonsten: Wüste, Wüste, Wüste, bis die Natur der Politik ein Schnäppchen schlägt und gegen Ende des Toten Meers sich die israelischen den jordanischen Bergrücken harmonisch, in sandsteinzartem Frieden annähern. Rechts ab geht es durch die Wüste Negev Richtung nördliche Sinai-Halbinsel, zur Stadt Kadesch Barnea, wo Moses mit den Hebräern Station gemacht haben soll, nachdem er am Berg Hor die Zehn Gebote empfangen hatte.

Dass die Ruinen von Sodom und Gomorrha in der palästinensisch verwalteten Westbank des heutigen Israel zu finden sein könnten, ist so gut wie ausgeschlossen und neben dem Reiz theoretischer Erörterung wohl ausschließlich dem Wunschglauben jordanischer Politiker zuzuschreiben. Hier gab es keine Pentapolis, hier wurden keine fünf Städte der mittleren Bronzezeit ausgegraben, keine Knochen, keine Scherben, keine Vasen gefunden. Sodom und Gomorrha auf israelischer Seite zu verorten macht weitaus weniger Sinn als auf der jordanischen. Für Siedlungen, gar Städte ist der Fels zu steil und faltig, es gibt zu viele Rücken und Kämme und nirgendwo Anzeichen für einen Tell, einen verschütteten Siedlungshügel.

## Bab e-Dra und Numeira: durch ein Erdbeben gefallen

Oft sind die Erklärungen für ein unerhörtes Ereignis denkbar simpel. Vermutlich sind alle fünf Städte am südlichen Becken des Toten Meers – Sodom, Gomorrha, Admah, Zebojim und Bela – zur selben Zeit am Ende der frühen Bronzezeit verlassen worden, weil Hitze und Dürre die Lebensbedingungen verschlechterten. Zur fraglichen Periode wurde es in der Region um das Tote Meer trockener; Nachweise über den sich ändernden Wasserspiegel legen starke Schwankungen nahe, eine davon um 2200 vor Christus. Die nachweisbare Klimaveränderung von einem Grad reicht bereits für eine verheerende Verschiebung der Parameter, was sich bis heute nicht geändert hat. Wenn ein Grad ausreichte, jeder Landwirtschaft die Grundlage zu entziehen, liegt nahe, dass die Menschen das vertrocknende Gebiet verlassen haben und sich gemäß der «Tun-Ergehens»-Moral alle fragten, welche Verfehlung die Dürre gebracht haben könnte. Wer vor 4300 Jahren an Bab e-Dra und Numeira vorbeizog, musste erschaudern vor Ehrfurcht, so groß und wehrhaft wirkten sie. Und wer einmal ehrfurchtsvoll erschaudert, der erzählt von seinem Erschaudern, von dem, was er gesehen hat, wo er geht und steht, und all seine Zuhörer erzählen es wieder anderen und machen das Ereignis größer und größer, bis irgendwann ein Mythos entsteht: der Mythos vom Zorn und der Strafe Gottes.

Am wahrscheinlichsten fielen Bab e-Dra und Numeira, also Sodom und Gomorrha, durch zwei aufeinanderfolgende heftige Erdbeben zwischen 2350 und 2300 vor Christus, die sie total zerstört haben müssen. Alle fünf Städte der Pentapolis, teils von gigantischen Mauern geschützt, befanden sich auf Anhöhen entlang einer tektonischen Zone zwischen dem Südbecken des Toten Meers und dem See Genezareth im Norden. Bab e-Dra und Numeira wie auch Jericho nördlich des Toten Meers haben dieselben geologischen Strukturen und waren denselben tektonischen Spannungen ausgesetzt. Zum Leidwesen maximalistischer Bibelarchäologen sehen die beiden Geologen David Neev vom Geological Survey of Israel und Kenneth O. Emery vom Woods Hole Oceanographic Institute Massachusetts in Sodom und Gomorrha nicht den zürnenden Schöpfergott am Werk, sondern die katastrophischen Kräfte eines heftigen Erdbebens im seismisch sehr aktiven Jordangraben, der die Nahtstelle von arabischer und mediterraner Platte bildet. Neev und Emery vergleichen die geophysikalische Situation der beiden Städte um 10 000 vor Christus mit dem verheerenden Beben in Mexico City im Jahr 1985. Dessen Epizentrum lag zwar 350 Kilometer von der Hauptstadt entfernt, doch weil Mexico City in ein von dichtem Fels gerahmtes Becken gebaut ist, verstärkten sich die Schockwellen um den Faktor 5 bis 20. Mit jeder Welle erzitterte die Megacity, als stünde sie unmittelbar auf dem Grund eines Marmeladenglases. Neev und Emery behaupten, dass es sich ebenso im Südbecken des Toten Meers, das vor etwa 4000 Jahren entstanden ist, verhalten haben müsse. Durch die verstärkten Schwingungen im nur durchschnittlich 10 Meter tiefen Becken habe es einen Gleiteffekt an der Nordostseite des Jordangrabens von Eilat am Roten Meer bis hin zum Toten Meer gegeben; Bab e-Dra und Numeira seien regelrecht in den Boden gesaugt worden. Eine These, die der britische Geologe Graham Harris unabhängig von Neev und Emery vor kurzem bestätigte. 2001 erklärte er, dass durch plötzlich austretende entflammbare Methangase, die unterhalb des Toten Meers in Depots lagerten, immenser Druck entstanden sei, der sich auf spektakuläre Weise entladen habe, noch eruptiver womöglich als in Mexico City oder San Francisco oder Los Angeles. Wenn die Erde bricht, implodieren die mergelhaltigen Felsen, was, wie Neev und Emery schließen, zahlreiche Kanäle für einen plötzlichen Ausbruch von unterirdischen Kohlenwasserstoffgasen freigelegt haben könnte, Gase, die wiederum die ideale Nahrung für ein sich stets steigerndes Schwefelfeuer waren. Wie anders als mit einem himmlischen Gericht hätte man sich vor 4300 Jahren dieses einmalige Inferno erklären sollen, da es die Figur des sulfatwerfenden Teufels kulturgeschichtlich noch nicht gab? Neev und Emery sind sich sicher: «Erinnerungen von noch älteren geologischen Desastern wurden in die Saga verwoben.» Es dauerte bekanntlich sehr lange, ehe sich, mit dem großen Erdbeben von Lissabon 1755, in der Deutung und Erklärung von Eruption und Zerstörung die Wissenschaft gegen die Annahme des göttlichen Strafgerichts durchsetzte.

So stehe ich schließlich zwischen den jordanischen Orten Feifa und Tafira, in vollendeter Stille, in der man nur das eigene Blut hört, auf den Gipfeln jenes jordanischen Gebirges, das nach Lots Sohn Moab benannt ist und dessen Felsen wie phantastische Figuren aussehen. Der Mond steht am Himmel wie eine Neonleuchte. Still und tot sind diese Berge, zernagt, zerfurcht, zerfugt, porös und von so eigenwilliger Strenge wie erhabener Schönheit. Sie sehen alt und weise aus, und wenn um halb sechs am Abend in kleinem Winkel das letzte Licht der Sonne einsinkt, erhalten die glutroten Felsfiguren, die Zinnen und Kamine, etwas Entrücktes. Vor dieser Bühne – stelle ich mir, die Bibel in der Hand, vor – wanderten die Israeliten nach ihrem Auszug aus Ägypten nordwärts. Moses führte sie von den edomitischen über die moabitischen zu den ammonitischen Bergen. Mitten darin, im Dorf Namatah, treiben Hirten ihre Ziegen vom Berg, wie es die Hirten seit Jahrtausenden tun, sie winken und fragen den Fremden, woher er komme, wer er sei, was er vorhabe. Keine fünf Minuten vergehen, und das ganze Dorf ist um mich versammelt. Der Älteste spricht eine Einladung aus, und was immer die mittellosen Mitglieder dieses Stammes in ihren Vorratskammern hätten, Brot, Humus und gelagertes Fleisch, zu Ehren des Gastes, der ein Freund ist, würden sie ihr Letztes geben.

Der Abendstern ist zu sehen, ein Lichtstreif. Nein, natürlich, die Hirten kennen die Geschichte von Sodom und Gomorrha nicht. Unwillkürlich bin ich zum Zeugen einer der höchsten Normen des Alten Testaments, zum Adressaten der Jahrtausende tradierten Sittlichkeit geworden. Wahrhaft biblisch geht es zu, am kalten Abend eines wolkenlosen Tages, 1300 Meter über Sodom, als wir, die einander Fremden, das letzte Brot der Dorfbewohner essen.

## Alles ist wieder offen

Auch Archäologen irren. Kürzlich erklärte der Bab-e-Dra-Ausgräber Thomas R. Schaub, Radiokarbon-14-Untersuchungen von Scherben in Numeira legten eine Zerstörung der Stadt bereits um 2600 vor Christus nahe, also 300 Jahre früher als die von ihm früher angenommene Zerstörung von Bab e-Dra. Die unmittelbare Verbindung zwischen beiden Städten sei somit nicht mehr gegeben, was, wie Schaub einräumte, erhebliche Zweifel an allen Deutungsversuchen zulasse, Bab e-Dra mit Sodom und Numeira mit Gomorrha zu identifizieren. Aber auch wenn alle Annahmen verglühen, wenn am Südbecken des Toten Meers nichts Katastrophales geschehen und nichts weiter verblieben ist als unwirtliches, nach Schwefel stinkendes Land, wenn nichts sicher erklärt und nichts vorausgesetzt werden kann – die beiden Namen Sodom und Gomorrha haben sich seit 2000 Jahren im kulturellen Gedächtnis der Menschheit als Hort der Sünde und sexuellen Ausschweifung unauslöschbar festgesetzt. Was immer es für ein Gott sein mag, der einen derartigen Holocaust veranstaltet, und wie immer man diese Brandmarkung beurteilen mag – gemessen an der kurzen Erwähnung der beiden Städte im Alten Testament ist den Bibelautoren mit diesem pädadogischen Lehrstück zweifelsohne eine der wirkmächtigsten literarischen Leistungen aller Zeiten gelungen.

# Moses und der Exodus

Mein Auszug aus Ägypten geschieht unter den Augen von neun reglosen Sicherheitspolizisten im Marschland des Nildeltas. Sie sitzen auf den Ladeflächen zweier blauer Toyotas, die Maschinenpistolen auf dem Schoß. Ein Gesetz schreibt seit 1997 vor, dass jeder Gast Ägyptens zu schützen sei. Das ist nett gesagt, denn so hat der Staat Kontrolle über all seine Besucher.

Wie ein höherer Minister fahre ich auf den Spuren von Moses und den Hebräern übers Deltaland, angekündigt vom Martinshorn zweier vorpreschender Motorräder. An diesen Straßen standen vor 3200 Jahren Soldaten des Pharaos an streng bewachten Checkpoints. Die Toyotas von heute waren früher pharaonische Streitwagen. Unbemerkt blieb und bleibt in Ägypten niemand.

Die neu ausgebaute Schnellstraße führt von Kairo über den Vorort Heliopolis, wo der Flughafen Kairo und der Palast des Präsidenten Mubarak zu finden sind, an der Militärakademie, dem Sportstadion des Militärs und Offiziershochhäusern vorbei durch die beginnende Wüste ostwärts in die Provinz Sharqiya, wo heute mehrere der zwölf Satellitenstädte stehen, deren Bau vom damaligen Staatspräsidenten Sadat Mitte der 1970er Jahre begonnen wurde; ein Europäer würde die plötzlichen Vorstoß- und Überholmanöver der ägyptischen Fahrer mindestens waghalsig nennen. Entlang der Straße lassen die Reichen Kairos neue Villen bauen, Tausende Mehrfamilienwohnungen zeugen von der ausgedehnten Inbesitznahme der Wüste, der man mittels anspruchsvoller Bewässerungstechnik augenscheinlich ausreichend Lebensqualität abgewonnen hat. Der tote Boden wurde künstlich fruchtbar gemacht, wohingegen die Rinder von einer jede einzelne Rippe betonenden Magerkeit sind. Und schon hier jenes Arrangement, das uns die ganze Reise begleiten wird: Eukalyptusbäume, Dattelpalmen, Akazien, Sesamplantagen, Reisfelder und Polizeikontrollen. Vor dem Checkpoint schnallt sich jeder an. Die Beamten tragen weiße Jacketts. Ihr Anspruch auf erfolgreiche Einschüchterung ist spürbar. Nach dem Checkpoint schnallt man sich wieder ab.

Je näher wir dem Delta kommen, desto primitiver werden die Strommasten, und je öder die Sandwüste gerät, desto mehr Lagerhallen und Fabriken für Elektrowaren, Stahl und Keramik säumen den sechsspurigen Highway Richtung Bilbeis und Zagazig. Vorn, auf den Ladeflächen der blauen Chevrolets, werden die Sicherheitspolizisten, zumeist junge Burschen auf vergeblicher Suche nach martialischer Autorität, auf üble Weise hin und her geschüttelt. Auf den abgeernteten Reisfeldern wird Klee für die Wasserbüffel gezüchtet, Störche waten im Marschland, und alle Wipfel der landestypischen Gasuarinen sind durch beständigen Ostwind westgeneigt. Die simplen Häuser der Dörfer bestehen aus einem Lehm-Schilf-Gemisch und sind weder so hässlich wie die aufgetürmten Betonskelette zehnstöckiger Hochhäuser noch annähernd so elegant wir die dünnen Minarette der Moscheen. Immer wieder durchziehen Kanäle mit dickflüssigem, sämig wirkendem Wasser das Land dort, wo zartes Schilf wächst, und immer wieder stehen bunte Statuen des vorbildlichen Arbeiters am Eingang der Dörfer, historische Zeugnisse einer kaum vergangenen Zeit, da Ägypten Sympathien für sozialistische Ideen hegte.

Die Dörfer unterscheiden sich nur in der unterschiedlichen Anordnung des Gewöhnlichen: zimmerkleine Garküchen, Obst- und Gemüseshops, Kioske, Metzgereien mit und ohne abhängenden Lammleibern, Parfümläden, Bäckereien, Teppichshops, Kleinwerkstätten, Ersatzteillager, Reifenwechsel. Sodann mit Müll gefüllte Pfützen und irrlichternde Tuktuk-Taxis, isettaartige Dreiräder, die, aus Indien kommend, seit einigen Jahren en vogue sind, und immer und überall Bauern, die, der Turban ist ein weißer Turm, barfuß den Acker bestellen, während aus den brandgerodeten Feldern dichter Qualm aufsteigt. Manche Frau trägt zum Schutz vor der Sonne einen Regenschirm, Kühe und Esel wirken träge, und über den ausgetrockneten Reisfeldern hängt ewiger Rauch. So geht das von Zagazig über Abu Kebir bis Faqus und noch viel weiter.

Auf einmal wird die Luftfeuchtigkeit höher und das Schilf dichter. Wo Eukalyptusbäume wachsen, muss Wasser sein. Dattelpalmen stehen in Reih und Glied, es riecht nach Öl. Die beiden mächtigen Betonpfeiler der 2001 eingeweihten sieben Kilometer langen El-Salam-Brücke sind in den feinen, hellgrauen Sand gewuchtet. Schwarzer Rauch entsteigt den Schornsteinen träge wirkender Frachter, die so hoch sind, als lägen sie dem Land auf. Endlich sieht man das türkisfarbene Wasser des Suezkanals. Ein Landstreifen von zwei Kilometer Breite bis zum Kanal ist militärisches Sperrgebiet. Davor, mitten im Marschland, liegt das Dorf Abu Halakha. Hier zerfasert der Nil in Hunderte von Armen und Ärmchen, Kanäle, Seitenkanäle, Kanäle von Seitenkanälen. Das Wasser ist mal dunkelgrün, mal hellbraun, mal nachtschwarz. Die feinen Schilfpflanzen der Felder von Abu Halakha sind zwei Meter fünfzig hoch, daneben wuchern Büschel aus kniehohem, hartem, spitz zulaufendem Sumpfgras. Immer wieder spiegelt sich die erbarmungslose Sonne im Wasser der Tümpel. Manchmal riecht die Luft nach vertrocknetem Kot. Blüten sind nicht zu sehen. Die Grashüpfer hüpfen nicht, sie fliegen. Im dunstverschleierten Hintergrund erheben sich die Bergketten des oberen Sinai. Es ist Freitagmittag. Männer waschen ihre Autos. Aus zwei von drei Garküchen erklingt ägyptischer Pop. Der Muezzin ruft: «Allah ist groß!» Wenn meine Berechnungen stimmen, müssen hier, im Schilfland von Abu Halakha, Moses und die Hebräer durch das Meer gezogen sein, unter Führung ihres Gottes, der ihnen tags als Wolken- und nachts als Feuersäule den Weg wies. Hier ist Ägypten zu Ende. Hier beginnt Vorderasien. Hier beginnt die Geschichte des Volkes Israel. Hier beginnt der Exodus, wenn es Moses tatsächlich gegeben hat.

Geboren von einer hebräischen Sklavin in ägyptischer Knechtschaft, wird bekanntlich ein Findelkind von Pharaos Tochter im Bastkorb aus dem Nil gezogen, das als angeblicher Sohn von Pharaos Schwester zum großen Kämpfer und Eroberer Ägyptens avanciert und den Namen Moses trägt. Während Moses und Pharaos Sohn Ramses als verfeindete Brüder Ränke spielen, hoffen die hungernden, ausgemergelten, von Narben übersäten hebräischen Sklaven auf den «Erlöser». 400 Jahre arbeiten sie und ihre Vorfahren schon für Ägypten und erbauen nun die Hauptstadt zu Pharaos Ehren. Durch eine Intrige erfährt Moses von seiner wahren Herkunft. Er hält dem Volk Israels die Treue, woraufhin der enttäuschte Pharao mit seinem geliebten Adoptivsohn bricht, ihn verstößt, seinen Namen von allen Obelisken tilgt und darüber gramvoll stirbt. Der ungeliebte Ramses wird nächster Herrscher. Da tötet Moses dessen verhassten Baumeister Balka, flieht in die Wüste, torkelt in der Glut, übersteht Wirbelstürme und begegnet im Lande Midian im brennenden Dornenbusch auf dem verbotenen Berg Hor zum ersten Mal dem Gott Abrahams, Isaaks und Jakobs, der keinen Namen hat und von sich sagt: «Ich-bin-der-ich-bin.» Jetzt wird offenbar: Kein anderer als Moses ist der gesuchte und erhoffte Erlöser, der Prophet, der diesen Gott zu den Geknechteten bringt. Damit der Pharao die Hebräer ziehen lässt, schickt der Herr als Zeichen seiner Nähe zehn Plagen übers Delta: darunter Frösche, Stechmücken, Ungeziefer, Hagel, Heuschrecken. Das Nilwasser verwandelt sich in Blut, das ägyptische Vieh geht ein, es herrscht drei Tage Finsternis. Schließlich tötet der Herr alle Erstgeborenen der Ägypter. Da gibt Ramses klein bei. Josua, die rechte Hand des Moses, von dem nichts weiter als der Name bekannt ist, ein damals sehr beliebter Name, der mit «Gott hilf» übersetzt werden kann – der junge Josua also organisiert den Auszug, und zum Schall der Widderhörner wandern die befreiten Sklaven am Tag nach dem Paschafest vor den Augen aller Ägypter mit dem Gold des Pharaos in die Wüste.

Sie müssen am heutigen Dorf Abu Halakha vorbeigekommen sein.

Aber hat es den Exodus überhaupt gegeben? Oder ist er reine Erfindung? Alle ernstzunehmenden Archäologen und Bibelgelehrten bejahen die historische Realität des Exodus. Die entscheidende Frage ist für sie allein, wann genau er sich zutrug. Addiert man mit dem Taschenrechner alle Jahresangaben der Bibel rückläufig, muss der Aufenthalt der «Kinder Israels» in Ägypten um 1876 vor Christus gewesen, der Auszug unter Moses im Jahr 1446 vor Christus geschehen sein und die anschließende Landnahme Kanaans durch die Hebräer im Jahre 1406 vor Christus begonnen haben. Nimmt man dagegen ernst, dass die Kinder Israels die königliche Hauptstadt Pi-Ramesse gebaut haben, müssten sie, da der diktatorische Pharao Ramses II. in den Jahren von 1279 bis 1213 vor Christus regierte, noch im späten 13. Jahrhundert vor Christus in Ägypten gewesen sein – zwei ganze Jahrhunderte *nach* der Datierung in der Bibel.

Liegen hier Rechenfehler vor?

Wann auch immer er stattgefunden hat, wenn es ihn als solchen gab: Der Exodus nahm in jedem Fall seinen Ausgang in Pi-Ramesse, 150 Kilometer östlich von Kairo. Hier und da quillt dicker Qualm, man hört das Rattern der Dieselpumpen an den Kanälen. Im schwarzen Pfützenwasser drehen sich Plastikflaschen und Chipstüten. Esel grasen, Pferde fressen, Rinder kauern unter Dattelpalmen, und Bauern mit weißem Turban brandroden ihre Felder. Zum Ruf eines Kuckucks fahren wir im Konvoi über die kleine Brücke und den schmalen Ackerweg. Plötzlich, während Libellen schwirren und Grashüpfer durchs Reisfeld irren, zwischen der ersten und zweiten Brücke in Qantir, unter einem primitiven Stromleitungsmast, ist ein gigantischer Fuß-Torso aus Sandstein zu sehen, deutlich erkennbar die fünf Zehen samt Nägeln. Es heißt, hier habe einst die große Statue des Königs Ramses II. gestanden, der Fuß sei deren Rest. Nebenan befindet sich ein Stall aus Lehm, die Blätter der Bäume schwänzeln im Wind. Hunde streunen, Frauen bündeln Stroh, und ein Bus stößt schwarze Wolken aus.

Mit angebrachter Ehrfurcht stelle ich meinen Fuß auf den riesigen der Statue und nehme zum ersten Mal Kontakt mit sinnlich erfahrbarer Geschichte des Exodus auf; dieser Boden, das spürt man, ist historisch bedeutsam.

## Die Hebräer waren hier

Fünf Minuten später – vier Jeeps fahren einen schmalen, durch Reisfelder führenden Pfad entlang – eröffnet sich das Grabungsgelände Tell el-Da'aba und, unter prächtigen Eukalyptusbäumen, das weißgetünchte Haus des Professors. Jeder im Delta kennt ihn. «Der Archäologe», sagen sie hier. *Der Archäologe* gehört schon fast zum Inventar Äygptens. Wenn der österreichische Präsident zu Gast in Ägypten ist, begleitet *der Archäologe* ihn in Mubaraks Palast.

«Grüß Gott», sagt er in zartem Wienerisch.

Als Erstes versucht Manfred Bietak, in Sandalen und dunkelroter Jogginghose, eine Horde Fliegen fortzuschlagen. Wie immer ist das müßig. Im Hof sortieren Mitarbeiter in blauer Djellabah einen Scherbenhaufen, und auf der Veranda des Anwesens wird Tee serviert, der Muezzin von nebenan ruft zum Mittagsgebet. Ein Koch und drei einheimische Küchenhilfen bereiten das Essen zu, zwei weitere reinigen die Räume. «Wir sitzen hier», sagt Bietak, «mitten im ehemaligen Tempelbezirk der pharaonischen Hauptstadt Pi-Ramesse.»

«Wenn die Israeliten in Ägypten waren – dann haben sie als Sklaven diese Stadt tatsächlich mit errichtet?», frage ich.

«Ja. Wenn es Moses gegeben hat, dann war er hier.»

Manfred Bietak – Direktor des Österreichischen Archäologischen Instituts in Kairo, Lehrstuhlinhaber des Instituts für Ägyptologie der Universität Wien, Vorsitzender des Wiener Instituts für Archäologische Forschung und Mitglied der Österreichischen Akademie der Wissenschaften – gräbt hier seit 1966 und führt bis heute eine der größten Grabungen Ägyptens durch. Anfangs lebte er in einem Haus aus Lehmziegeln, zehn Jahre später baute er den Hof an, in den 1990er Jahren kamen Laboratorien und Unterkünfte dazu, für Fachleute, Gäste, Mitarbeiter und Fotografen. Heute ist sein von Mais- und Reisfeldern gerahmtes Anwesen fast fürstlich. Das Haus gehört dem Österreichisch-Archäologischen Institut, der Boden, auf dem es steht, der ägyptischen Antikenverwaltung. Vom Dach, das Bietak mit geübtem Ausfallschritt erklimmt, lässt sich erahnen, wie groß allein der Hafen gewesen sein muss. «Es besteht kein Zweifel mehr», sagt der Archäologe in der Hitze eines Freitagvormittags, «Pi-Ramesse war die Hauptstadt Ramses' II.» Als ob es je Zweifel gegeben hätte.

Die hat es. Lange stand in Frage, ob das alte Auaris, das Bietak ausgräbt und das um 1600 vor Christus die Hauptstadt der Hyksos war, die Vorgängermetropole des biblischen Ramesse gewesen ist, jenes New Yorks der Antike, einer großzügig ausgedehnten Stadt, deren von hohen Mauern umgebene Tempel weithin sichtbar aufragten. Vor den Flaggenmasten standen die Großskulpturen, bis zu denen der kleine Mann vordringen durfte. 100 Personen lebten damals auf einem Hektar, in ganz Pi-Ramesse etwa 80 000 Menschen.

Es gibt veritable Gründe für die Annahme einer Identität. Zum einen ist die biblische Stadt Pi-Ramesse eine königliche Residenz gewesen; die Protoisraeliten unter Moses, die Kinder Israels also, haben sich, berichtet die Bibel, stets sofort an den König gewandt. Aber wann ist die Anwesenheit der Protoisraeliten in Ägypten anzusetzen? Bietak steht in dieser Frage gegen den Großteil der Forscher, die stets der Meinung waren, dies sei in ramessidischer Zeit, also der Zeit des Pharaos Ramses II. und der 18. Dynastie, geschehen.

«Ich vertrete den Standpunkt, dass die Protoisraeliten erst in *spätramessidischer* Zeit, also der Zeit Ramses' III., hier waren.»

«Wie kommen Sie darauf?»

«Weil man erst im 12. Jahrhundert vor Christus den ersten archäologischen Nachweis der Besiedelung Kanaans durch Protoisraeliten mit der Eisenzeitkultur gefunden hat und es zweitens die erste Nennung Israels in außerbiblischen Texten, auf der berühmten Stele des Merenptah, erst Ende des 13. Jahrhunderts, genauer 1210 vor Christus, gibt.»

Merenptah entstammte der 19. Dynastie um 1213 vor Christus. Als dreizehnter Sohn folgte er im Alter von über sechzig Jahren seinem Vater Ramses II. auf den ägyptischen Thron, regierte zehn Jahre lang und suchte vor allem die Aussöhnung mit den Nachbarvölkern. 1896 fand man in seinem Totentempel im Tal der Könige von Theben die berühmte «Siegesstele» oder «Israel-Stele» aus Merenptahs fünftem Regierungsjahr, deren Inschrift als ältesterhaltener altägyptischer Text gilt und in einem Halbsatz eine vernichtete Volksgruppe namens «Israel» erwähnt. Das Monument stand zu Merenptahs Regierungszeit im Ptah-Tempel in Memfis, südlich von Kairo. Ebenjene Ära des Merenptah wird, bei genauerer Prüfung der historischen Fakten, für die Genealogie der Hebräer noch von entscheidender Bedeutung werden.

«Der einzige direkte Hinweis auf eine Anwesenheit von Protoisraeliten in Ägypten ist aus meiner Sicht das sogenannte Vierraumhaus im Randbereich des Totentempels von König Haremhab aus dem 12. Jahrhundert vor Christus.» Die Tempelanlage wurde in der Zeit Ramses' IV. niedergerissen, um Baumaterial für neue Residenzen zu bekommen. Während in den 1930er Jahren Archäologen der University of Chicago den Grundriss des Tempels ausgruben, fanden sie im Randbezirk Pfostenlöcher und Gruben und konnten rekonstruieren, dass an jener Stelle ein Haus aus Lehm und Schilf gestanden hatte. Der Grundriss dieser Hütte, in der die Arbeiter während des Abrisses wohnten, entspricht genau dem des sogenannten *Vierraumhauses*, das von israelischen Archäologen als Standardhaustyp der frühen Eisenzeitkultur anerkannt wird. Aufgrund der Stratigrafie, der geowissenschaftlichen Untersuchung des Sedimentgesteins, seiner organischen wie anorganischen Bestandteile und deren zeitlicher Zuordnung, lässt sich sagen, dass dieses acht auf acht Meter große Haus älter als der Totentempel war. Deswegen ist es Bietak zufolge sehr wahrscheinlich, dass es genau zu jener Zeit gebaut wurde, als um die Wende des 13. zum 12. Jahrhundert vor Christus dieser Haustyp zum ersten Mal in Palästina auftritt. Aus alldem schließt Bietak entgegen der biblischen Schilderung mit simpler geografischer Logik, «dass die Besiedelung Kanaans und der Aufenthalt in Ägypten voneinander abhängig und in einem Zusammenhang zu sehen sind, weil ich ja nur nach Ägypten kommen kann, wenn ich über Kanaan komme». Der Begriff *Kanaan* bezog sich ursprünglich auf die nördliche Levante, auf den heutigen Libanon und die phönizischen Siedlungen entlang der Küste des heutigen Israel. Der Name taucht zum ersten Mal um 2200 vor Christus in einer syrischen Keilschrift auf und lässt sich bei aller Vorsicht mit «Purpur» übersetzen. Die Ägypter nutzten *Kanaan*, dessen Stadtstaaten von 1550 bis ins 12. Jahrhundert vor Christus hinein ägyptische Provinz waren, als Bezeichnung für die gesamte Levante.

Manfred Bietak schläft nicht immer gut in seinem Anwesen, weil der Muezzin nachts nicht zu ruhen gedenkt. Ohne Ohropax könnte der Archäologe nicht überleben. Zweimal im Jahr, zu den beiden Grabungsperioden, mietet er für jeweils 2000 US-Dollar bei den Bauern Agrarflächen in der Größe von bis zu 8000 Quadratmetern an. Die Archäologen seines Teams entziehen dem schlammigen Sumpfland mit zwei robusten englischen Dieselpumpen so lange Wasser, bis sie mit Hacken, Händen, Körben und Spitzkellen sieben tiefe Schnitte im Schlamm ausheben, Schichten freilegen und graben können. Grübe man hier nur 60 Zentimeter tief, sofort würde man auf pharaonische Palastmauern stoßen. Durch die Magnetometer-Methode des geophysikalischen Survey, eine Röntgenaufnahme, in der jeder Meter des Bodens über seinen magnetischen Charakter in Software übertragen wird, weiß Bietak, was noch immer unter jedem Quadratmeter Erde verborgen ist. Er hat eine Großstadt erkannt, mit Villen und Palästen, hat die Größe der älteren Paläste von Tutmoses III. aus dem 15. Jahrhundert vor Christus ermessen können und die Ruinen der Ramsesstadt, die sich unter Tell el-Da'aba auf 6,5 Quadratkilometern ausdehnen. Und aufgrund der Sedimentbohrungen in 20 Meter Tiefe, wo die Ausgräber Pflanzenrelikte und Samen fanden, ist bekannt, dass früher im ganzjährig bewässerten pharaonischen Garten Weizen, Hirse und Gerste für Bier, Bohnen, Trauben, Feigen- und Granatapfelbäume und ganz bewusst gesetzte exotische Pflanzen aus Vorderasien wuchsen. Ferner fanden Bietaks Leute in Brandaltaren verschmorte Eicheln, die hineinfielen, als die Toten verbrannt wurden. Von hier aus, einer überaus verkehrsgünstigen Lage, einer sumpffreien und also strategisch bedeutsamen Einfallspforte nach Ägypten, nahm der sogenannte *Philisterweg* seinen Anfang nach Norden, ins Land Kanaan.

Ende des 13. Jahrhunderts vor Christus blühte an diesem Ort die Metropole Pi-Ramesse, zur damaligen Zeit der 21. und 22. Dynastie eine Welthauptstadt. Die Stadt war großzügig angelegt, die Bauweise der Paläste flach; die Häuser zählten maximal zwei Stockwerke. Pi-Ramesse muss eine Lagunenstadt gewesen sein, ähnlich wie Venedig oder Amsterdam. Der Hafen war mit dem Mittelmeer verbunden, die Schiffe brachten täglich Fracht heran. Bietak vermutet, dass man noch weit in den Osten hinein graben müsste, um eines Tages die tatsächliche Ausdehnung von Pi-Ramesse zu erfahren. Sicher aber ist, dass die Ruinen der Ramsesstadt als Steinbruch für neue Residenzen dienten und in die späteren Hauptstädte Tanis und Bubastis verschleppt wurden. Tanis löste Pi-Ramesse als Hauptstadt des Ägyptischen Reichs ab, weil der Unterlauf des pelusischen Nilarms durch Vollsedimentation blockiert war und in Zeiten der Trockenheit keine Schifffahrt betrieben werden konnte. Für die Frage, ob es den Exodus gegeben hat, ist bedeutsam zu wissen, dass Tanis, anders als oft angenommen wird, *nicht* die Ramsesstadt ist. Der einflussreiche Prophet Jeremias, der sich im 4. vorchristlichen Jahrhundert nördlich der El-Ballah-Seen im östlichen Nildelta aufgehalten hat, setzte die Meinung in die biblische Welt, dass Pi-Ramesse mit Tanis gleichzusetzen sei. Ein Irrtum, sagt Bietak. «Es gibt keine Scherben aus der Ramessidenzeit in Tanis!»

Eine solch große Stadt wie Pi-Ramesse brauchte Tempel, Paläste, Wohnhäuser und Militäranlagen. Ägypten hatte einen gewaltigen Appetit auf Fremdarbeiter, und ohnehin bedeuteten Sklaven hohen Wohlstand. Es ist zum einen bekannt, dass en masse westsemitisch sprechende Soldaten rekrutiert wurden, die sich als Söldner anboten und mit gesicherter Dauerverköstigung rechnen konnten. Zum anderen hielten sich ganz einfach Zwangsrekrutierte und Kriegsgefangene der Ägypter in deren Hauptstadt auf und wurden zum höchsten Ruhme Ägyptens eingesetzt. «Wir wissen», fährt Bietak fort, «dass die Pharaonen Feldzüge nach Kanaan, in die Wüste Negev und nach Transjordanien unternommen und in Rie-

senmengen Kriegsgefangene von dort nach Ägypten abge-
schleppt haben. Ich nehme an, dass darunter auch die Protoisraeliten waren.»

*Die Protoisraeliten*: Das waren die Hebräer, um die es in den
biblischen Mythen geht. Erst mit dem Eintritt ins Gelobte
Land kann man sie Israeliten nennen. Es ist bis heute wissenschaftlich umstritten, wann und auf welchem Wege die Juden
in Gestalt der Protoisraeliten in die Weltgeschichte eintraten.
Hier, in Pi-Ramesse, jedenfalls beginnt ihre Geschichte. Als
Arbeitssklaven mussten sie der Bibel zufolge in Kuhlen Lehm
und Stroh treten und aus der so gemischten Masse dann Zie-
gel schlagen. Es muss eine körperliche Tortur gewesen sein,
die tägliche Quote von 2000 Ziegeln pro Mann zu erfüllen.
Im Sommer erreicht die Temperatur im Nildelta 40 Grad Celsius bei 85 Prozent Luftfeuchtigkeit, und die Aufseher waren
nicht zimperlich. Moses sah die Striemen auf der Haut seines
Volkes.

## Moses: fiktiver Held mit realen Vorbildern

War Moses ein Ägypter? Diese brisante Frage hat in den letzten
Jahren zu erheblichem Streit innerhalb der Gelehrtenschaft
geführt. Laut Bibel wurde Moses von der Tochter des Pharaos
im Bastkörbchen auf dem Nil gefunden, so entstand der Name
*Moses*: «Er wurde herausgezogen.»

Moses ist die Kurzform eines theophoren ägyptischen Per-
sonennamens, dem stets ein Objekt vorangestellt wurde, wie
etwa beim Namen «Ramses»: Ra-messu, «der Sonnengott
Re ist geboren». Beim Namen Moses aber fehlt der Götterbe-
zug. In der hebräischen Bibel, dem Alten Testament also, ist

der Name nicht ägyptisch-passiv, sondern hebräisch-aktiv gedeutet. Moshe heißt nicht «er wurde herausgezogen», sondern «der Herausziehende». Das heißt: die Bibelautoren haben einen ägyptischen Namen übernommen und nicht korrekt umgesetzt. Zudem sprach Moses kein Hebräisch, sein Bruder Aaron musste dolmetschen.

Wer einen Helden konzipiert, benötigt für ihn nicht nur einen Namen, sondern auch eine Geburtsgeschichte. Um zu erklären, wie bedeutende Persönlichkeiten, die nicht dem königlichen Samen entstammten, am Hof aufwuchsen und Karriere machten, kursierten im Vorderen Orient diverse Findlingsvarianten. Die bekannte Kindheitsgeschichte des akkadischen Königs Sargon I., der eintausend Jahre vor der angesetzten Geburt des Mose Mesopotamien regierte, könnte ein Vorbild für das biblische Epos gewesen sein. Wie Sargon ist auch Moses weder nichtehelicher noch nichtdynastischer Herkunft. Beide, Sargon wie Moses, werden von ihrer Mutter ausgesetzt, in einem Kasten aus Schilf, der, mit Bitumen verstrichen, am Flussufer abgelegt wird. Beide werden durch Zufall gefunden, von Stiefeltern adoptiert, am Hof großgezogen. Beide haben als Erwachsene eine politisch wichtige Mission zu erfüllen. Die Ähnlichkeit von Sargons Aufstieg mit dem des Moses ist verblüffend.

Auch wenn es keinen einzigen Hinweis auf eine historisch belegbare Einzelpersönlichkeit gibt, scheint durchaus denkbar, dass in einem fiktiven Helden namens Moses mehrere charismatische Führerfiguren im Umfeld des pharaonischen Hofs verdichtet worden sind. Durch Inschriften auf Papyri aus dem Kupferabbaugebiet Timna im Süden des heutigen Israel sind semitische Aufseher für Bausklaven namentlich belegt. *Moses* könnte ein besonders überzeugender Sprecher der semitischen Gefangenen gewesen sein; möglich ist deshalb, dass ein Semit von großer Bedeutung wie der Politiker Beja, der als Inspektor zu den semitischen Stämmen geschickt wurde, der Figur des Moses Pate stand. Als weiteres denkbares Vorbild dient der königliche Butler Ramsesemperre, «erster Truchsess des Königs», ein Semito-Ägypter, der auserkoren worden war, zwischen lokalen Facharbeitern aus der Sippe der aufsässigen Arbeiter und den ägyptischen Minenkontrolleuren zu vermitteln, wobei ihm zu Hilfe kam, dass er beide Sprachen beherrschte, Semitisch wie Ägyptisch.

Solche Versuche, die Namen realer Personen mit außerbiblischer Erwähnung in der biblischen Figur Moses zu verschmelzen, sind letztlich unhaltbare Spekulationen. Bietaks Grabungen in Pi-Ramesse und Grabungen in Pithom haben nur nachweisen können, dass die Stadt unter Ramses II. gebaut wurde; dass *Protoisraeliten* dort tätig waren, beweisen sie nicht. Für deren Präsenz und für den Exodus als solchen gibt es keinen außerbiblischen Hinweis. Es gibt allein ägyptische Zeugnisse, die die Rahmenumstände dieses Szenarios plausibel machen. Nach allem, was die Wissenschaft generiert hat, scheint es nicht unwahrscheinlich, dass es einer Gruppe oder mehreren Verbänden des semitischen Stamms der Schasu gelungen ist, durch den Nordsinai nach Osten, nach Kanaan, zu entkommen und sich dort mit anderen halbnomadischen Bevölkerungsgruppen über die Zeit schließlich zu den Israeliten zu verschmelzen. Beweise dafür gibt es keine. Wenn dagegen stimmen sollte, dass die Protoisraeliten verschleppt und versklavt wurden, muss vorab geklärt sein, wer sie überhaupt waren und woher genau sie kamen.

## Als Gastarbeiter im Kupferabbau

Um 1176 vor Christus, während der Herrschaft von Pharao Ramses III., bricht das komplette Gesellschaftssystem des Vorderen Orients zusammen. Pollenuntersuchungen vom Toten Meer deuten auf eine Hungerkatastrophe hin; der Meeresspiegel ist abgesunken, und im Lande Kanaan, heute Südsyrien, Israel und Libanon, herrscht totale Dürre. Der Boden ist vertrocknet, Schafe und Ziegen im ostjordanischen Bergland und in den Ebenen sind weidelos. Die Städte hatten bis dahin hochspezialisierte Gesellschaften mit differenzierter Arbeitsteilung. In dem Moment aber, da der Handel nicht mehr funktioniert, kippt die Ordnung, und eine neue Aristokratie von Kriegsherren herrscht über die Städte. Zur selben Zeit zerfällt das Großreich der Hethiter im kleinasiatischen Norden, auf dem Gebiet der heutigen Zentraltürkei; Menschenmassen aus den südanatolischen Regionen wandern aus, und aus dem ägäischen Raum bis hinauf zum Balkan brechen die Seevölker auf, während sich die Städte in Palästina befehden. Robin-Hood-ähnliche Gruppen überfallen Nomaden, da ziehen die Nomaden des Stammes der Schasu aus dem edomitischen Bergland im heutigen Südjordanien westwärts Richtung Ägypten. Von jeher und in Dürrezeiten ganz besonders bietet das Nildelta beste Möglichkeiten, Mensch und Tier ausreichend zu ernähren. Der Nil, der «Fluss der Götter», gespeist durch den Blauen Nil aus Äthiopien und den Weißen Nil aus dem heutigen Sudan, ist nicht von lokalen Regenfällen abhängig und führt stets genügend Wasser. Man sah göttliche Energie in ihm walten; entlang des Nils befanden sich in der Tat die fruchtbarsten Gegenden der Welt. Die Bauern waren Saisonarbeiter, von Juni bis August, wenn ihre Ländereien überschwemmt wurden; den Rest des Jahres verdingten sie sich als Hilfskräfte an den großen architektonischen Bauwerken der Pharaonen.

Die semitischen Schasu werden schließlich in zwei Städten angesiedelt: in Pithom und Pi-Ramesse. Dass in der Exodus-Erzählung die sehr konkreten Namen Pithom und Ramses auftauchen, heißt entweder, dass zur damaligen Zeit bereits sehr gut recherchiert wurde, was ohne Kartografie wohl kaum denkbar ist; oder es besagt, dass es eine glaubwürdige Tradition hinter der Geschichte gegeben haben muss, die aufgegriffen und in eine größere Erzählung eingewoben wurde. Die Schasu jedenfalls sind Tagelöhner und bringen den Glauben an ihre Berggottheit Jahu mit. Einige von ihnen werden tatsächlich in die Kupferabbaugebiete von Feinan, nordwestlich der Stadt Petra, und in die weltälteste Mine in Timna deportiert.

Timna, heute staatlicher Nationalpark in einem seltsam ausgewaschenen und ungebügelten Land aus ermüdender Ödnis und überfallartiger Oasen-Fruchtbarkeit, liegt eine halbe Stunde nördlich der jordanischen Stadt Aqaba und des süd-israelischen Eilat – etwa 30 bis 50 Kilometer von den edomitischen Bergen entfernt. Timnas Berge sind in Form und Farbe sofort erkennbar und ersichtlich eigenartig: rostrote Pilze, Pocken und Pflöcke mit Urzeitcharakter. Über 6000 Jahre, bis 1959, diente diese Bergwelt als Abbaugebiet des einst so wichtigen Kupfererzes, aus dem, durch Zugabe von Zinn, Bronze entstand – härter als Kupfer, weicher als Eisen, aber immer noch formbar. Die Zeit des Alten Testaments ist die Hochzeit der Kupfer- und Bronzegewinnung, weshalb man die Volkwerdung Israels mit der Bronzezeit ansetzt und mit der späten Eisenzeit abschließt.

Timna war vom 14. bis 12. Jahrhundert vor Christus das Zentrum der Kupfergewinnung des Vorderen Orients. Es gab dort zwölf Schmelzöfen, Tausende von Arbeitern verrichteten ihre Dienste. Ein einziger Schmelzvorgang dauerte zehn bis zwölf Stunden und produzierte fünf Kilogramm Kupfer. Unter dem notorisch strengen Regiment der Ägypter brachen Sklaven den Stein heraus, brachten ihn mit Eseln zu den Schlagplätzen, wo er zerkleinert und gemörsert wurde, ehe das grobe Pulver in die Schmelzöfen kam und, unter Zugabe von Luft durch fußbetriebene Blasebalge aus Ziegenleder, bei 1085 Grad verflüssigt wurde. Man weiß, dass die Ägypter Bergbauspezialisten aus Nordarabien, dem biblischen Land Midian, geholt, vielleicht sogar deportiert haben. Ob unter den Arbeitssklaven in Timna Hebräer waren, ist bis heute nicht eindeutig belegt. Ob freiwillig oder nicht – es ist sehr wahrscheinlich, dass die für ihre Schmelztechnik und Geschicklichkeit berühmten Schasu den Ägyptern wertvollste Dienste zu leisten hatten.

In der Bergwelt von Timna ist außer den pfeifenden Böen des Windes und dem Knirschen des roten Sands heute nichts zu hören, als sprösse an diesem traurigen Ort niemals mehr ein Same Leben. Im Sommer erreicht die Temperatur 50 Grad Celsius. Stand man dann an einem der Schmelzöfen, muss die Hitze unmenschlich gewesen sein. Noch immer sind drei, vier, fünf der eingezäunten Kuhlen mitten in der rostroten Ebene zu erkennen, und neben zwei der alten Öfen stehen Fundamente von Opferstätten. Manche Arbeiter gingen zum Beten in die Berge, man sieht ihre Höhlen und Zeichnungen an den Felswänden; andere zerschlugen Vasen, um mit dem Krach die bösen Geister zu vertreiben. Könnte man nicht gerade hier, angesichts des unerhörten Bergmassivs, dieser phantastischen Lehmcanyonzerfurchtheit, gepeinigt vom Leid, von der körperlichen Züchtigung und unbarmherzigen Hitze, nicht auf die Idee der Erlösung durch einen rettenden Gott kommen? Und konnte die Erinnerung an die Fron der Schasu den Autoren des Exodus rund fünfhundert Jahre später nicht dazu dienen, erlittenes Leid mit göttlicher Intervention zu beantworten und das ganze heilsgeschichtliche Versprechen der Erlösung ins Zentrum des ägyptischen Imperiums, nach Pi-Ramesse, zu transferieren, um die Dimension größer zu machen?

«Es gibt bis heute keinerlei außerbiblischen Hinweis, dass die Protoisraeliten in Knechtschaft waren oder deportiert wurden», sagt Wolfgang Zwickel, Bibelarchäologe an der Universität Mainz.

«Die Schasu kamen freiwillig?»

«Ja, sie waren schlicht ökonomisch denkende Gastarbeiter, vergleichbar mit den Türken im Deutschland der 1960er Jahre.»

So gesehen liegt der Schluss nahe, dass die Autoren der Genesis aus Gastarbeitern Sklaven gemacht haben, um die Dialektik von Leid und Errettung deutlich spürbar werden zu lassen.

Die neben den Schasu zweite seminomadische Sippe, die dem südpalästinischen Kulturland Kanaans entstammt, sind die Habiru (ägyptisch: Aperu). Der Versuch, den Begriff Hebräer von Habiru abzuleiten, ist, obwohl weithin akzeptiert, wissenschaftlich dennoch umstritten. Schasu und Habiru sind Semiten, sie sind Nachkommen von Sem, einem der drei Söhne Noahs. Beide Gruppen waren bei den Ägyptern gleichermaßen unbeliebt und galten als aufsässig. Zwischen 1250 und 1150 vor Christus vereinten sie sich zu einem Bund des

145

Widerstands und begehrten gegen die schlechten Arbeitsbedingungen auf. Der Münchner Alttestamentler und Ägyptologe Manfred Görg erkennt in diesem Zusammenschluss den ersten Bund Israels.

Nomaden, die keine Lust mehr haben, unter schlechten Bedingungen zu arbeiten, ziehen gewöhnlich weiter. In diesem Fall aber hätten sie den Unwillen der Arbeitgeber auf sich gezogen, die sich an die billigen Arbeitskräfte gewöhnt hatten. Also fliehen die Arbeiter, doch wer fliehen will, wird aufgehalten, und so flüchten manche der Schasu und Habiru einzeln wie Guerillakämpfer oder in kleinen Gruppen. Vermutlich ist immer wieder ein paar Glücklichen die Flucht auf kanaanischen Boden geglückt, und je mehr Flüchtlinge davon erzählen, desto größer gerät das Ereignis. Die zahlreichen Fluchten kleiner Gruppen im Schutz von Schilf und Nacht Richtung Osten werden sich später zu der einzigen großen Legende eines Auszugs verdichten.

Der Auszug aus Ägypten ist kein einzelnes Ereignis, sondern ein über Jahrzehnte andauernder Prozess von Loslösungen und Selbstbefreiungen zwischen dem 13. und 12. Jahrhundert vor Christus gewesen. Es ist sehr wahrscheinlich, dass es den Schasu und den Aperu gelungen ist, ihre Befreiungserfahrungen in das kollektive Geschichtsbild einzubringen, Fragmente individueller Überlebensgeschichten, die im Ganzen aufgingen wie ein Ferment, sodass 500 Jahre nach dem Exodus eine große nationale Erzählung entstehen konnte: «Wir alle waren in Ägypten.»

Rational betrachtet hatten weder Aperu noch Schasu eine Chance gegen die Großmacht Ägypten. Sie waren versprengte Bergstämme ohne Staat im Rücken, ohne Schutz, ohne Sicherheit. Aus ihrer «Errettung» aber gebiert sich die Idee von der

Intervention Gottes; es bildet sich das Bewusstsein aus, von Gott umfassend geschützt zu sein, und der Glaube daran gibt Hoffnung, von Jahr zu Jahr, von Generation zu Generation, dass dies immer und immer wieder geschehen werde.

Die Erzählung vom Exodus ist im Kern der poetisch stilisierte Mythos einer Rettung. «Exodus» ist die Chiffre für alle Rettungsvorstellungen: für die Tatsache, überlebt zu haben, wie für die Hoffnung, auch künftig überleben zu können. Die Exodus-Legende ist insofern der Kristallisationskern des israelischen Selbstverständnisses, immer wieder davongekommen zu sein. Im jährlich begangenen Pessachfest ruft man die rituell vollzogene Erinnerung an jene Ur-Erfahrung einer mustergültigen, mit hohem Symbolgehalt versehenen Befreiungsgeschichte und Rettung in der Gemeinschaft wach; im festlichen Ritual wird der Exodus als Errettung aus großer Gefahr durch Gott, als Selbstfindung, ja Selbstvergewisserung Israels gefeiert und als Kernbestand der jüdischen Identität an die Nachkommen weitergegeben: Seht, wir haben überlebt, wir sind noch da!

*Die Israeliten*, heißt es in Exodus 12, *brachen von Ramses nach Sukkot auf. Es waren an die sechshunderttausend Mann zu Fuß, nicht gerechnet die Kinder.* 600 000 Mann – ist das glaubwürdig? Gesetzt den Fall, sie gingen in einer Schlange, so wären, bei fünf Mann nebeneinander, die ersten Israeliten angekommen, als die letzten noch in Ägypten waren. 600 000 Männer würden bei einer Familiengröße von durchschnittlich vier bis fünf Personen insgesamt drei Millionen flüchtender Menschen voraussetzen. Wenn alle mit einem Abstand von einem Meter gehen, hätte man sich eine Menschenschlange von 240 Kilometer Länge vorzustellen, die über vierzig Jahre hinweg in einem zerklüfteten, von plötzlich geschwollenen Bergbächen immer wieder überfluteten Land durch die Wüste zieht. Später hätte das Meer ganze neun Tage geteilt sein müssen, um alle sicher hindurchzuführen. Wie anders also als mit der gezielten Übertreibung ist die Zahl 600 000 zu erklären, da doch im ganzen Land Palästina zur besagten Zeit des Exodus höchstens 35 000 Menschen gelebt haben? 600 000 – das schafft Bewunderung bei denen, die den Geschichten zuhören. Es ist die Eigenart der Bibelautoren, mit Superlativen nicht zu sparen, und gemäß dem Jägerlatein der Fischer, wenn sich die gefangene Dorade zum Thun und dann zum Hai auswächst, vergrößern sich Zahlen und Ereignisse, je öfter man über sie redet. Oder aber liegt schlicht ein Übersetzungsfehler vor, da das hebräische Wort für «tausend» ebenso auch «Familie» bedeutet und man statt 600 000 Menschen eben 600 Familien hätte lesen müssen?

Die Legende vom Exodus ist zweifelsohne das Paradebeispiel für die ideologische Propaganda der Bibelredakteure und ihre literarische Technik der Stilisierung, Verdichtung und Hyperdimensionierung. All das dient dem Ziel, den Gründungsmythos des auserwählten Volkes zu formulieren, den Beginn der Absetzung der Israeliten von der restlichen Welt. Das Judentum, befindet der Ägyptologe Jan Assmann, sei eine Religion der Selbstausgrenzung durch Erwählungsglaube. «Durch die Erwählung grenzt sich Israel aus dem Kreise der Völker aus und verhindert jede Kontamination mit oder Assimilation an die Vorstellungen und Bräuche der Umwelt.»

## Auf der Suche nach dem Schilfmeer

Ich kannte die drei möglichen Auszugsrouten der Hebräer aus Ägypten, die alle im Wadi Tumilat ihren Ausgang nahmen. Das Wadi Tumilat ist eine Region im östlichen Nil-Delta, etwa eine Stunde von Pi-Ramesse und drei Stunden vom heutigen Kairo entfernt. An den Straßen stehen Skelette farbloser Betonhäuser, angelegte Kanäle leiten Wasser in kleine Oasen. Wir fahren den El-Ibrahameiya-Kanal, der von Hunderten alter Eukalyptusbäume gesäumt wird, bis zur Hälfte entlang, da tauchen zwischen Sandhügeln und Müllhaufen aus blauen Plastikschlappen, Plastiktüten und Schuhsohlen plötzlich einige Quader Rosengranit auf, den es nur in Assuan und im Sinai gibt. Er muss einst mit einigem Aufwand nilaufwärts gebracht worden sein, was den Platz als bedeutsam ausweist. Ich war sicher, dass dieser Ort dem biblischen Sukkot entsprach, kein anderer kam dafür in Frage.

Das Dorf um die Ruinen herum heißt heute Maskhuta und zählt 500 Einwohner. Fliegen setzen sich auf Nasenspitze und Wimpern, Ziegen trotten herbei, und Lausbuben mit Spielzeugpistolen auf Fahrrädern schneiden einem lachend den Weg durchs Gelände ab. Zwischen blassrot gefärbten Quadern, Ködeln und Dornbüschen liegen Scherben im roséfarbenen Sand; Reste möglicher Stadtmauern sind zu erahnen. Nirgends wächst ein Baum. Ab 17 Uhr wird die Predigt aus der Moschee auf den staubigen Platz vor der Schule und dem Krankenhaus übertragen, das Minarett ist wie üblich bestückt mit hellgrün leuchtenden Röhren.

Um Maskhuta als das biblische Sukkot zu akzeptieren, ist man trotz allem auf reichlich Phantasie und geografische Logik angewiesen. Nicht weit entfernt des antiken Sukkot lag die

Kultstätte Pithom, das ist bekannt. Außer den Skeletten unfertiger Häuser, Müllhaufen und Guasinen gibt es aber nur eine auffällige Anhöhe mit dem Namen Tell el-Retabeh zu sehen, vis-à-vis, über dem Kanal. Ein Schild warnt vor Betreten des Geländes: Militärsperrbezirk. Ungewöhnlich geformte Anhöhen deuten auf einen Tell, einen Hügel mit verschütteten Siedlungen, hin. Es bleibt nichts anderes übrig, als anzunehmen, dass mit einiger Sicherheit hier, gegenüber Maskhuta, das Ruinenfeld der heiligen Stätte Pithom lag, deren Tempel von Hebräern gebaut wurden. Sowohl in Maskhuta als auch in Retabeh fanden Archäologen in den 1980er Jahren Gegenstände aus der Zeit Ramses' II. Seit 2006 gräbt hier wieder, noch ohne Ergebnis, ein polnisch-slowakisches Team.

Nach Sukkot respektive Maskhuta wird der weitere Auszugsweg zu einer Übung in Spekulation. Von jetzt an gibt es eine Nord-, eine Mittel- und eine Südroute. *Der Herr sprach zu Moses: Sag den Israeliten, sie sollen umkehren und vor Pi-Hahirot zwischen Migdol und dem Meer ihr Lager aufschlagen.*

Welches Meer ist gemeint? Die Exodus-Autoren verlegen den Weg erst einmal nach Norden, bleiben aber vage. Auf dem antiken Königsweg, der «Straße von Horus» entlang der Küste nach Norden und weiter über den aus Stein- und Sandwüsten bestehenden Nordsinai nach Kanaan, gab es alle sechs bis zehn Kilometer Festungen und strengbewachte Kontrollpunkte des ägyptischen Militärs mit jeweils bis zu 250 Soldaten. Teilweise hatten die quadratisch angeordneten Mauern der Forts einen Durchmesser von fünf Metern. Zwölf davon reihten sich Richtung Kanaan, man fand in regelmäßigen Abständen Brunnen. Seit 2000 wird dieser zweite Checkpoint mit dem Namen «Dwelling of the Lion» vom US-amerikanischen Alttestamentler und Historiker James K. Hoffmeier ausgegraben. Der ist zum einen überzeugt, hiermit den archäologischen Beweis für den Exodus zu erbringen, zum anderen freilich, dass die Bibel recht hat. Die Grabungsstätte heißt Tell el-Borg.

Tell el-Borg kennt erst einmal kein Mensch. Nachdem wir bei Bir el Abd zweimal im Sand stecken geblieben und fünfmal von zehn verschiedenen Leuten in acht verschiedene Richtungen geschickt worden waren, wies uns endlich der jüngste Sohn einer Beduinenfamilie für ein paar ägyptische Pfund den Weg in das namenlose Feld einer namenlosen Siedlung mit unverputzten Betonhäuschen und zwei je fensterlosen Räumen. Es geht querfeldein über steinigen Sand. Ein Hahn schreit, Esel wiehern, Kamele liegen flach. Kinder glotzen, Teppiche trocknen, das Licht ist grell und die Luft geräuchert. «Salam aleikum», sagt ein Beduine, der nichts tut, als unter dem einzigen Baum zu sitzen. Frauen holen Wasser am Brunnen, einem Einspänner folgt ein Motorrad. Am eingemauerten Kanal raschelt Schilf, massenhaft kleine weiße Muscheln stecken im Sand, der grobkörnig ist. Es ist nicht viel zu sehen, außer einer vom Sand verwehten Anlage und aufgeworfenen Sandhügeln, die nicht in die Topografie passen. Ein rechteckig geformter Grundriss könnte der Sockel eines Turms oder einer Mauer sein. Zerbrochene Rosengranite liegen dort, mehrere Haufen Scherben und zwei von Menschenhand zugerichtete Kalksteinbrocken. Kein Zweifel, hier gab es eine Art Fort. Hoffmeier hat mit modernster Technik gearbeitet, und wenn seine Annahmen stimmen, müsste hier die «Straße des Horus» verlaufen und in weiteren fünf bis acht Kilometern der dritte Checkpoint des ägyptischen Militärs zu finden sein: Migdol.

Nach sieben Kilometern auf dem strichgeraden Highway von Qantara-Ost Richtung El-Arish geht im Dorf Baluza hinter einem Zaun aus Schilf ein kaum sichtbarer Sandweg links ab.

14 Kilometer östlich verläuft der Suezkanal, etwa 40 Kilometer nördlich liegt das Mittelmeer. Und wieder: Muscheln, Tonscherben in ähnlicher Form und Farbe, Leitungsmasten mit drei Kabeln. Zu hören ist neben den rasenden Lkws nur das Tuckern der Dieselpumpen, die durch ein System dünner Schläuche Wasser auf die Felder leiten. Wenn man den Lehm wegschabt, kommen Steinmauern zum Vorschein. Sie sind denen in Tell el-Borg sehr ähnlich. Eindeutige Hinweise gibt es nicht. Gesetzt den Fall, hier war tatsächlich Migdol, dann muss der Bibel zufolge das berühmte Schilfmeer zwischen den beiden Checkpoints, zwischen Tell el-Borg und Migdol, gelegen haben. Aber nichts außer Tausenden von Muscheln in Lehm und Sand deutet auf Wasser hin. Liegt ein weiterer Irrtum vor?

Die Nordroute gewinnt in dem Moment Plausibilität, da die Ergebnisse des amerikanischen Ozeanografen Jean Daniel Stanley ins Spiel kommen, der Ende der 1980er Jahre mit Hilfe von Oberflächenbohrungen herausfand, dass der Küstenverlauf des Mittelmeers zur fraglichen Zeit des Exodus 20 Kilometer weiter südlich gelegen haben muss. Durch Sedimentation hat sich das Delta seit 3000 Jahren stetig ausgedehnt, im Einflussbereich einer Lagune ist man auch im Einflussbereich der Gezeiten. Im Zuge systematischer Ausgrabungen wurden unter den Speiseresten der Bewohnerschaft sowohl Muscheln als auch Fischknochen gefunden, vornehmlich von Goldbrassen.

Will heißen: Tell el-Borg und Migdol lagen an der Straße der Horus, die auch «Philisterweg» genannt wurde. Dieser ist historisch verbürgt, denn er war die Hauptverkehrsstraße des antiken Orients, die von Ägypten nordwärts über Syrien nach Mesopotamien führte. Die Philister, die aus dem ägäischen Raum kamen, dem heutigen Nordgriechenland und Albanien, siedelten in der Zeit ab Ramses III. im südlichen Palästina. Wenn die

Israeliten tatsächlich auf der Nordroute parallel zur Mittelmeerküste gezogen sind – wo ist dann das berühmte Schilfmeer?

Nach 100 Kilometern auf der Straße Qantara-Ost-El Arish durch lähmende Wüstenödnis, in der nur dünne Strommasten und hier und da eine Sandsteinmoschee Aufsehen erregen, kündigt sich, in weitgehend unbesiedeltem Land, durch Dünen eine Lagunenlandschaft an. Schließlich kommt das Dorf Al Tulul mit einer Funkanlage des Militärs, einer Tankstelle und einem Wohnhochhaus aus farblosem Beton. Al Tulul liegt an einem peu à peu verlandenden See, der den Namen Sabkhet-el-Bardawil trägt. Landläufig heißt er Sirbonischer See, ist nicht größer als die Hamburger Außenalster und führt kaum Wasser. Auf seinen verschlammten Flächen stehen Ziegen, Schafe und zwei Kamele. Beduinen lagern in Strohhütten, Grillen zirpen verschämt, am Boden des Ufers liegen zwei zerfledderte Schafskadaver. Der Wind geht heftig, und plötzlich ist Salama da. Er ist dreizehn Jahre alt und eine Art Falkenhändler. Eigentlich ist er Beduinenjunge, aber niemand spricht ihm den Status des Geschäftsmannes ab, denn Salama war immer schon zu clever für die Falken, wenn sie auf sein Fellknäuel hereinfallen, als sei es eine Maus, und Salama das raffiniert ausgebreitete Netz über sein Opfer zieht und den Falken für sagenhafte 15 000 Pfund an einen der Fischer verkauft, die den Vogel für die Jagd auf Gazellen einsetzen.

Der Junge ahnt nicht, dass vor 3000 Jahren hebräische Beduinen lagerten, wo er sich gerade mit Nylonschnüren, Fellknäuel und Mausattrappe eine neue Falle aufbaut. Durch eine Sanddüne ist der See vom Mittelmeer getrennt. Der Schlamm mufft nach Algen. Schilf ist nicht zu sehen. Ein anderer See auch nicht. Mancher Bibelgelehrte geht davon aus, dass der Sirbonische See das biblische Schilfmeer ist. Weil der See Salzwasser führt, wird man ihn Meer genannt haben.

Und auf einmal, am Ufer zwischen Sirbonischem See und Mittelmeer, im Angesicht des goldenen Lichts der sinkenden Sonne, wird vorstellbar, dass Moses und die Israeliten auf der 30 Kilometer langen Sanddüne nach Osten gezogen sein könnten. Aber mehr als eine Vorstellung ist in Al Tulul nicht zu gewinnen. Der Himmel färbt sich orange, dann violett, und bald wird der Muezzin rufen. Vor dem Teehaus raucht ein Alter Wasserpfeife. «Salam aleikum», die Hand zum Gruß, der Gruß ist wichtig und schafft Vertrauen. Am Straßenrand beten drei Männer. Ein paar Laternen geben Licht. Der halbe Mond steht am Himmel. Zum Abschied winken die Wedel mancher Palmen.

## Alles läuft auf die Mittelroute zu

Ist die Südroute plausibler? Sie wurde von den 70 jüdischen Gelehrten der sehr einflussreichen «Septuaginta», die die hebräische Bibel im 2. Jahrhundert vor Christus in Alexandria auf Geheiß des ptolemäischen Königs per handschriftliche Transkription ins Griechische (und über die Sprache hinaus auch in Geist und Anschauungswelt des hellenisierten Judentums in der ägyptischen Diaspora) übertrugen, als Auszugsweg beschrieben. Die «Siebzig», wie man die Septuaginta kurz nannte, verorteten das Schilfmeer am Golf von Suez westlich der Sinai-Halbinsel. Das war ein Irrtum, denn fälschlicherweise hatten die Übersetzer Pithom, das «Haus des Sonnengottes Atum», mit der Stadt Heliopolis gleichgesetzt, damals Kultstätte und heute Stadtteil Kairos. Heliopolis aber lag viel weiter südlich als das eigentliche Pithom im Wadi Tumilat. Und durch einen Übersetzungsfehler des hebräischen Namens Yam Suf wurde aus «Schilfmeer» das «Rote Meer», analog zum englischen red statt reet. Selbst bei der üblichen biblischen Übertreibung aber ist das Rote Meer vom Nildelta zu weit entfernt; dass die Ägypter, wie die Schrift berichtet, ihre Verfolgungsjagd mit 600 Streitwagen bis hinunter zum Golf von Aqaba durchgeführt hätten, kann ausgeschlossen werden.

So läuft alles auf die Mittelroute zu. Es ist jener Weg, den ich weitergereist bin. An irgendeiner Kreuzung, ich weiß nicht mehr wo, hat die Übergabe der Sicherheitspolizei nicht geklappt, und wir fuhren gänzlich unbeobachtet weiter Richtung Suezkanal. Nachdem die Hebräer gemäß den Angaben der Bibel nach 430 Jahren in der Sklaverei Pi-Ramesse verlassen, in Sukkot gelagert hatten und auf Trampelpfaden ostwärts gewandert waren, kamen sie über Sandwege zu einer Marschlandschaft mit größeren und kleineren Seen, welche so eng beieinanderlagen, dass sie wie ein Meer gewirkt haben könnten. Die Ballah-Seen waren zur fraglichen Zeit geschlossene Überlaufbecken des pelusischen Nilarms, 30 Kilometer südlich von Pi-Ramesse. Als der 1882 eröffnete Suezkanal geplant wurde, legte man die Ballah-Seen weitgehend trocken, und der Kanal führte mitten durch ihre Betten hindurch. Westlich entstanden landwirtschaftliche Nutzflächen, östlich Dünen. Die einstige Größe der Seen in pharaonischen Zeiten zu rekonstruieren ist schwierig. Zu sehen sind heute Riesengebiete von Dattelpalmen und Zitrusfruchtbäumen und immer wieder Felder mit drei Meter hohem Schilf, das so dicht steht, dass man nicht hindurchkommt. Ist der Eingang in ihr Inneres aber gefunden, herrscht darin göttliche, von eifrigem Grillengezirp untermalte Stille ...

Vor 3000 Jahren bestand die Gegend aus Dauersümpfen und Marschland. Die Ballah-Seen waren flach wie bei ständiger Ebbe. Vielleicht gab es auch damals diese irrlichternden Libellen, vielleicht rieben die Blätter der Schilfstangen raschelnd aneinander, vielleicht hörten die Hebräer die Balzgeräusche unsichtbarer Kröten und von fern das Quietschen eines Esels. Zwar herrscht hier kein Ost-, sondern ständiger Nordwind, der aber könnte das flache Wasser zurückgedrängt haben, sodass immer wieder eine Furt entstand, durch die die Flüchtenden marschieren konnten. Dass es eine Furt gab, war den Beduinen bekannt. Es muss ein Hin und Her, ein Kommen und Gehen gegeben haben, von Osten nach Ägypten hinein, von Ägypten wieder zurück in die Berge Edoms. Die Nomaden, unter ihnen womöglich die Schasu, kamen illegal ins pharaonische Land und verließen es ebenso illegal wieder. Heute nutzen Schmuggler diese Wege; damals nutzten sie Menschen, die versuchten, am Leben zu bleiben. Sie kannten sich im Grenzland bestens aus, kannten jeden Brunnen und eben alle Grenzgewässer. Geht man also von der Erinnerung an die bekannten Furten durch die Dauersümpfe und das Marschland aus, wird das Bild eines geteilten Meers durchaus plausibel – so, wie es die Bibel beschreibt: *Moses streckte seine Hand über das Meer aus, und der Herr trieb die ganze Nacht das Meer durch einen starken Ostwind fort. Er ließ das Meer austrocknen, und das Wasser spaltete sich. Die Israeliten zogen auf trockenem Boden ins Meer hinein, während rechts und links von ihnen das Wasser wie eine Mauer stand.*

Die Gemeinde, fahren die Autoren fort, zog vom Schilfmeer weiter zur Wüste Schur im Süden. Am fünfzehnten Tag des zweiten Monats nach ihrem Auszug wanderten die vor Hunger murrenden Hebräer in die Wüste Sin, da ließ Gott als Zeichen seiner Gunst weißes Brot vom Himmel regnen: «Manna», so süß wie Honigkuchen; und am Abend bedeckten Wachteln das Lager. Ein Wunder. Im dritten Monat kamen sie in der Wüste Sinai an. *Dort lagerte Israel gegenüber dem Berg.*

*Der Berg* – befand er sich im Sinaigebirge, wie man es heute kennt? Der Weg von den Ballah-Seen führt nach Ismailiya, einer unbeseelten Trabantenstadt am östlichen Rand des Deltas, mit über 30 neuen, noch in Rohform befindlichen Hochhäusern und sozialistisch anmutenden Heldenskulpturen aus Stein, die nicht im entferntesten die Grazie der antiken Monumente erreichen. Die Verehrung des ewigen Präsidenten Hosni Mubarak auf Plakaten und durch Schreine ist ein wenig lächerlich angesichts der historischen Bedeutung der großen Pharaonen.

Bei Qantara breiten sich Containerterminals und Lagerhallen aus, und dann kommt der Suezkanal, der Delta und Sinai, Afrika und Asien trennt. Seit 2001 ist der Zugang für die Öffentlichkeit gesperrt, aber der Kanal, auf dem, wie auf einer strichgeraden Straße, gigantische Schiffe süd- wie nordwärts schleichen, lässt sich über die eben in jenem Jahr errichtete, sieben Kilometer lange *Mubarak-Peace-Bridge* für zehn Ägyptische Pfund (oder zwei US-Dollar) ostwärts queren, um in Richtung der Provinzhauptstadt El-Arish den Norden der Halbinsel Sinai zu erreichen, wo dann sofort die Sandwüste beginnt.

## Abgrenzung von der Welt am Berg Sinai

Der Heidelberger Ägyptologe Jan Assmann, für seine Ansichten so bekämpft wie bewundert, bietet als Deutung für den Begriff Sinai eine Passage aus dem mit «Belehrung» oder «Studium» übersetzbaren Werk des babylonischen Talmud an, in dem die Frage nach dem Sinn des Namens «Sinai» gestellt wird. Assmann befindet: «Weil es der Berg ist, von dem der Hass *(sin'ah)* zu den Völkern der Welt heruntergekommen ist. Die Völker sind eifersüchtig auf das auserwählte Volk, dem am Sinai die Tora gegeben wurde.» Übersetzt man «Sinai» mit «Hass», so

Assmann, sei der Hass der Ausgegrenzten auf die Welt von viel entscheidenderer Bedeutung als der Hass der Welt auf die ausgegrenzten Israeliten. Waren die Israeliten in Ägypten noch Menschen unter anderen, Schicksalsgenossen mit allerlei Gefangenen, sind sie in dem Moment, da sie in den einsamen und unbesiedelten Sinai ausziehen, völlig allein. Die göttlichen Regeln, die sie am Berg erhalten, können nur sie kennen. Kein anderes Volk bekommt sie zu hören, kein anderer Stamm wird dafür erwählt. Im Sinai werden die Israeliten von allen anderen Völkern abgesondert, und mit den Zehn Geboten haben sie eine Art «Beipackzettel», wie sie sich nach dem Eintritt ins Heilige Land zu verhalten haben. Theologisch betrachtet wird über die Metapher des Bergs Sinai die Konstruktion einer normierenden Urzeit geleistet: Von Anfang an ist eine absolute Wahrheit vorgegeben, sie entzieht sich jeder Diskussion.

In der Metapher der Zehn Gebote wurden vom 8. bis zum 5. Jahrhundert vor Christus immer wieder alle möglichen antiken Gemeindeordnungen verdichtet, damit sie anschließend eine unbestrittene Gültigkeit haben sollten. Deshalb ist logisch zwingend, dass die Zehn Gebote literarisch vor der Schlacht um Jericho und der anschließenden Landnahme verankert werden mussten. Für Autoren, die sich dieser kniffligen Aufgabe eines verbindlichen Gesetzeskatalogs stellen, kann es keinen idealeren Ort geben als den Sinai zwischen Ägypten und Kanaan. «Die Zehn Gebote sind bezeichnend für Sippengesellschaften in ihren frühesten Stadien», sagt Alttestamentler Görg, «sie dienten als Vorschriften für das sittliche Zusammenleben der Menschen, die, wie im Fall der Schasu, Beduinen sind.» Kurz gesagt sind die Zehn Gebote die Sippengebote der Schasu, die seit 1450 vor Christus sicher bezeugbar sind. Das siebte Gebot etwa, *Du sollst nicht stehlen*, führt Görg auf das Phänomen des Menschenraubs zurück, der in den frühen Stadien der Vergesellschaftung streitender Sippen und Bergstämme oft vorkam. «Erst später wurde das Gebot auf alle möglichen Eigentumsverhältnisse bezogen.»

Die Gesetze am Berg Sinai markieren jene große Wende, die aus Jan Assmanns Sicht entscheidender als alle politischen Revolutionen über Jahrtausende hinweg die Menschheitsgeschichte verändert hat: die Wende von der polytheistischen Stammes- oder Naturreligion zur monotheistischen Offenbarungsreligion mit absolutem Wahrheitsanspruch. Am «Gottesberg» findet zum ersten Mal die, wie Assmann sagt, «weltverändernde mosaische Unterscheidung» zwischen *dem wahren Gott* und allen anderen falschen Göttern, zwischen Herrschaft und Heil, Heidentum und Glaube, Lüge und Wahrheit, Ägypten und Israel, Knechtschaft und Freiheit statt. Waren die Hebräer in Ägypten noch mit Menschen anderer Herkunft und Sippen gefangen, sind sie im Moment der göttlichen Offenbarung am Berg mit sich allein. Am Sinai wird El, wie der Erzvater Jakob den Herrn bezeichnet hat, zu JHWH. In der Einsamkeit des Sinai sind die Israeliten zum ersten Mal abgesondert von allen anderen Völkern der Welt, die Gesetze von JHWH gelten ihnen allein. Und diese Gesetze fordern eine existenzielle Entscheidung zu unbedingter Bindung und Treue in einem personalen Liebesverhältnis zwischen Israel und JHWH. In diesem Moment ist die Beziehung zu Gott nicht durch einen irdischen König begründet, sondern unabhängig von aller realen Welt. Jenes Entweder-oder hatte es nach Assmanns Meinung in der Religion bis zu diesem Zeitpunkt noch nicht gegeben. Der Monotheismus setzt an die Stelle der vielen polytheistischen Stammes- und Nationalgötter der herkömmlichen «heidnischen» Religionen den einen, für alle gleichermaßen zuständigen Schöpfer und Erhalter der Welt. Alle anderen Götter haben politisch keine Bedeutung. So entsteht letztlich eine neue Grenze zwischen wahrer und falscher Religion. Dass es andere Götter neben JHWH gibt, wird keineswegs geleugnet, aber es wird festgesetzt, dass sie keinerlei politische Bedeutung haben: Sie bleiben aus dem neuen Bündnis ausgeschlossen. JHWH ist der einzige Gott, an den Israel sich bindet. Der so statuierte Monotheismus, der vielmehr regulative Idee und intellektueller Entwurf denn religiöse Praxis ist, hebt alle Differenzierungen auf. Vor dem einen Gott sind alle Menschen gleich, sofern sie Bündnispartner des Gesetzes sind.

Das erste schriftlich fixierte Bekenntnis zu diesem Monotheismus lieferte 539 vor Christus ein anonymer Prophet, dessen Sprüche im Buch Jesaja vermerkt sind: Es gebe, heißt es, nur einen Gott, und dies sei Jahwe. Die Fixierung auf den einen Gott Jahwe wurde von den Autoren des Alten Testaments in einer bildmächtigen Ur-Geschichte in literarisches Erz gemeißelt: der Mose-Erzählung. Vor diesem Hintergrund betrachtet ist Moses der Träger eines theologisch-politischen Reformprogramms, durch welches eine bindende kollektive Identität geschaffen werden konnte. Und da nach Ansicht fast aller Bibelwissenschaftler die Erzählung des Exodus hauptsächlich während des babylonischen Exils und danach verfasst wurde, ist von nicht geringem Interesse, dass es unter der Bevölkerung des babylonischen Reichs zu jener Zeit des Exils den starken Trend zu einem Gott gab: dem Gott Marduk.

Sprachlich entstammt der Mythos des Auszugs, der zur Metapher für den Monotheismus wurde, dem priesterschaftlichen Duktus der letzten Jahre des babylonischen Exils. Den Priestern geht es, nach der demütigenden Erfahrung der Deportation ihrer Oberschicht an den Euphrat, in erster Linie um *das Gesetz* und um eine bindende Gesetzgebung. Zur Zeit der Propheten

Jesaja oder Jeremia im 6. Jahrhundert vor Christus war Israel praktisch polytheistisch. Seit den kritischen Untersuchungen des deutschen Bibelgelehrten und Orientalisten Julius Wellhausen mit dem Titel «Prolegomena zur Geschichte Israels» von 1878 herrscht in der akademischen Welt Konsens darüber, dass der Exodus-Text die jüngste Schicht des Alten Testaments bildet. Die Geschichte der Volkwerdung Israels, die Theologie der Gesetzgebung und des Bundes mit Gott, ist aus dem Rückblick geschrieben, indem die Autoren auf alte Berichte und Erzählungen zurückgreifen und sie mit ihrer eigenen Gegenwart parallelisieren. Durch die Rückverlegung in eine weit entfernte, frühe Zeit wächst den Texten Autorität zu; je früher das Gesetz grundgelegt ist, desto fester ist sein Fundament. Rückwirkend wird es dann als altes Gesetz verankert. Es gibt nicht ein einziges Gesetz vom Sinai, auf das sich irgendeiner der einflussreichen Propheten des 8. Jahrhunderts vor Christus berufen würde. In der ältesten größeren Komposition des Alten Testaments aus der zweiten Hälfte des 8. Jahrhunderts vor Christus, in den Büchern Amos oder Hosea, geht es um Mitmenschlichkeit, Treue und Vertrauen, kurzum die Art, wie man sich anderen gegenüber verhält. Um ein Sittengesetz geht es nicht. Und ein weiteres ist verblüffend: Auf den Tafeln mit den Zehn Geboten spielt der Sabbat eine große Rolle, und zwar – und das ist der springende Punkt: *unabhängig* vom Gestirnezyklus – am siebten Tag, an dem der Mensch nicht arbeiten soll. Als sie durch die Wüste gehen, entdecken die Israeliten bekanntlich, dass jeden siebten Tag kein Manna vom Himmel fällt. Es steht fest, dass die Idee des Sabbats in Babylonien, und zwar erst im 7. Jahrhundert vor Christus als politisches Programm entwickelt wurde: Jeder siebte Tag ist Ruhetag, also ist jeder siebte Tag dem einen Gott heilig. So können die Zehn Gebote, die eine komprimierte, leicht verständliche Version des Willens von JHWH darstellen sollen, frühestens aus der Zeit Mitte des 7. vorchristlichen Jahrhunderts stammen.

Die ersten literarischen Hinweise auf eine Exodus-Erinnerung stammen vom Propheten Hosea, vier bis fünf Jahrhunderte nach dem biblisch geschilderten Exodus. Umso freier konnten die Fragmente kursierender Gerüchte, Berichte und Anekdoten aus der mündlich überlieferten Erinnerung zu einem Nationalepos gestaltet werden. Hosea freilich spricht immer wieder vom Auszug aus Ägypten, meint mit Ägypten aber Assur, das im 7. Jahrhundert die herrschende Großmacht im Vorderen Orient war. Assur war eine expandierende und weithin ausstrahlende Handelsmetropole und das Land Assyrien eine Territorialmacht auf einem Gebiet, das in etwa dem heutigen Irak entspricht. Assyrer im nördlichen und Babylonier im südlichen Zweistromland unterhielten lange Zeit freundschaftliche, gar familiäre Bande, ehe König Tiglatpileser III. das assyrische Reich nach Süden auszuweiten begann. 722 vor Christus bestieg sein Sohn Sargon II. unter verdächtigen Umständen den Thron, unterwarf zwölf Jahre später das Land Babylonien und gliederte das bisher befreundete Nachbarreich ins assyrische Imperium ein, welches jetzt das Gebiet des gesamten fruchtbaren Halbmonds umfasste. Assyrien war *die* politische Supermacht im Vorderen Orient schlechthin, und die allgegenwärtige Gefahr, die von ihm ausging, hatte sich im Juda des 7. vorchristlichen Jahrhunderts als überaus produktiv erwiesen. Unter dem äußeren Druck entstand zum ersten Mal so etwas wie eine nationale Literatur: die Mose-Erzählung. *Ägypten* dient dabei als Chiffre für die Unterdrückung durch die Assyrer, was dadurch kenntlich wird, dass die älteste literarische Ausgestaltung der Mose-Erzählung um 670 vor Christus viele Aspekte neuassyrischer Herrschaftspropaganda aufgreift und sie Zug um Zug in eine Widerstandserzählung dreht, in der Moses die Herrschaft bricht und sein Volk in die Freiheit führt. Dass die Kinder Israels für die Häuser des assyrischen Herrschers Lehmziegel treten mussten, entspricht nach Ansicht von Klaus Bieberstein, Lehrstuhlinhaber für Alttestamentliche Wissenschaften an der Universität Bamberg, zweifelsohne historischer Richtigkeit. «König Manasse von Juda wurde vom assyrischen König Asarhaddon 673 vor Christus genötigt, Teile seiner eigenen Bevölkerung als Bausklaven nach Assur zu schicken, damit sie dort Lehmziegel für neue Vorratshäuser strichen, weil die bisherigen an Beutegut überquollen.» 674 vor Christus hatten die Assyrer, wie es ihrem Herrschaftsschema entsprach, die unterworfenen Völker genötigt, einen Vertrag zu unterzeichnen, durch den die assyrische Administration anerkannt und absolute Loyalität gegenüber dem assyrischen König festgeschrieben wurde. Zum Teil wörtlich kehrt das Formular dieses Vertrages im Deuteronomium, dem fünften Buch Moses, wieder. Der Vertrag schrieb unter anderem vor: Du sollst keinen anderen König haben als mich. «Das», sagt Bieberstein, «wird jetzt von den Israeliten auf die Schippe genommen, die sagen: Wir können den Vertrag mit eurem König gar nicht eingehen, weil wir schon einen Vertrag haben – und zwar mit Gott!»

### Niemand weiß sicher, wo der Gottesberg ist

Wenn der theologisch so bedeutsame Berg Hor, den niemand sehen und berühren durfte, zu dessen Gipfel Moses gerufen wurde, um die Rechtsvorschriften, aus denen irgendwann die Zehn Gebote wurden, aus Gottes Hand zu empfangen, jener

«Gottesberg im Sinai» ist – wo genau ist er dann? Im Vorderen Orient war bekannt, dass der altbabylonische Herrscher Hammurabi um 1792 vor Christus seine Gesetze vom Sonnengott Shamash in dem Moment empfangen hatte, da er auf dem Gipfel eines Berges stand. Haben sich die Bibelautoren wie schon beim Sintflutmythos abermals bei einem länger zurückliegenden historischen Ereignis mesopotamischer Kultur bedient, um ihre Legende zu fundieren? Und wenn ja – wo könnten die Jerusalemer Autoren diesen Berg platziert haben?

Die Lokalisierung des *Gottesberges* ist von jeher umstritten. Archäologische Beweise oder Inschriften gibt es bis heute nicht. Natürlich, als Fluchtroute der Schasu ist die Bergwelt plausibler als die freie Wüste, wo es keine Wasserstellen gab, zumal sie, die Nomaden, aus den Bergen stammten, sich bestens auskannten und im Umgang mit den Verhältnissen versiert waren. Aber von Ägypten kommend fällt als erster Berg auf der Halbinsel Sinai der kleine *Sirbal* in den Blick und nicht der bekannte, in seiner Schönheit und Wirkung einzigartige «Mosesberg», der, weitaus spektakulärer in einer grandiosen Naturlandschaft im südlichen Sinaigebirge gelegen, dem Hang zur Übertreibung der Bibelautoren und ihrer farbenfrohen Poesie fraglos dienlicher war. Erst im 4. Jahrhundert *nach* Christus, als im ägyptischen Niltal das Mönchtum entstand und Mönche und Nonnen nach der Lektüre des Alten Testaments als Einsiedler in die Wüste zogen, um es Moses und den Israeliten gleichzutun, verlegten sie den «Mosesberg» dorthin, wo heute, zwei Stunden vom Ferienort Sharm el Sheikh am Roten Meer entfernt, im Süden der Halbinsel Sinai auch das Katharinenkloster steht, an jener Wallfahrtsort gewordenen Stelle auf dem *Gebel Musa*. Alle Deutungen aber sprechen gegen diese Variante des «Mosesbergs» als Berg Hor. Weder macht er streckenstrategisch Sinn, noch sind in der Bergwelt des südlichen Sinai genügend Brunnen vorhanden und gefunden worden, um eine 600 000 Menschen und ihre Tausende Tiere umfassende Wandergruppe am Leben zu erhalten. Wiederholte archäologische Sondierungen der Halbinsel, inklusive des Gebiets um das Katharinenkloster, haben nicht eine einzige Töpferscherbe, haben kein Gebäude, kein Haus, kurzum: nichts zutage gefördert. Sicher ist nur, dass die Autoren des Textes sich einen der schönsten und höchsten Berge wählten, um die Dimension ihrer programmatischen Botschaft ohne jeden Zweifel erhaben sein zu lassen, und der Gebel Musa mit seinen 2280 Metern diesem Anforderungsprofil eben bestens entspricht.

Nach Meinung des Mainzer Bibelarchäologen Wolfgang Zwickel beschreibt der Begriff «Sinai» nicht einmal jene Bergkette, die heute als Halbinsel Sinai zwischen Ägypten und Israel bekannt ist. Zwickel bezieht sich auf die ältere Tradition der alttestamentlichen Texte und verortet den Gottesberg dort, wo einst das Land Midian existierte, in dem Moses' Schwiegervater Jitro lebte. Bei Jitro holte sich Moses Rat, wie er Recht zu sprechen und die Gesetze Gottes zu vollziehen habe, da ihn sein ungläubiges Volk beinahe gesteinigt hatte. *Midian* umfasst die Region des nördlichen Saudi-Arabien und des südlichen Jordanien. Es gibt im Alten Testament ein Dutzend Indizien für die These, der «Gottesberg» sei im nördlichen Arabien zu finden, gegenüber der heutigen Südspitze des Sinai. Auch Apostel Paulus wird in den Briefen an die Galater berichten, der Sinai sei ein Berg in Arabien. Folgt man jetzt noch einmal der Südroute, legt die Identifizierung des Schilfmeers mit dem Roten Meer und der biblischen Stadt Elat an der Küste des Schilfmeers die Vermutung nahe, dass der Berg, zu dem die Israeliten auszogen, *östlich* des Golfs von Aqaba gelegen haben muss. Nach wie vor aber ist die Vorstellung völlig absurd, dass die Ägypter, wie die Autoren des Exodus berichten, eine Verfolgungsjagd mit 600 Streitwagen bis hinunter zum Golf von Aqaba gemacht haben könnten, und es gibt auch keinerlei Anhaltspunkte dafür, dass der Sinai unter ägyptischer Militärkontrolle gestanden hätte. Die Halbinsel war damals weitgehend unbewohntes Gebiet.

Geht es nach Zwickel, liegt der berühmte Berg im östlichen Jordanland der edomitischen Bergwelt, wo Jahu, der spezifische Schutzgott der Schasu, verehrt wurde. Jahu war Landschafts-, Stammes-, Volks-, Stadt- und Gottesname in einem. Übersetzt heißt Jahu: «Er erweist sich» oder «Er stürmt». Dass aus dem Berggott Jahu der Universalgott Jahwe wurde, ist unbestritten; wie es dazu kam, bis heute unsicher. «Der gesuchte Berg Sinai», sagt Zwickel, «war wahrscheinlich der ursprüngliche Kultort des biblischen Gottes Jahwe.»

Ist dieser Kultort vielleicht der Gebel Harun nahe der jordanischen Stadt Petra?

Es gehört zu den eindrücklichsten wie schweißtreibendsten Erfahrungen einer Reise durch den Nahen Osten, diesen 1330 Meter hohen «Berg des Propheten» zu Fuß zu erwandern. Juden, Christen wie Muslime verehren ihn als Sterbestätte von Moses' Bruder Aaron seit jeher. Legionen von Pilgern sind den Weg durch die Täler, über schmale, steil steigende Pfade jener bizarren Berglandschaft gegangen, den wir an einem wolkenlosen Morgen um sechs Uhr dreißig bei 20 Grad Celsius in Angriff nehmen. Aus diesen Bergen Edoms stammten die Schasu und Aperu.

Im Dorf Um Sayhun rüsten uns Beduinen der Bedol mit Wasser und Snacks aus, während aus dem unsichtbaren Radiogerät in irgendeinem der Shops oder Garagen Verse des Korans schmettern, rezitiert von einem erregten Sheikh. Unser Guide

Mahmut kommt aus der Moschee gerannt, zieht sich rasch eine Army-Hose an, ruft ein lakonisches «Salam aleikum» und setzt einen Schritt an, dem kaum zu folgen ist. Die rund 3000 Menschen der Bedol sind Nachkommen der Nabatäer, sie leben zu großen Teilen in den Höhlen der roten Sandsteinmassive, manche liegen in Schlafsäcken auf den Terrassen und grüßen müde, andere geben sich verstockt und starren die Eindringlinge an. Beduinenkinder auf Kamelen kommen uns entgegen, sie reiten zum Unterricht ins Dorf hinab, Buben treiben Ziegen herein, das Läuten ihrer Glöckchen ist das einzige Geräusch im Tal. Die Berge sind poetisch, mystisch, unbezwingbar – ein Leichtes, sich vorzustellen, dass Beduinen und Nomaden vor 4000 Jahren sich ihrer Kraft anheimgaben, als seien jene Berge schutzgebietende sowie bedrohende Götter in einem.

Kurz unterm Gipfel wird eine weißgetünchte Moschee sichtbar, die früher mindestens eine byzantinische Kirche war. Die Legende will, dass hier, in einem Marmorsarg, der Leichnam des Aaron liegt. Die letzten Meter hinauf sind die steilsten, ehe sich oben, auf der Moscheeterrasse, der Panoramablick übers Jordantal nach Südwesten eröffnet, dort, wo Aqaba liegt. Nichts bewegt sich, die Zinnen und Recken, Grate und Nadeln scheinen in Ehrfurcht vor ihrer eigenen Bedeutsamkeit erstarrt, ihre Haut ist wie verwestes Gewebe. Manche Felssäulen wirken wie von Töpferhand gedrechselt, mit Rändern, Rillen, Kuhlen und Löchern, manche wie Krusten und Pestbeulen, andere wie alter Schorf. Auf dem unteren Plateau steht eine einsame Bergtamariske, und Mahmut, unser Guide, will zum zweiten Mal einen Fuchs gesehen haben. Jedes Wort hallt sofort und dumpf wider, als hätte es eines Beweises bedurft, dass hier alles größer als der Mensch ist.

Laut Bibel starb Aaron im Sinai und wurde dann zum Hor

gebracht. Da Aaron angeblich auf dem Gipfel begraben liegt, ist anzunehmen, dass Hor der Gebel Harun, der «Berg Aaron», ist. Hier ist immerhin islamisches Terra santa. Auf der Kuppel steckt ein Halbmond aus Messing, und der in den Boden eingemauerte Sarg aus schwerem Marmor trägt arabische wie hebräische Inschriften. Angeblich hat ein König Nasser den Bau dieses Grabs angeordnet. Niemand weiß, ob Aarons Überreste darin zu finden sind. Es gebe, sagt Sargwächter Mohammed, keinerlei schlagende Beweise. Und wer würde je so verwegen sein, ein massives Grab von einem Meter zwanzig Länge und neunzig Zentimeter Breite, das Muslimen, Juden und Christen gleichermaßen heilig ist, öffnen zu wollen?

Wir verlassen den Gebel Harun im einstigen Königreich Edom mit zweierlei Ungewissheit im geistigen Gepäck: ob er erstens dem alttestamentlichen Berg Hor entspricht und zweitens vielleicht der Jahu ist. Nicht weit entfernt von hier, sagen Beduinen auf dem Rückmarsch, gebe es einen Berg, der den Namen Qarun trage, ein arabischer Name. Wo genau dieser Berg sei, wisse man nicht, aber dass es ihn gebe, das sei sicher. Konnte aus Jahu Qarun werden? Und ist der Gebel Harun vielleicht alles in einem: der Mosesberg, der Berg der Zehn Gebote, der Berg, dessen hebräischen Namen *Jahu* die Welt als Namen für den einen Gott Jahwe kennt?

Zu präziseren Spekulationen lässt sich an diesem und dem nächsten und dem darauffolgenden Tag kein Bedol-Beduine hinreißen, und einen etymologischen Deuter haben sie zwischen Wadi Musa, Petra und Aqaba nicht aufzubieten.

## Moses' Grab: nie gefunden

Vierzig biblische Jahre sind um. Die Zahl vierzig ist bewusst gesetzt und symbolisiert die Spanne einer Generation. In vierzig Jahren ist eine neue Generation herangewachsen, und vierzig Jahre ist die durchschnittliche Lebenserwartung der Menschen im Altertum. Moses steht auf dem Gipfel des höchsten Berges im Ostjordanland, dem Nebo. Es ist der Moment, kurz bevor er sterben wird. Er ist 120 Jahre alt. Ein letztes Mal zeigt der Herr seinem Propheten das verheißene Land: vom Libanon bis zum Euphrat, von Jericho bis zum großen Meer, wo die Sonne untergeht.

Die Hebräer begraben Moses im Nebotal, irgendwo. Moses ist die einzige wichtige Gestalt in den Testamenten, auf deren Grab es keinen eindeutigen Hinweis gibt. Er verschwindet, wird in ungreifbare Höhen entrückt. Mit Moses ist der Weltgeschichte kein neuer König, sondern, als theologische Figur betrachtet, ein Befreier geboren worden, der die Unterdrückten rettet und dafür Treue zum Vertrag mit Gott erwartet. Durch ihn, durch Moses, schließt JHWH den Bund mit dem Volk. «Dieses Programm des 7. Jahrhunderts aus der Feder judaischer Intellektueller», schreibt Eckart Otto, Lehrstuhlinhaber für Alttestamentliche Theologie an der Evangelisch-Theologischen Fakultät der Universität München, «wurde zur Geburtsstunde der Menschenrechte als Befreiung des Menschen von der Allmacht des Staates. Jerusalem kommt Athen um Jahrhunderte zuvor.»

Ich stehe dort, wo Moses stand, wenn es ihn gegeben hat. Hier endet mein Auszug aus Ägypten in totaler Einsamkeit. Ölbäume und Pinien wachsen hangaufwärts, zwischen störrischem Stroh und Brocken aus Kalkstein. Vom Gipfel des Nebo schweift der Blick übers sich ergießende Jordantal. Geradeaus liegen Bethlehem und Jerusalem, linker Hand Hebron, rechts Nablus. Der Jordan schlängelt sich durch das Wüstenland ins Tote Meer, flankiert von grünen Streifen. Die Berge strahlen in berückender Kraft, selbst der Dunst überm Meer ist gerötet. Das Land gibt sich hin wie eine Verheißung, und es liegt dort, unbeweglich, unerschütterbar, wie ein Versprechen von Ewigkeit.

Während im Franziskanerkloster auf dem Nebo eine aus dem Nichts aufgetauchte Gruppe südkoreanischer Christentumstouristen in Turnschuhen und Windjäckchen ergriffen eine Moses-Messe feiert, tritt in meiner Phantasie schließlich Charlton Heston auf. Der Schauspieler hat «meinen» Moses geprägt. Ich kann nicht vergessen, wie er, im Schlussbild des 1956 gedrehten Films «Die Zehn Gebote», als Gottes Prophet über das verheißene Kanaan blickt, mit Rauschebart, grauer Haartolle und segnenden Händen. Die Szene ist in die tizianrote Farbenpracht eines sakralen Bildepos aus der Renaissance getaucht. Dort, wo Heston stand, wo Moses stand, wo heute ein postmodern fabriziertes, mit Stahlkabeln umschlungenes Kreuz aus rostroten Stahlteilen steht, vor dem der Papst Johannes Paul II. im Jubiläumsjahr 2000 und kürzlich der deutsche Benedikt beteten, von dort aus sieht man, in der Senke rechter Hand, die älteste Stadt der Welt: Jericho. Die Oasenstadt. Die Palmenstadt. Besiedelt seit Ende der letzten Eiszeit vor 11 000 Jahren. Sie zieht alle Blicke auf sich. An Jericho kam und kommt niemand vorbei.

Als Josua von JHWH zu Moses' Nachfolger bestimmt ist, ziehen die Israeliten los, hinab in die Ebene des Jordan, um die Schlacht um Jericho zu schlagen und mit dem Schwert jenes Land zu nehmen, das ihnen ihr HERR geschenkt hat. Die Landnahme beginnt. Israel erschafft sich aus dem Nichts.

# Die Schlacht um Jericho

Wieder steht das Wasser still, wieder hat der Herr eingegriffen, wieder überlisten die Israeliten die Natur. Sie kommen von Osten. Die Priester gehen an der Spitze des Volkes und tragen die Lade aus vergoldetem Akazienholz. In der Lade sind die Tontafeln mit den Zehn Geboten, die Urkunde des großen Bundes mit Gott. Aus Shittim, östlich des Jordans, hatte Josua Spione ins Haus der Hure Rahab nach Jericho geschickt, um die allgemeine Lage und die Stärke der berühmten Mauern auszukundschaften. Jetzt schreiten die Priester vornweg und stehen mit den Füßen im trockenen Jordan. Wie bei der Teilung des Schilfmeers während des Auszugs aus Ägypten hält der Herr das Wasser zurück. In der Mitte des Flusses richtet Josua zwölf Steine auf, für jeden Stamm der Hebräer einen. Dann geht das Volk Israel durchs trockene Flussbett, 40 000 bewaffnete Männer ziehen zum Kampf in die Steppe von Jericho. Wenig später schlagen sie in Gilgal, am Nordrand der Stadt, ihr Lager auf und rammen zwölf weitere Steine in den Boden Palästinas. Auf dem «Hügel der Vorhäute» werden die Unbeschnittenen beschnitten. Den Königen der Kanaaniter stockt der Atem. Die Israeliten überqueren den Jordan. Dann beginnt die Schlacht.

Sieben Priester tragen die Bundeslade und umkreisen Jericho. Das Volk folgt, und die Priester blasen die Hörner. Jeden Tag. Sechs Tage lang. In der Morgenröte des siebten Tages brechen sie von ihrem Lager auf und ziehen wie gewohnt um Jericho. An diesem Morgen aber umkreisen sie die Stadt ein siebtes Mal. Und als die Priester in die Hörner blasen, befiehlt Josua dem Volk: *Erhebt ein Kriegsgeschrei! Denn der HERR hat euch die Stadt gegeben.* Der Schall der Hörner platzt in die Stille des Tales, und dann fallen die dicksten Mauern der antiken Welt in sich zusammen. Jericho ist erobert. Mit scharfem Schwert töten die Israeliten alles, was sich bewegt: Männer, Frauen, Kinder, Greise, Rinder, Schafe, Esel. Die Dirne Rahab lassen sie leben. Dann brennen sie Jericho nieder.

Alles falsch. Ob absichtlich oder nicht – die Bibel irrt. Jericho hat es zur besagten Zeit der angeblichen Schlacht nicht gegeben. Die Stadt war unbesiedelt, vollständig aufgegeben, weil die klimatischen Bedingungen sich drastisch verschlechtert hatten; nie mehr war der Wasserspiegel so niedrig wie zwischen 1300 und 1150 vor Christus. Bis heute existiert kein einziger archäologischer Nachweis für die Zerstörung der berühmten Mauern Jerichos durch Josua im 13. Jahrhundert vor Christus. Es gibt Nachweise für ein früheres Jericho, auch für ein späteres. Nicht aber für eines im 13. Jahrhundert. Warum ausgerechnet im 13. Jahrhundert?

Wenn man die Chronologie des Alten Testaments ernst nimmt, müssen die «Kinder Israels» zu jener Zeit noch als Arbeitssklaven in der Ramsesstadt Pi-Ramesse im Nildelta gewesen sein. Pharao Ramses II. regierte zwischen 1279 und 1213 vor Christus. Der Auszug der Israeliten kann also nicht früher als 1279 gewesen sein. Um 1279 aber war Jericho definitiv unbesiedelt, das haben Archäologen eindeutig nachgewiesen. «Es spricht alles dagegen, dass die Legende von der Schlacht um Jericho einen historischen Kern hat», resümiert Klaus Bieberstein von der Universität Bamberg, einer der besten Kenner der

Geschichte Jerichos. «Die Legende von der Schlacht ist reine Fiktion.»

Archäologisch erwiesen dagegen ist, dass Jericho, ablesbar an den Brandspuren seiner ausgegrabenen Steine, um 1550 in Schutt und Asche gesunken war – aller Wahrscheinlichkeit nach zerstört, als Pharao Tutmoses I. in die südliche Levante vorstieß. Die Bibel berichtet, dass die nahegelegene Stadt Ai von Josuas Truppen zerstört wurde. Aber Ai erlitt das gleiche Schicksal wie Jericho: Archäologische Grabungen in den 1930er und 1960er Jahren haben gezeigt, dass die Stadt schon um 2400 vor Christus in Schutt und Asche gefallen und erst um 1200 vor Christus erneut besiedelt worden war. Die Stadt Gibbeon, fährt die Bibel fort, sei die nächste jener Städte gewesen, die die Israeliten unter Josuas Führung fällten. Aber die Grabungen von James Pritschert am antiken Siedlungshügel von Gibbeon haben gezeigt, dass dessen Besiedlung um 1550 vor Christus abrupt abbrach und der Ort erst ab dem 10. Jahrhundert vor Christus neu besiedelt wurde. All das lässt nur einen Schluss zu: In allen drei Städten zeigen die archäologischen Befunde, dass Eroberung und Landnahme historisch nicht stattgefunden haben kann. Es ist auch nicht möglich, die Historizität der biblischen Ereignisse durch eine frühere Datierung der Ereignisse zu retten – die Zerstörungsschichten der Städte weisen auf unterschiedliche Zeiten hin. Nichts stimmt überein.

## Das große Jericho: nur eine charmante Kleinstadt

Jericho, die Oase, blüht. 16 Uhr, 33 Grad, Kamele strecken sich. Aus dem Toten Meer verdunstet täglich so viel Wasser, dass fortwährend ein Dunstschleier in der Luft liegt. Das Meer

schrumpft jeden Tag um ein paar Zentiliter. Über dem Westjordanland steht die Sonne, und im Osten schwebt schon verschämt der halbe Mond herein. Wer nach Jericho will, muss
den einzigen geöffneten israelischen Checkpoint passieren.
Die Palästinenser sagen: Schikane! Die Israelis sagen: Sicher-
heitsmaßnahme! Jedenfalls ist die Autoschlange ein- wie aus-
wärts unangenehm lang. Zwei jüdische Soldaten winken will-
kürlich, mit kaum sichtbaren Bewegungen, die Autos heran.
Jeder Wagen muss in einem Sicherheitsabstand von geschätzten zwanzig Metern vor den Soldaten halten; das ganze Proze-
dere wird von Kameraden in den mit Sandsäcken bestückten
Wachtürmen lückenlos verfolgt. Die Soldaten kontrollieren
alle Papiere und sehen auf die Rücksitze. Mit kaum erkennbaren Bewegungen schicken sie einen weiter.

Zwei müde, aber neugierige Hunde kommen aus der Wüste
herbei und sehen nach, was am Checkpoint vor sich geht. Zwei-
hundert Meter weiter stehen palästinensische Soldaten, sie
tanzen, singen und winken uns vorbei. Pässe will hier keiner
sehen. Israelis und israelischen Soldaten ist der Zugang nach
Jericho aus Sicherheitsgründen verboten. Polizei ist nicht prä-
sent. Kurz nach dem Checkpoint rechts befindet sich das Casino «Oasis» neben dem wuchtigen Hotel Intercontinental, das
ein Symbol verratener Hoffnungen ist. Werbetafeln mit gemal-
ter Botschaft stehen in überdimensionierter Größe am Rand der
Zufahrtsstraße. Ab jetzt sind die Straßen unbefestigt, grund-
sätzlich nicht markiert und nie namentlich ausgewiesen, dafür liegen Plastikflaschen, Schuhe und Tüten an ihren Rändern.
Müll betreffend ist im palästinensisch verwalteten Jericho eine
gewisse Nachlässigkeit zu konstatieren. Wo asphaltiert ist,
sind die Wege holprig und löchrig, was durchaus anstrengend
ist. Wenn eine Böe kommt, fliegt heller Staub in die Augen.

Die Oase Jericho ist ein Stück arabischer Orient mitten im europäisch wirkenden Israel. Ein charmantes Nest in der Wüste. Es liegt scheinbar so ungünstig, so verletzlich auf weiter Flur, dass es strategisch schon wieder günstig ist: Alles, was an seiner Ost- und Westflanke geschieht, ist auf weite Sicht erkennbar. In Jerichos Zentrum herrscht so etwas wie unaufgeräumte Fröhlichkeit. Obwohl nichts geregelt ist, findet doch alles seinen Gang. Schulkinder scheren sich keinen Deut um den Verkehrsfluss, Rabauken auf Mountainbikes schießen quer, und zwei Frauen mit braunem Kopftuch und schwarzer Sonnenbrille, die aus einem Mercedes steigen, können ihnen gerade noch ausweichen. In Jericho sind die Taxis gelbe Toyotas, in Israel weiße Mercedesse; eine simple, aber augenfällige Distinktion. Zentrum? Das ist gut gesagt. Das, was man anfangs für eine sich verzweigende Zufahrtsstraße hielt, ist ja schon das Zentrum. Vier Straßen führen zur Kreisverkehrsinsel, auf der eine Palme steht und ein Stein mit der Aufschrift: «Jericho: City of the Moon». Die Stadt hat ihren Namen von der Mondgottheit Jarih.

Von einer Betonhausfassade lacht Yassir Arafats Konterfei als buntes Riesengraffito, und nebenan ist in greller Farbe gepinselt: «Palestine – one voice»; darunter: das Bild zweier abgesägter Maschinengewehre. Der tote Arafat ist noch immer der Held von Jericho. Seine Poster hängen in Geschäften und Wohnhäusern, seine Bilder stehen in Läden und Shops. Jericho war ab 1994 erster Sitz der palästinensischen Selbstverwaltungsbehörde, und Arafat war zu Fuß über den Jordan in die freie Stadt gekommen, solche Gesten nisten unerschütterlich im kollektiven Gedächtnis der Menschen. Heute logiert die Regierung von Präsident Mahmoud Abbas in Ramallah, 30 Kilometer von Jericho entfernt, und was immer man über die moralische Integrität und das politische Auftreten Arafats sagen mag – die Menschen lieben ihn und betreiben einen nostalgischen Totenkult, der ihnen zu einer politischen und sozialen Identität verhilft. Genau betrachtet könnte man sagen: Arafat ist jener charismatische Heerführer gewesen, den die Israeliten viele Jahrhunderte zuvor in Josua ersehnt und erblickt hatten. Später werden noch weitere, weltgeschichtlich ironische Volten folgen.

In den Schaufenstern der wohnzimmerkleinen Backstuben in Jerichos Zentrum formieren sich auf Riesentabletts Bakhlava-Stücke wie sirupgetränkte Divisionen, bestreut mit Pistazienraspeln. In garagenähnlichen Shops stapeln sich Weinflaschen bis unter die Decke, mit dem islamischen Alkoholverbot nimmt man es hier nicht so genau. Dort drüben drehen Hähnchen am Spieß, hier riecht es nach Fett und Frittiertem und gegenüber nach der lasziven Sinnlichkeit orientalischer Gewürze. Vor dem Mini-Market, gleich neben dem Juwelier, sind rugbyballgroße Melonen und Monsterauberginen getürmt, und neben dem «Hair-Salon New Look» bietet ein Verkäufer weiße Hochzeitskleider an. Den Garküchen entfleuchen Duftschwaden von Falafel und frischer Minze, neben dem Juwelier föhnt ein zahnloser Schlachter lachend die Glut unter einem Fleischspieß. Frauen in schwarzen Umhängen, mit schwarzen Kopftüchern und schwarzglasigen Sonnenbrillen schleppen schlurfend schwere Tüten, Mädchen mit bunten und mit Glitzerapplikationen besetzten Kopftüchern, in Jeans und Top und mit Büchern unterm Arm, giggeln auf dem Weg zur Schule. Von irgendwoher erklingt arabischer Pop, und wo immer der Blick hinwandert, trifft er auf verfallende und bereits verfallene Werbetafeln mit arabischen Schriftzügen. Das Skelett einer weiteren großen Moschee im

Rohbau überragt alle anderen Häuser; Fabriken gibt es nicht, die Luft ist sauber, die Zahl der Gewächshäuser wächst angeblich von Jahr zu Jahr. Erst kann ich gar nicht fassen, wie klein die angeblich älteste Stadt der Welt ist. Jericho ist mit Mühe noch Kleinstadt zu nennen, wirkt dann aber wie die kulturgeschichtlich bedeutsamste Kleinstadt, die sich denken lässt.

Süßlich duftet der Qualm von Apfeltabak, das Teehaus kann also nicht weit sein.

«Salam aleikum!»

«Aleikum salam …»

Die Wasserpfeife rauchenden Männer auf den Schemeln können sich lange nicht einigen, wie viel Einwohner ihr Nest heute hat. Dreitausend? Zehntausend? Bei sechstausend schlagen sie ein. Offiziell sind es fünfundzwanzigtausend. Zum zweiten Mal ist eine Art symbolische Ironie zu vermerken, dass nicht Israelis diese womöglich älteste Stadt der zivilisierten Welt bewohnen, sondern palästinensische Araber, Nachkommen jener Kanaaniter also, die laut Bibel vom Hebräerführer Josua besiegt und vernichtet wurden.

Am Kreisverkehr vor dem Teehaus geht es scharf links ab, die neugebaute Hauptstraße, deren Strommasten nicht mehr denn kahle, manchmal gekrümmte Holzstäbe sind, einen Kilometer westwärts, und schon sieht man die Schwebebahn am «Touristcenter», die vielen Restaurants und ein Spielcasino neben einem eingezäunten Hügel. Ich parke und werde sofort angesprochen von einem muskulösen Mann um die vierzig, der sich auf einer Bank fläzt und mit der Gebetskette spielt.

«Hier ist das berühmte alte Jericho an der noch berühmteren Elisha-Quelle!», sagt er im Stile eines Marktschreiers. Der Mann war früher Arzt, fand keinen Job, ist jetzt Taxifahrer und gibt den Fremdenführer. 70 Prozent aller Jericho-Araber seien arbeitslos, sagt er, und 15 Prozent seien Polizisten, die seit drei Monaten kein Geld kriegten. Der Rest? Bauern. «Seit Arafat tot ist, ist Palästina tot.» Korruption, o ja, das sei Alltag! Und die Palästinenserführung? «Inkompetent.» Aha. Der Mann versteht keinen Spaß mehr. Er richtet sich auf. Jetzt geht es wieder um alles: um die Würde der Palästinenser, um Gerechtigkeit, um die Zukunft des so vergangenheitstrunkenen Jericho.

Um dessen Vergangenheit aber geht es mir. Ein Handschlag, «auf später», dann gehe ich zum fröhlich lächelnden Kassierer, auf dessen Häuschen die Flagge Palästinas weht, zahle fünf Dollar Eintritt und steige die Stufen zum Gipfel des berühmten Alt-Jericho hinauf. Über dem Grabungshügel schweben die drei roten Kabinen der Ende der 1990er Jahre mit hinreichendem Optimismus konstruierten Cable-Car-Bahn vom und zum griechisch-orthodoxen St.-Georgs-Kloster, das im Jahre 1895 auf den Ruinen einer Kreuzfahrerburg aus dem 12. nachchristlichen Jahrhundert aufsehenerregend in den «Berg der Versuchung» gebaut wurde, an jene Stelle, wo sich einst der Prophet Elia versteckt gehalten haben soll, als ihm der israelitische König Ahab als Antwort auf dessen Weissagung einer Dürre nach dem Leben trachtete.

Vom höchsten Punkt des Grabungsgebiets Tell es-Sultan (hebräisch: Tel Yeriho), 21 Meter über dem Boden, überblickt man das gesamte Jordantal. Der Blick folgt dem mäandernden Jordan bis zur Stelle, an der Jahrhunderte später Jesus getauft wurde, am nördlichen Anfang des Toten Meers. Die Angreifer unter Josuas Führung müssen, wenn es sie wirklich gab, von weitem sichtbar gewesen sein. Es gibt keine Möglichkeit, versteckte Attacken zu planen; was es gibt, sind ungeschützte Flanken. Von hier oben wird schnell klar, wie verletzlich Jericho gewesen sein muss und wie bedürftig nach dicken, schützenden Mauern. Nur eine offene Schlacht in offener Ebene ist denkbar.

## Jericho: Ort der Superlative

Die Eroberung Jerichos ist der Auftakt der gewaltsamen Eroberung des verheißenen Landes Kanaan. *Denkt an das Wort, das euch Mose, der Knecht des Herrn, geboten hat: Der Herr, euer Gott, hat euch zur Ruhe gebracht und euch dies Land gegeben.* Aber was genau geschah, wissen nicht einmal die Bibelautoren. Im ersten Buch Josua heißt es: Das ganze Land wurde genommen. Und auf das Buch Josua folgend, im ersten Buch Richter, steht geschrieben: Teile des Landes wurden von den Kanaanitern und Philistern kontrolliert. Was denn nun? Wie immer man diese unversöhnlichen Aussagen in Deckung bringen möchte – der Begriff «den Jordan überschreiten» ist und bleibt der Terminus technicus der Landnahme durch die Hebräer, jener Schlüsselbegriff im theologisch so wichtigen Buch «Deuteronomium», in dem Mose an seinen letzten Lebenstagen nochmals das Gesetz vom Sinai und den Bund mit Gott verkündet. Wörtlich heißt es: *Ihr werdet aber über den Jordan gehen und in dem Lande wohnen, das euch der HERR, euer Gott, zum Erbe austeilen wird, und er wird euch Ruhe geben vor allen euren Feinden um euch her, und ihr werdet sicher wohnen.* Und weiter: *... auf dass nicht unschuldiges Blut in deinem Lande vergossen werde, das dir der HERR, dein Gott, zum Erbe gibt, und so Blutschuld auf dich komme.*

In Jericho wird aus dem passiv in der Wüste wandernden Volk Israel auf einmal eine militärisch aufmarschierende

Kriegstruppe. Die geschilderte Belagerungstechnik und das Schlachtgebaren spiegeln die brutale Eroberungspolitik der Assyrer zur Zeit der Niederschrift des Textes im 8. Jahrhundert vor Christus. Die Autoren der Bibel wussten, dass die Oase hohe symbolische Bedeutung besaß. Wer sich das von Gott geschenkte Land nehmen will, fängt seinen Feldzug am besten hier an, denn Jericho vereint manche Superlative. Angeblich war und ist es die tiefstgelegene Stadt der Erde, 250 Meter unter dem Meeresspiegel. Das Klima ist tropisch. Im Sommer kann es bis zu 48 Grad Celsius heiß, im Winter bis 3 Grad kalt werden. Aus dem Osten, dem Westen, dem Jordanland im Norden, vom Toten Meer im Süden: wo immer man herkommt – man trifft immer zuerst auf Jericho. Jericho war seit jeher der Eingang in das Herz Palästinas, und es war die am besten befestigte Stadt Kanaans, in die niemand leicht hinein- und aus der niemand leicht herauskam. Zudem ist Jericho als Oase äußerst fruchtbar. Spuren erster Besiedlung gibt es seit dem Mesolithikum 8000 vor Christus. Seit Jahrtausenden wird die paradiesische Schönheit der «Palmenstadt» gepriesen. Auf den Feldern wachsen heute wie damals Tomaten, Gurken, grüner Pfeffer, Zitrusbäume, Bananenstauden und Dattelpalmen. Schon um 4500 vor Christus war Jericho in hohem Grade städtisch entwickelt, weit früher als die Städte Ägyptens und Mesopotamiens, mit einer gut funktionierenden kommunalen Organisation. In der Halbwüste um Jericho ließen sich schon früh Einsiedler nieder, um in der Stille zu meditieren; Propheten waren ansässig, und jahrhundertelang kamen Beduinen hierher, um die Gegend als Winterweide für ihre Herden zu nutzen.

Mehr als alles andere ist Jericho das Protobeispiel für archäologische Irrtümer und ideologische Fehden um exakte

Datierungen. Die Geschichte der Ausgrabungen ist eine Geschichte der Schwierigkeit, eindeutige Aussagen zu machen und in der brisanten Frage, ob die Bibel recht hat, zu einem allgemeingültigen Urteil zu kommen. Früher wurde Bibelarchäologie zu ideologischen Zwecken betrieben, was stark mit den Versuchen William F. Albrights verbunden war, durch Hin- und Herdatierung der archäologischen Schichten die vermeintliche Historizität der alttestamentlichen Texte zu retten. Demgegenüber standen vor allem Archäologen der österreichischen und deutschen Schule, Forscher wie Ernst Sellin, Albrecht Alt und Martin Noth, die die These vertraten, im Umkreis von Jericho seien sogenannte Ätiologien entstanden: Erzählungen, die unglaubliche Ereignisse kausal herleiten wollten. Der imposante Hügel von Jericho etwa oder ein östlich von Jericho gelegener Steinkranz oder ein Riesenbaum und der Steinhügel im benachbarten Ai – die Zerstörung all dieser scheinbar unzerstörbaren Orte galt es mit Verstand und Vernunft zu erklären. Nach Ansicht der Protagonisten der deutschen Schule sind diese Ätiologien im Umkreis des Heiligtums von Gilgal gesammelt und später in Jerusalem zum großen Mythos der Landnahme auskomponiert worden.

Heute liegt das Ziel bibelarchäologischer Forschung nicht mehr darin, die Legenden des Alten Testaments zu verifizieren oder zu widerlegen. Ein Paradigmenwechsel in den 1980er Jahren führte die akademische Disziplin weg von den großen, hin zu den kleinen Orten, um über sie die sozialen und politischen Kontexte einer bestimmten Zeit zu erfassen und Hintergrundinformationen zu sammeln, die auf die Schilderungen im Alten Testament rückgespiegelt werden konnten. Zu den traditionellen Instrumenten archäologischer Forschung wie die

Datierung und Typologisierung von Keramik und die Bestimmung der Besiedlungsschichten und historische Geografie kamen zeitgemäße Methoden wie Archäobotanik, Geoarchäologie, Datenanalyse durch kosmogenisch erzeugte Isotope, geografische Messsysteme und schließlich neue soziolinguistische und anthropologische Deutungen der Bronze- und Eisenzeit.

Bis heute streiten die Gelehrten, ob es die Mauern von Jericho tatsächlich gegeben hat. Weil Palästina erst spät eine Schriftkultur entwickelte, sind keine Inschriften zu finden. Das macht präzise Analysen umso schwieriger. Alles hängt von der Identifikation gefundener Keramik mit den Vorlagen bereits archivierter und datierter Keramik ab. Dass es da zu Ungenauigkeiten kommen kann, liegt auf der Hand. Keramikdatierung ist umstritten, man kann sich leicht um 100 Jahre vertun. Archäologische Analyse ist die hohe Kunst des Feinschliffs: Wann genau setzt die mittlere Bronzezeit ein? Was unterscheidet ihre Phase I von Phase II und innerhalb Letzterer wiederum die Abschnitte a und b? Welche Form und Ausgestaltung von Keramik wird für welche Phase von wie vielen Gelehrten akzeptiert? Und gibt es überhaupt eine international gültige Übereinkunft hinsichtlich der stratigrafischen Struktur Palästinas, also seiner verschiedenen Erd- und Besiedlungsschichten?

Im Laufe der Jahre wurden in Jericho Schichten von vier verschiedenen Städten freigelegt. Als Erster grub 1868 Captain Sir Charles Warren vom britischen Palestine Exploration Fund auf dem Tell es-Sultan. Er trieb mehrere Schnitte in den Lehm hinab, einen davon in die Stadtmauer der frühen Bronzezeit, die er als solche nicht erkannte. Warren schloss, es gebe nichts zu finden. Zwischen 1907 und 1909 legte das deutsch-österreichische Grabungsteam von Ernst Sellin und Carl Watzinger von der Deutschen Orientgesellschaft Mauerreste frei, die sie erst falsch, nämlich auf die frühe Bronzezeit datierten, später aber korrigierten und nachwiesen, dass Jericho nicht später als um 1550 vor Christus zerstört worden sein konnte. Von 1930 bis 1936 grub John Garstang von der Liverpool University, fand Mauerreste und Keramik und datierte sie auf 1400 vor Christus. Im nördlichen Schacht bezeugt ein Schild in arabischer wie englischer Schrift seine Anwesenheit: «Stratigraphic Section at the Garstang's Excavation».

Schließlich kam Kathleen Kenyon. Von 1952 bis 1958 grub sie das alte Jericho mustergültig aus. Im Gegensatz zu ihren Vorgängern nutzte *Dame* Kenyon die Karbon-14-Analyse, durch die das Alter organischen Materials aufgrund seiner Radioaktivität geschätzt werden kann. Als Erste grub sie vertikal auf den Grundstein hinab und kam zu dem Ergebnis: Das blühende Jericho wurde 1550 vor Christus zerstört. Ein ebenso großes Schild wie das vor Garstangs Schacht weist auf ihre Grabungstätigkeit hin: «Stratigraphic section at the K. Kenyon's Excavation reaches Bedrock».

Der Streit geht bis heute darum, wer recht hat: Garstang oder Kenyon. Läge Garstang richtig, könnte sich die Schlacht um Jericho etwa 40 Jahre nach dem biblisch datierten Exodus tatsächlich zugetragen haben und besäße chronologische Kohärenz. Im Falle Kenyons ist dies rein mathematisch ausgeschlossen. So gut wie alle seriösen Archäologen und Altertumshistoriker aber schließen sich bis heute Kathleen Kenyon an.

## Eine gewaltige Mauer

Das Schnattern aufgebrachter Gänse im blumenbunten Garten neben dem Grabungshügel holt mich zurück in die Gegenwart, und ich sehe Rampen, Zufahrtswege und die ersten Grabungsschnitte: ausgehobene, aber unbearbeitete Gruben und Schächte, in deren Lehm brunnenartige Rundungen aus Backsteinziegeln zu erkennen sind. Das Gelände ist schlecht gesichert, ausgestellte Grabungspläne sind zerrissen oder vermodert. Der Hügel ist weitgehend verwahrlost; Plastikflaschen liegen im verwaisten Schacht von Garstangs, Chipstüten im offenen von Kenyons Grabung.

In ihrer Blütezeit lag die Stadt Jericho 20 Meter tiefer, ebenerdig. Alle Stadttore waren massiv, die Befestigung der Zufahrtswege muss beeindruckend gewesen sein. Die beiden Hauptstraßen waren gepflastert, in den Häusern an ihrer Seite befanden sich, nach orientalischer Art, zimmerkleine Läden, Shops oder Lager wie heute im Basar in der Altstadt Jerusalems. Ein paar unbedeutende Schritte weiter, und dann steht er plötzlich da: jener berühmte, 9000 Jahre alte und neun Meter hohe, einst zylinderförmige Turm mit der Wendeltreppe aus Steinplatten, das «Herz der ältesten Stadt auf Erden» und also, wie zu vermuten ist, der älteste Turm auf Erden. Und drüben, am Südeingang, an dessen Seite Büsche mit duftendem Jasmin wachsen, ist jetzt klar und deutlich etwas Unerhörtes zu erkennen: eine Anhäufung von großen Steinen in fünffacher Schichtung, die terrassenartig versetzt sind. Obwohl bis heute nur gut vier Meter freigelegt wurden, lässt sich die Dimension erahnen. Ein paar Meter entfernt offenbart sich, mit einem in der Tat gewaltigen Durchschnitt von geschätzten zehn Metern, endlich die magische Mauer, die nicht weiß, welche symbolische Macht sie trägt, befreit von Lehm- und Steinschichten, beladen mit der Last der Deutung, ob und wie sie zum Einsturz kam. Die Steine laufen steil aufwärts, massiv, mächtig, ohne Nischen. In der Tat: Das oval laufende Bauwerk bot keinerlei Angriffsfläche. Die Mauer muss mindestens sechs Meter hoch gewesen sein. Zu erklimmen war sie beileibe nicht. Man wird staunend vor ihr gestanden haben wie Jahrtausende später vor dem ersten Wolkenkratzer.

Grabungen der *Università di Roma La Sapienza* aus dem Jahr 1997 haben in Areal A und B/West eine Doppelreihe von Mauern einer Befestigungsanlage aus der frühen Bronzezeit zwischen 2600 und 2300 vor Christus zutage gefördert. Für bronzezeitliche Verhältnisse kann man das als gigantisch bezeichnen und gerät, vor den heute weitgehend verwahrlosten Gruben stehend, zu der Erkenntnis, dass solcherart Steinwälle durchaus eine Legende in Gang bringen und über die Zeit einen derart mythischen Ruf generieren können, dass er bis ins 7. Jahrhundert nach Jerusalem nachhallt, wo Autoren nach Superlativen suchen, um ihre Propagandaschriften auszuschmücken. Der Jericho-Mythos ist eine große theologische Parabel für das Volk nach Art eines moralpädagogischen Lehrstücks, das sich ausbuchstabiert wie folgt anhören könnte: *Nun, mit dem Fall der uneinnehmbaren Stadt, ist euch der Eintritt ins Gelobte Land gegeben, Gott hat euch etwas zur Verfügung gestellt, geht gut damit um, jetzt habt ihr Verantwortung!*

Der Tell es-Sultan, das antike Jericho, ein Kilometer nördlich des modernen gelegen, wird verwaltet vom Palestinian Department of Antiquities and Cultural Heritage. Es verwundert wenig, dass dessen Direktor Dr. Hamdan Taha die Mauern Jerichos für «virtuell» hält. «Jericho», sagt er am Fuß des Grabungshügels, «ist für Bibelgläubige eine einzige Enttäuschung und ein großer Widerspruch zu den Hoffnungen der fundamentalistischen Archäologen, die die Bibel als archäologischen Führer betrachten.» In der Besatzungszeit seien die Grabungsarbeiten politisch motiviert und durch Israel monopolisiert gewesen, Archäologie sei als politisches Instrument missbraucht worden. «Die Palästinenser konnten keine Beziehung zur antiken Stadt Jericho und dem Grabungshügel aufbauen, er war ja immer von Israel besetzt.» Seit 1994 ist der Tell es-Sultan offen zugänglich für alle, seit 2004 ist er Pflichtprogramm für palästinensische Schulklassen. Tahas Ministerium bereitet zurzeit sogar einen Antrag vor, Jericho zum Weltkulturerbe zu adeln.

Es geht ja überhaupt nicht um reale Mauern, und es geht nicht um die historische Faktizität der Schlacht. Die Schlacht ist eine Metapher und die Stadt ein Symbol. Das einzigartig fruchtbare Jericho ist ein Geschenk Gottes an die Hebräer und steht als solches am Anfang der Geschichte des Volkes Israel, welche die Autoren im Umkreis des Jerusalemer Tempels zu komponieren begonnen hatten. Die Legende der Schlacht von Jericho ist ein weiterer Baustein der theologischen Ideologie einer Intervention Gottes zugunsten der Kinder Israels. Der moralische Kern des Mythos, der daraus erwächst, besteht in der Treue und Dankbarkeit gegenüber JHWH. Moralisch heißt das: Man kann uneinnehmbare Festungen errichten, man kann sie mit den dicksten Mauern umgeben, die Bewohner können sich darin verbarrikadieren und ihre Stadt mit höchsten irdischen Kräften verteidigen – nie werden die Menschen sicher sein, nie kann es endgültigen Schutz geben, nie kann man den Kampf gewinnen ohne Gottes Eingriff. Wer überleben will, muss sich auf Jahwe verpflichten, er muss sich zum Bund bekennen und den HERRN ehren.

Mit dieser Botschaft war der pädagogische Imperativ der Hoffnung auf wunderbare Errettung verbunden. Wenn man wollte, könnte man die Lehre der Legende von Jericho in die Gegenwart übersetzt als Plädoyer für einen Diskurs des Friedens lesen: Nicht das Arsenal an Atomwaffen oder Panzerdivisionen bringt Heil und Rettung und garantiert das Überleben, sondern in der Verständigung der Völker allein liegt die Lösung aller Probleme.

Von Anfang an ist Israel nicht nur ein ethnischer oder politischer Begriff, es hat immer schon eine theologische Voraussetzung: Israel ist das Volk, das durch Gott beschützt und geleitet wird. Das Wort «Israel» heißt übertragen entweder «Er hat gekämpft und gesiegt» und geht zurück auf die Sage, derzufolge Jakob am Fluß Jabbok bei Bethel, nördlich von Jerusalem, im heute besetzten Gebiet, mit einem von Gott gesandten Engel gerungen habe; oder es lässt sich im Wort Isra-El – wobei El die Bezeichnung für Gott ist – die weichere Variante wählen: «Gott erweist sich als Herr» oder «Gott herrscht». Auch wenn man das stärkere «Gott streitet mit» zur bevorzugten Übersetzung wählt, fällt doch immer auf, dass es um Kampf geht, so, als hätten sich die Hebräer die Gunst ihres Herrn mühsam erstreiten müssen. Die Idee, dass Israeliten allesamt Nachfolger des Erzvaters Jakobs sind, hat es vermocht, viele versprengte Stämme, die in Opposition zu den monarchisch organisierten kanaanäischen Stadtstaaten stehen, zu einer Nation zu einen. Israel ist das Volk des Gottes Israels. Aus diesem Motiv erwachsen Selbstverpflichtung und poetische Hoffnung. Das für die politische Dimension der Landnahme so bedeutsame Buch *Deuteronomium* – als Buch der Gesetze eines der entscheidenden Bücher des Alten Testaments überhaupt – entfaltet zum ersten Mal eine

Theologie des Landes Israel. Seine Autoren entwerfen die Idee einer Übereignung des Landes Kanaan an die Erzväter Israels durch Jahwe. Der Anspruch auf das «gute Land» durch Jahwes Gabe an die Erzväter macht die ganze Bedeutung der literarischen Figuren Abraham und Moses klar. Hinter dieser Theologie des Erbbesitzes steht ein realer Landverlust. Im Jahr 701 hatte Juda innerhalb von 30 Jahren 99 Prozent seines Landes an die Assyrer verloren. Juda hatte das Geschenk Gottes verspielt. Wer trug die Schuld? Lag es an Gott? Nein. Das wäre undenkbar. So lud man die Schuld auf sich und bezichtigte sich, Gottes Geschenk nicht würdig gewesen zu sein, weil man ihm, Gott, gegenüber nicht würdig war. Der Verlust des verheißenen Landes wird interpretiert als Strafe für die fehlende Treue zu JHWH. Der Mythos von Jericho und der anschließenden Landnahme, könnte man zusammenfassend sagen, ist der Auftakt zu einem größeren, Gott entlastenden Geschichtswerk, durch das die Schuldfrage eindeutig geklärt und mit dem das Theodizee-Problem gelöst ist: Nicht Gott hat versagt, es war der Mensch. Nicht Gott war ein Chaot, der Mensch nimmt alle Schuld auf sich! Nur so kann man Gott an und für sich weiterhin als gerecht denken.

Die Schlacht um Jericho ist die literarische Verarbeitung von Leid und Verlust des Landes einerseits, und andererseits eine Strategie, zur Treue und zum Glauben an JHWH aufzurufen. Als Nebukadnezars Truppen 587 vor Christus Jerusalem belagerten, erzählte man sich die Jericho-Legende immer und immer wieder. Die Geschichte von Josua und der Umkreisung Jerichos, mit der der Mythos der Israeliten als Nation beginnt. Eine Geschichte des Trostes. Eine Geschichte der Hoffnung auf Rettung.

## Die Schlacht um Jericho: politische Propaganda

Der Landnahme folgt logischerweise die Landverteilung, der zufolge der von Gott verheißene Boden zum Grundbesitz der bäuerlichen Familien wird – eine Art «Bodenrecht» auf den Erbbesitz, die «Heilsgabe» des Landes durch JHWH. Die sogenannte Landgabe ist über ihre bis heute eminent wirkmächtige politische Theologie hinaus als Erzählung eine reichlich brutale Angelegenheit, und die Autoren bemühen eine entsprechend drastische Prosa: *Aber in den Städten dieser Völker hier, die dir der HERR, dein Gott, zum Erbe geben wird, sollst du nichts leben lassen, was Odem hat, sondern sollst an ihnen den Bann vollstrecken, nämlich an den Hetitern, Amoritern, Kanaanitern, Perisitern, Hiwitern und Jebusitern, wie dir der HERR, dein Gott, geboten hat, damit sie euch nicht lehren, all die Gräuel zu tun, die sie im Dienst ihrer Götter treiben, und ihr euch so versündigt an dem HERRN, eurem Gott.*

Die Gottesbeziehung Israels ist vielleicht nicht unbedingt an das Land Palästina gebunden, ohne es aber kaum denkbar. Mit der Gabe durch den HERRN ist der Anspruch Israels auf das Land, in dem Milch und Honig fließen, theologisch legitimiert – was allerdings einen Haken hat: Israel hat das Land durch JHWH erhalten, es kann sein Anrecht also auch wieder verspielen, wenn es seinen Geboten nicht Folge leistet! Als 586 vor Christus die schlimmsten Befürchtungen Realität werden und das Königreich Juda tatsächlich an Nebukadnezar fällt, als der Tempel zerstört wird und die Deportationen nach Babylonien beginnen, wachsen sich die Heilshoffnungen der Israeliten zu einer Lyrik der Verheißung aus, dass der Anspruch auf das Land, auf ihr Land, nicht aufgegeben werde.

Der heute vielleicht bekannteste, jedenfalls meistumstrittene und von zionistischen Gelehrten immer wieder bekämpfte Archäologe Israels, Israel Finkelstein, sieht im Mythos der Schlacht um Jericho die Propaganda eines klaren politischen Programms: Bereits kurz nach der Zerstörung des Nordkönigreichs Israel durch die assyrischen Truppen ab 732 vor Christus sei im Südkönigreich Juda die Idee eines territorialen Panisraelitismus aufgestiegen. «Diese panisraelitische Idee», sagt Finkelstein in seinem Büro in Tel Aviv, «manipuliert die Mythen und Sagen, die über Jahrhunderte von den Menschen in Juda gesammelt wurden, um die Idee zu lancieren, dass eine Eroberung wie in Jericho wieder geschehen kann – in der Zeit des großen neuen Herrschers Josia im 7. Jahrhundert vor Christus, der im Buch Könige wie ein neuer Josua beschrieben wird.» König Josia ist derjenige, der die Geschichte Israels wiederholt, erneuert und zugleich die Fehler aus der Vergangenheit vermeidet. Reines Wunschdenken, reine Propaganda also? Kein Wunder, dass Finkelsteins Zweifel an der überlieferten Version von der Entstehung Israels von traditionellen Zionisten und Bibelarchäologen in Israel und den USA scharf attackiert wird. Sie wollen eine andere Deutung der Geschichte: die biblische.

## Hazor: das Symbol israelischer Identität

Es muss ein Siegesrausch gewesen sein, ein Blutbad. Im Flug erobern Josuas Truppen die Stadt Makkeda und töten sämtliche Bewohner. Sie erobern Libna und töten alle Einwohner. Sie erobern Lachisch und lassen niemanden entkommen. Sie erobern die Stadt Horam und erschlagen alles, was in ihr lebt. Sie vernichten Eglon und ziehen nach Hebron und erschlagen alles Lebendige mit scharfem Schwert, wie Moses, der Knecht des Herrn, befohlen hatte. Dann wendet sich Josua mit ganz Israel gegen Debir und weiht alles dem Untergang. Die Israeliten erobern das Gebiet von Kadesch-Barnea bis Gaza, von Goschen bis Gibeon. Und dann wagt Josua das Unglaubliche: Er greift das gigantische Hazor an.

Sofort fällt der helle Stein auf. Er blendet das Auge in der Mittagssonne. Die Steine von Hazor passen zum Ton des karstigen galiläischen Berglands mit seinen Olivenbaumhainen und den steppengrasbewachsenen Hängen. Tel Hazor im Norden Israels, in Sichtweite der in Dämmernebel gehüllten Golan-Höhen nördlich des Genezareth-Sees, ist eine der wichtigsten und größten Ausgrabungsstätten Israels. Mit großer Ruhe und so etwas wie Erhabenheit ausstrahlender Souveränität liegt die Anlage in der Ebene, als größter unter sonst gleichberechtigten Hügeln im gewellten, bewaldeten Land, das die Anmut der Toskana besitzt. Dörfer und Städte sind gepflegt, die Straßen ohne Makel und korrekt markiert. An den Rändern ist Hibiskus gepflanzt, Grillen zirpen. Zeugnisse von über 20 Städten sind in den Eingeweiden dieses Hügels gefunden worden, von 3000 vor Christus bis zur finalen Zerstörung 732 vor Christus durch den assyrischen König Tiglatpileser III., als die Bewohner des stolzen Hazor, wie alle anderen aus dem Nordreich Israel, nach Babylonien deportiert wurden.

Hazor ist bis heute ein Symbol israelischer Identität und steht im Zentrum der politisch brisanten Debatte, ob die im Alten Testament geschilderte Landnahme stattgefunden hat oder nicht. Diese Debatte begann in den 1950er Jahren, als der damals berühmteste israelische Archäologe, Yigael Yadin, mit der Ausgrabung von Hazor ein Signal an die Welt senden wollte. Yadin, ein enger Freund des israelischen Präsidenten

Ben-Gurion, wollte die Richtigkeit der Ereignisse im Buch Josua und also die militärische Landnahme der Israeliten archäologisch beweisen. Vor allen anderen suchte er die wichtigsten Städte der Legende von der Landnahme der Truppen um Josua auf: Hazor und Megiddo. Yadin war der Erste, der in Hazor grub, ab 1955. Nach Meinung seiner Gegner interpretierte er die Ergebnisse seiner Grabungen vollkommen falsch, segelte damit aber bestens im Wind des Zeitgeistes der 1950er Jahre im jungen Staat Israel. Der so charismatische wie streitbare und immens einflussreiche Professor an der Hebräischen Universität von Jerusalem war in den 1950er und 1960er Jahren der Prototyp der Vertreter einer ideologisierten Archäologie in Israel. Von 1977 bis 1981 war Yadin sogar stellvertretender Ministerpräsident.

Yadin, befindet der Historiker Israel Finkelstein, habe sich nach dem Zweiten Weltkrieg als neuer Retter Israels, als Nachfolger Josuas inszeniert. «Wenn er als Wissenschaftler über das vereinte Königreich Israel mit angeblich großartiger Kultur und Wohlstand spricht», sagt Finkelstein unerschrocken, «spricht er über die Zukunft und das goldene Zeitalter des Staates Israel, der umgeben ist von lauter Feinden, wie Juda von lauter Feinden umgeben war. Im Jahr 1948, in dem das Wunder der Gründung Israels Realität wurde, beginnt Yadins ideologische Eroberung des Landes im Kampf gegen seine Feinde. Und wenn der General Yadin über Josua spricht, spricht er über sich selbst.»

Bis heute wurden auf dem Tel Hazor 21 Besiedlungsschichten aus der Bronze- und der Eisenzeit freigelegt. Das heißt: Es gab ein kanaanitisches und ein israelitisches Hazor. Das kanaanitische der Bronzezeit liegt weiter unten, das israelitische der Eisenzeit ganz oben. In der späten Bronzezeit im 12. Jahrhundert vor Christus war Hazor die größte und reichste Stadt Kanaans, mit geschätzten 15 000 Einwohnern – fast der Hälfte aller sesshaften Bewohner des Landes. Hazor lag an der Handelsstraße nach Babylon und verkehrte eng mit Syrien, Ägypten, Kreta und Zypern. In der Stadt, deren Türme nicht größer als die Bäume waren, gab es große Königspaläste, Kulttempel, Wohnanlagen und Lagerhallen. Die Eingänge wurden von Löwen aus Basalt bewacht. Hazor, heißt es in der Bibel, hatte die Oberherrschaft über alle kanaanitischen Königreiche, es war die «Hauptstadt aller Königreiche». Dass dieses mächtige Hazor durch ein großes Feuer zerstört wurde, ist zweifelsfrei erwiesen. Die Lehmbauten schmolzen, Ölvorräte explodierten. An manchen Steinen erkennt man noch heute Rußreste. Die große, offene Frage ist jetzt aber: Könnte das Inferno durch Josuas fliegende Truppen bewirkt worden sein?

An der überdachten Haltestelle am Eingang des Tel Hazor warten zwei junge Soldaten auf den Bus. Immer warten irgendwo Soldaten auf Busse. Aus dem Bergland östlich von Hazor, dort, wo Israel auf Syrien trifft, hallt MG-Feuer. Manchmal explodiert eine Sprengladung. Gewöhnlich gehen hier, bei und in der Stadt Kiryat Shmona, die Raketen der Hisbollah aus dem Libanon nieder. Die Menschen in der nächstgelegenen Shopping-Mall beruhigen mich. «Dort oben ist ein Truppenübungsplatz», sagen sie, «unsere Soldaten müssen ja vorbereitet sein.» Es sieht hier ein wenig aus wie im Mittleren Westen der USA, ähnlich sauber und akkurat mit Werkstätten, Tankstellen, Produktionshallen und Fastfood. An der Flanke zum Jordan beginnen Felder mit gigantischen Bananenstauden.

Nichts von Tod, Schmerz und Leid, von all den Kämpfen und Konflikten, die an diesem Ort stattfanden, die im Gedächtnispalast der Menschheit überlebt haben und in den Steinen und dem schweigenden Boden von Hazor archiviert sind, nichts davon ist an einem gewöhnlichen Wochentag um 12 Uhr mittags in friedvoller Ruhe zu ahnen. Die Anlage ist großzügig, der Tempelbezirk überdacht. Das Wellblechdach knackt in der Hitze, und der Ort strahlt trotz aller historischen Schwere eine gewisse Leichtigkeit aus. Die Schönheit des Landes und der große Mythos, der von hier abstrahlt, verführen in einer meditativen Minute zu einer phantastischen Reise 3000 Jahre zurück ... Und ich höre aus den mächtigen Türmen der Zitadelle die Soldaten warnen, höre die Frauen schreien und die Kinder kreischen, und von fern ist das Getrampel der Hufe und der unglaubliche Schall der Widderhörner zu vernehmen; ich sehe Josua durch das Tor reiten und den ersten Bewohner köpfen, und in meiner Vorstellung sieht er so aus wie der muskulöse Taxifahrer vor dem Tell es-Sultan ...

Dann sind Josuas Truppen 120 Kilometer nach Süden geritten und erreichten den nächsten legendären Ort. Er liegt auf einem Rundhügelplateau in der Jesreel-Ebene und ist eine der am meisten umkämpften Städte der Menschheitsgeschichte: Megiddo. Die Stadt war von der Steinzeit bis zur Zeit der Persern kontinuierlich besiedelt und ist für die Bibelarchäologie ein ideales Laboratorium. In Megiddo fanden große Schlachten des Altertums statt. Hier schlug Pharao Tutmoses III. 1468 vor Christus den Bund der kanaanitischen Könige; hier eroberte der Assyrer Tiglatpileser III. 734 vor Christus das Königreich Israel; hier kämpfte im Ersten Weltkrieg das britische Empire unter General Allenby gegen das Osmanische Reich. Und hier begann die Lehre der Erlösung, wonach die Mächte des Hellen gegen jene des Dunklen kämpften. Im Neuen Testament wird Megiddo zum Ort Harmagedon, an dem sich die

Könige der Erde zur endzeitlichen Schlacht des Guten gegen das Böse versammeln und der Herr, wie es der Autor der Offenbarung des Johannes im Neuen Testament schildert, die Erde wie noch nie erbeben lässt, sodass der Ort in drei zerbrach: *Und ich sah aus dem Rachen des Drachen und aus dem Rachen des Tieres und aus dem Munde des falschen Propheten drei unreine Geister kommen, gleich Fröschen; es sind Geister von Teufeln, die tun Zeichen und gehen aus zu den Königen der ganzen Welt, sie zu versammeln zum Kampf am großen Tag Gottes, des Allmächtigen. Siehe, ich komme wie ein Dieb. Selig ist, der da wacht und seine Kleider bewahrt, damit er nicht nackt gehe und man seine Blöße sehe. Und er versammelte sie an einem Ort, der heißt auf Hebräisch Harmagedon.*

Der amerikanische Präsident Ronald Reagan nutzt 1983 den religiös aufgeladenen Stadtnamen «Armageddon» schließlich, um zwischen dem Reich des guten Westens und dem der bösen Sowjetunion zu scheiden, und 1998 greift letztlich auch Hollywood den Mythos auf und lässt den Actionhelden Bruce Willis gegen den anstehenden Weltuntergang die Schlacht um «Armageddon» schlagen, obwohl es dem amerikanischen Helden gleich um die Rettung der Welt im Kampf gegen einen Kometen geht.

## Weltgeschichte in Megiddo

Entscheidend aber ist das Jahr 609 vor Christus, als es in Megiddo zu einem weltgeschichtlich bedeutsamen Aufeinandertreffen kommt. Zu dieser Zeit kämpft der ägyptische Pharao Necho im Verbund mit den angeschlagenen Assyrern gegen die wiedererstarkten Neubabylonier auf Kosten Judas um die Vorherrschaft in Kanaan. Als sich 20 Jahre zuvor die Assyrer aus dem Gebiet des ehemaligen Nordreichs zurückzogen und auch ihre Vorherrschaft über Juda aufgaben, gedieh in Jerusalem ein waghalsiger Plan: Gab es nicht urplötzlich und genau jetzt die Möglichkeit, die eigene Ideologie territorial zu verorten, heilsgeschichtlich zu verankern und politisch festzuschreiben? Konnte man das entstandene Machtvakuum nicht nutzen für die Vision einer nationalen Identität Israels? Nach dem Rückzug der Assyrer war die Gelegenheit gekommen, das Gebiet des alten Königreichs Israel zu erobern, und König Josia, der große, rechtschaffene, zum Messias stilisierte Hoffnungsträger der Zukunft Israels, Nachfolger Moses', Davids und Josuas, träumt davon, endlich alle Israeliten unter seiner Herrschaft zu einen und ein vereinigtes Königreich zu gründen. Er ist wie einst David der charismatische Heerführer, dem es gelingt, die divergierenden Stämme Israels und ihre Interessen in schwieriger Zeit zu einem politischen Bündnis zu vereinigen. Das einzige Hindernis, das seinem Traum von Großisrael noch im Wege steht, ist Ägypten.

Pharao Necho II. zieht bereits nordwärts. In Megiddo treffen die beiden Könige in einer legendären Minute aufeinander. Die Hintergründe dieser Begegnung sind bis heute ungeklärt, sicher ist nur: Necho oder einer seiner Männer attackiert Josia. «Führt mich fort, denn ich bin schwer verwundet!», befiehlt der König Judas seinen Männern. Sie heben ihn auf einen Wagen. Auf dem Weg nach Jerusalem stirbt der Messias. Eine Tragödie! Eine Katastrophe! In diesem Moment fallen Jahrzehnte der Hoffnung in sich zusammen. Erneut wird das Volk Israel von Ägypten versklavt.

Unmittelbar nach dem Mord aber entsteht die Verklärung, und es werden Legenden geboren, die von den Autoren des Alten Testaments aufgegriffen werden. Vor diesem Hintergrund gedeiht die Idee einer göttlichen Rettung. Bis heute wirkt sie fort im Glauben an das Jüngste Gericht. «Das Jahr 609 vor Christus ist meines Erachtens der Wendepunkt der westlichen Geschichte», meint Israel Finkelstein, der seit 1992 in Megiddo gräbt. 609 vor Christus – das ist das Datum, an dem Eschatologie und Messianismus, die Idee der göttlichen Erlösung, zur geistesgeschichtlichen Grundlage, zum theologischen Eckpfeiler sowohl für das Judentum als auch für das Christentum werden.

## Megiddo: heute ein friedlicher Ort

Palmwedel rascheln, Tauben gurren, Krähen ächzen. Von der A 6 dringt das Rauschen der Lastwagen herauf. Durch nichts gehindert schweift der Blick über die südliche und östliche Ebene und endet im Norden und Westen an dichtbewaldeten Bergen. Weit und breit ist kein Dorf zu sehen, hier und dort stehen ein paar Treibhäuser. Megiddo ist ein Ort stiller Wucht, eine Anrufung der Geschichte, eine Mythenschmiede von Macht, Poesie und Blut. Zum größten Teil ist der Hügel mit Lehm, störrischem Gras und sonnenverbrannten Gräsern bedeckt. In der «Heiligen Zone» des Grabungsgeländes von Megiddo sehe ich die Reste assyrischer Paläste, die Grundsteine von fünf übereinandergebauten kanaanitischen Tempeln, in den tief einschneidenden Grabungsschnitten die Schichten von 30 Siedlungen, die Fundamente des sieben Meter tiefen Getreidesilos und daneben, in drei Sektionen mit je zwei Reihen Säulen, die fünf einzigartigen Pferdeställe von König Salomon, in denen angeblich 150 Pferde für die Streitwagen untergebracht oder einfach nur Waren gelagert waren. Megiddo war im 8. Jahrhundert vor Christus eine wohlhabende Stadt, das Zentrum der Pferdezucht und des Reittrainings im Nordreich Israel; assyrische Aufzeichnungen aus dieser Zeit preisen die Streitwagenkunst Israels.

Auf den Steinen ruhen breitbeinige Echsen, deren Oberkörper sich rasch auf und ab bewegen, als verrichteten sie Liegestützen. Der runde, aus mehreren Steinschichten bestehende Altar war von der frühen Bronze- durch die Eisenzeit hindurch zwei Jahrtausende lang das Zentrum kultischer Verehrung, vergleichbar der Ka'aba in Mekka, ehe die Israeliten kamen und ihren Gott in kleinen Räumen anbeteten. Sieben Stufen führen auf den Rundaltar. Tausende Knochen geopferter Tiere wurden hier gefunden, und noch immer stecken welche im vertrockneten Lehm. In die Stille fällt, von fern herbeihallend, eine Art Kanonenschlag; Maschinengewehre spucken, und immer wieder jagt ein tieffliegender Düsenjet vorbei. Die Temperatur ist angenehm, der Boden seit jeher fruchtbar. Es wachsen Pinien und Pistazienbäume. Megiddo ist ein friedlicher, freundlicher, stets frischbelüfteter Ort. Nichts verführt den Besucher, hier an die Endzeit zu denken. Unten, im Restaurant am Fuß des Grabungshügels, findet an diesem Abend wieder eine Hochzeit statt. Eine Trauung in Armageddon – welch Omen für eine möglicherweise bevorstehende Schlacht.

Und wenn die Israeliten Kanaan gar nicht gewaltsam genommen haben? Posaunen gab es ohnehin nicht vor Jericho, weil Luther das Wort *Schofar* falsch übersetzte. Aber wenn auch die *Schofar*, die Pfeifen aus Widderhorn, niemals erschallten – wie kamen die Israeliten dann ins Land Kanaan? Wie die deutschen Bibelgelehrten Martin Noth und Albrecht Alt in den

1920er Jahren vertritt heute auch Neil Asher Silberman, Direktor des *Ename Center for Public Archaeology and Heritage Presentation* in Belgien, die in Israel wenig populäre Idee einer «friedlichen Infiltration». Die Besiedlung des Landes Kanaan durch die Israeliten sei das Ergebnis einer allmählichen Immigration aus dem Bergland östlich des Toten Meers in das Landesinnere. Silberman zufolge hat es soziale Unruhen im Land gegeben – nicht ausgelöst durch eine Auseinandersetzung zwischen neu ankommenden Nomaden und etablierten Siedlern, sondern zwischen der Landbevölkerung und den Feudalherrschern der Stadtstaaten. «Israelitische Hirten und kanaanitische Bauern waren Mitglieder derselben Gesellschaft.» Dieser Meinung ist auch Aren Maeir, orthodoxer Jude und Professor am Institut für Israel-Studien der Bar-Ilan-Universität, der, wie später zu sehen sein wird, nach Grabungen in Israels Kernland möglicherweise der historischen Existenz des göttlichen David einen aufsehenerregenden Schritt näher gekommen ist. «Wir kennen so viele Gemeinsamkeiten zwischen kanaanäischer und der frühen israelitischen Kultur», sagt Maeir, «dass völlig klar ist: Es gab einen starken Einfluss der Kanaanäer auf die Israeliten, und einige der ersten Israeliten waren sicherlich ehemalige Kanaanäer.» Aus archäologischer Sicht waren 95 Prozent der Bevölkerung Kanaans ständig gleich. Wenn eine Gruppe Hebräer aus Ägypten eingewandert ist, dann war sie jedenfalls sehr klein. Demnach ist sehr wahrscheinlich, dass sich die verschiedenen protoisraelitischen Gruppen über 100 bis 250 Jahre hinweg in Stämme und Königreiche aufgespalten haben – allerdings in einem sehr viel komplizierteren sozialökonomischen Prozess, als es der etwas simplen Lesart von der Landnahme zu entnehmen ist.

Auch wenn es für die große, im Buch Josua beschriebene

Eroberung nach wie vor keinen tragfähigen Beweis gibt und die legendäre Landnahme vermutlich nichts weiter als ein Volksaufstand, eine Rebellion der hebräischen und kanaanitischen Volksstämme gegen ihre Regierenden war, so versetzte der neue Glaube der Israeliten an den *einen Gott* insofern Berge, als er die Macht der irdischen Könige aushöhlte und Herrschaft von Heil trennte. Diese Lesart der Geschichte Israels als sozialpolitische Revolution passt bestens zum archäologischen Befund, dass Jericho zur Zeit der vermeintlichen Schlacht gar nicht existiert hatte. Alttestamentler Klaus Bieberstein zufolge ist der Mythos der Schlacht um Jericho weder historische Überlieferung noch Ätiologie noch Liturgie, sondern eine «rein fiktionale literarische Erzählbildung» des 7. Jahrhunderts vor Christus. Für gottgläubige Bibelarchäologen ist diese Sicht der Dinge ebenso eine Zumutung wie für Zionisten. Würde nun anhand der Grabungen in Jericho, Hazor und Megiddo der Nachweis erbracht, die Bibel irrte – womit ließe sich dann der Anspruch Israels auf das «verheißene Land» westlich des Jordans überhaupt begründen?

Wahrscheinlich fiel Jericho durch ein Erdbeben. Viele der alten Steine weisen die für Erschütterungen der Erde charakteristischen Risse auf. Es könnte dasselbe Beben gewesen sein, das nach Meinung der Geologen David Neev und Kenneth O. Emery um 4350 vor Christus auch Sodom und Gomorrha zerstörte, die am anderen, dem südlichen Ende des Toten Meers in derselben seismisch aktiven Zone des Great River Valleys zwischen der arabischen und der afrikanischen Platte lagen. Oder es war noch anders und die mündliche Überlieferung transferierte über die Jahrhunderte hinweg die sagenhafte Zerstörung der Städte Sodom und Gomorrha nach Jericho, um den Mythos der göttlich gelenkten Eroberung des Landes,

der für die Geschichte des Judentums von so entscheidender Wichtigkeit ist, durch den Fall der Stadt der Superlative
glaubwürdig zu intonieren.

### Jericho heute: von der Welt vergessen

Um das real existierende Jericho ist es still geworden. Die zwölf
Restaurants an der früher stets mit Volk gefüllten Hauptstraße
nach Norden stehen leer. An den Seiten wachsen Beduinen-
camps, die Häuser sind flach, die Straßen sandig. Es staubt.
Auf der neuen Straße steht einsam ein Kamel auf einem kürzlich geteerten Platz, angebunden, irgendwie heiter, mit Papier-
blumen geschmückt und, soweit zu beurteilen, den ganzen Tag
den Kiefer freudig malmend. Der taxifahrende Arzt vor dem
Tell es-Sultan leidet am Niedergang seiner Stadt wie am Niedergang seines Volks. Später wird klar, dass er an der Korrupt-
heit seiner Regierung leidet. Die, so sagt er hinter gar nicht
vorgehaltener Hand, habe der Security Academy der palästinensischen Verwaltung am Ortsende von Jericho, neben der
Ruine des weltberühmten Palasts von Omajadenherrscher His-
ham Ibn Abd, einen gigantischen Neubau geschenkt, tue aber
nichts für die Menschen, für die Bananen- und Orangenfarmer,
Ärzte, Lehrer und, wie man annehmen darf, für die Taxifahrer.
Nach den Friedensverhandlungen von Oslo 1993, als in Jericho
die Hoffnungen so fruchtbar waren wie das Land, seien Jerichos Straßen derart voller Menschen gewesen, dass kein Auto
dazwischen passte. Dann kam im Jahr 2000 die zweite Intifada,
und es kamen die Blockaden durch das israelische Militär, und
danach herrschte in der Hitze der Wüste wieder Eiszeit zwischen Israelis und Palästinensern. Das hoffnungsvoll eröffnete

Casino musste schließen, und ins gerade eingeweihte Hotel Intercontinental kam niemand mehr.

Heute ist Jericho von der Welt vergessen, von der Geschichte verraten, aufgerieben in den Mühlen politischer Exzesse. 70 Prozent der Menschen haben keine Arbeit, die Krankenhäuser schließen, weil die Ärzte kein Salär bekommen, selbst die viel zu vielen Polizisten, sagen die Leute im Teehaus, hätten seit drei Monaten kein Geld erhalten. «Seit Arafat tot ist, ist Palästina tot», wiederholt einer der Wortführer, und dann fällt der unerwartete Satz: «Zu Zeiten israelischer Besatzung funktionierte hier noch alles.» Die anderen nicken, seltsam stumm.

Wir machen keine weiteren Worte, sitzen schweigend nebeneinander und rauchen Wasserpfeife und sehen den Buben auf ihren Mountainbikes zu. Der süße Duft von Jasmin schwebt herbei, während Polizisten auf dem Teppich knien und sich gen Mekka verneigen. Wir hören die Hammerschläge an der neuen großen Moschee. Jeder Schlag ist ein kleiner Aufbruch. Jeder Schlag ist eine kleine Hoffnung. Für große Träume hat Jericho die Kraft nicht mehr. Jeder weiß das. Jeder spürt das. Täglich verliert die Stadt ihre Schlacht gegen den eigenen Mythos.

# David gegen Goliath

Vor 3000 Jahren stehen sich, vermutlich unter blauem Himmel, im Terebinthental zwei ungleiche Männer gegenüber. Der eine ist jugendlich und klein; der andere ein ausgewachsener Krieger, größer als alle anderen. Der Kleine misst 1 Meter 50, der Große 2 Meter 36. Der Kleine ist gekleidet wie ein Schafhirte und trägt nichts weiter als eine Hängetasche. Der Große hat auf dem Kopf einen Helm aus Bronze, am Körper einen bronzenen Schuppenpanzer, an den Beinen bronzene Schienen; zwischen den Schultern hängt ein bronzenes Sichelschwert, und sein Speer gleicht einem Weberbaum.

Da geschieht das Unfassbare.

Der Kleine stürmt auf den Großen zu, kramt aus seiner Hirtentasche einen Stein, schleudert ihn ab und trifft den Riesen am Kopf. Der Stein dringt in die Stirn, der Riese, ein Philister, fällt mit dem Gesicht zu Boden. Der Kleine, ein Judäer, geht zum Riesen und zieht das Schwert aus der Scheide und schlägt dem Gestürzten den Kopf ab, und dann erfüllt Kriegsgeschrei das Terebinthental, und bald liegen von Schaarajim bis Gath die erschlagenen Philister am Weg. Israel hat gesiegt. Israel ist gerettet.

So könnte man sich über Jahrhunderte hinweg die Geschichte des Kampfes eines gewissen Elhanan aus Bethlehem gegen einen gewissen Goliath erzählt haben, ehe sie in den zwei Büchern Samuel ins Alte Testament aufgenommen wurde, mit widersprüchlichen Angaben im Übrigen, weil sich die Autoren nicht darauf einigen konnten, ob es sich beim Krieger Elhanan um den Sohn des Jair oder jenen des Dodo handelte. In jedem Fall ist es die Geschichte eines großen Sieges der Kinder Israels gegen die militärisch vorbildlich organisierten Kampftruppen der Philister. Die Geschichte einer wundersamen Volte des Schicksals, mehr noch: die Geschichte göttlicher Aufsicht.

Immer wieder war das Heer der Philister gegen das von Israel und das Heer Israels gegen das der Philister gezogen, 1000 Mann die Philister, ein paar hundert Mann die Israeliten, die aus den Bergnestern Samarias und Judäas herabgekommen waren. Mal waren die beiden Völker Freunde, mal Erzfeinde, dann kämpften sie um Städte und Dörfer und um die Vorherrschaft in der fruchtbaren Ebene. Als es den Philistern schließlich gelang, den Israeliten die heilige Bundeslade zu entreißen, rief der kriegslüsterne König Saul, der zuvor den Vogt der Philister erschlagen hatte, seine Truppen zusammen und marschierte, für die entscheidende Schlacht, gegen Gath.

Dass ein judäischer Schafhirtenjunge den philistäischen Riesen mit einer Steinschleuder besiegt, kann und soll, geht es nach dem Alten Testament, mit Fug und Recht als Zeichen der Intervention Gottes gedeutet werden. Was die nicht unerhebliche Frage betrifft, wer denn nun gegen Goliath in den Ring gestiegen ist, ist aber die Bibel wiederum ungenau: An einer Stelle lobt sie dafür David, an anderer Stelle heißt es, Elhanan sei es gewesen, der Goliath getötet habe. Der erste Rückschluss wäre, Elhanan als Synonym für David zu nehmen. Der zweite, dass es noch einen anderen Kämpfer gegen Goliath gab. Der dritte, dass das Duell die Geschichte des großen Kampfes eines Fremden war, die sich David angeeignet hat oder ihm, vierter

Schluss, von bestimmten Leuten mit eindeutiger Motivation zugeschrieben wurde. Sollte Elhanan nur ein kleiner, unbedeutender, heldenhaft mutiger Krieger gewesen und der Sieg dem großen David zugeschrieben worden sein, dann hätte sich der größte aller israelitischen Könige durchaus mit fremden Federn geschmückt.

Vielleicht hieß der Held der Judäer tatsächlich Elhanan und gehörte zu den Leuten in Davids Umkreis, vielleicht hieß er an diesem Lagerfeuer so und an jenem wieder anders. Jedenfalls verschmolzen alle möglichen Helden aller erzählten Geschichten vom legendären Sieg im Terebinthental in einem Namen: David.

Wenn David als Person überhaupt existierte. Gemessen an den biblischen und außerbiblischen Referenzen gibt es bis heute keinen überzeugenden Beweis für seine Existenz. David wird nur einmal indirekt auf der sogenannten «Tell-Dan-Stele» erwähnt, einem steinernen Dokument, das vor kurzem auf dem Grabungshügel der Eisenzeitstadt Dan im Norden Israels gefunden wurde. Auf ihr wird stolz vermerkt, wie Hazael von Damaskus, König der Aramäer, im späten 9. Jahrhundert vor Christus die Könige von Juda tötete, die Stadt Gath eroberte und die israelitischen Gebiete östlich des Jordans besetzte. Für den Kriegsherrn aus Damaskus entstammten Judas Könige allesamt dem «Haus David» – Hazael wusste also, dass der Begründer der Dynastie Israel ein David war. Aber war es *der* David? Womöglich war er, wie Moses oder viel später König Artus, nur eine vielfach ausgeschmückte, in superlativische Höhen geschriebene, fiktive Symbolfigur, über die sich bestens die frohe, moralische und politische Botschaft transportieren ließ.

Gab es dann wenigstens den Goliath? Dessen Name ist bis

heute eine Metapher für das Unüberwindliche, das, so nahm man in der Antike an, ausschließlich von der stärksten aller Mächte zu Fall gebracht werden konnte: von Gott selbst. Aber war der Riese Goliath ein realer Mensch? Nie konnte jemand auch nur irgendeinen Beweis seiner Existenz beibringen.

Bis vor drei Jahren, als israelische und deutsche Archäologen in der ehemaligen Philisterhauptstadt Gath eine sensationelle Entdeckung machten.

## Auf einer Scherbe: der Name «Goliath»

Im August 2005 arbeiten wie gewöhnlich rund 50 Studenten des Martin (Szusz) Department of Land and Israel Studies and Archaeology der Bar-Ilan-Universität von Ramat Gan bei Tel Aviv in einem der sieben Schnitte auf dem Grabungshügel Tell es-Safi. Sie heben die dunkle Erde im Innenhof eines Wohnhauses aus und legen Scherben frei, die sie später in normalem Wasser waschen. Es ist das neunte Grabungsjahr seit Beginn des «Philisterprojekts», da entdeckt eine Studentin auf einer der unscheinbaren, kleinen, verdreckten Scherben einen eingeritzten Schriftzug. Sie bürstet die Scherbe, legt sie vor, und mit geübtem Blick erkennt Aren Maeir, der Grabungsleiter, an den Streifen auf der einst mit einem Stein beriebenen Oberfläche, dass dieses Stück Keramik aus dem 10. Jahrhundert vor Christus stammt. Maeirs Assistenten beginnen, die sieben Buchstaben des Schriftzugs zu identifizieren.

Durch einen Schrägstrich getrennt, sind darauf zwei Namen augenscheinlich nichtsemitischer Herkunft zu lesen: *ALWT* und *WLT*. Sollte dies, da in semitischen Alphabetschriften nur Konsonanten, keine Vokale geschrieben werden, «Alwat» und «Walat» bedeuten? Das Hebräische ist zwar ein kanaanäischer, also semitischer Dialekt, doch das Entzifferte ergibt keinen Sinn. Maeir weiß, dass im 10. Jahrhundert in Gath die Philister lebten, also schließt er: Die Namen entstammen der Philistersprache in protokanaanäischer Alphabetschrift. Doch die Philistersprache ist unbekannt. Sprach das Seevolk altgriechisch? Semitisch jedenfalls nicht. Unter den sprachwissenschaftlichen Begriff «Semitisch» fallen beispielsweise Hebräisch, Arabisch, Amharisch, Aramäisch, Assyrisch und Phönizisch. Mittlerweile weiß man, dass um 1200 vor Christus in mykenischen Urkunden aus Kreta – beispielsweise in Wirtschaftstexten auf Tontafeln, in der Warenregistratur oder Lohnabrechnung – die Silbenschrift Linear B verwandt wurde, deren einzelne Zeichen stellvertretend für Lautkombinationen stehen. In mykenischen Texten waren die Namen Alwat und Walat schon einmal aufgetaucht, und beim griechischen Geschichtsschreiber Herodot wird ein «Alyattes» erwähnt, der um 600 v. Chr. König der Lyder in Kleinasien und der Vater des Königs Krösus war. Könnte Alwat demnach nicht eine Variation von Alyatt sein? Und lässt Alyatth nicht auf Goliath schließen? Wie aber kommt dann das «G» hinein?

Der Münchner Alttestamentler und Ägyptologe Manfred Görg schlägt vor, den Namen Goliath aus dem Ägyptischen abzuleiten. Es ist bekannt, dass die Philister eng mit der ägyptischen Kultur verflochten waren und zudem ägyptisches Vokabular ins Bibelhebräisch eingeflossen ist. Ausgegrabene Skarabäen und Amulette verweisen auf den großen Einfluss der ägyptischen Religion in der Region Kanaan. Aus dem Ägyptischen hergeleitet würde Goliath übersetzt «der Starke» oder «der Vorkämpfer» bedeuten. Will der Bibelautor nicht genau das sagen? Will er den Goliath nicht überdimensional überhöhen, damit dessen Fall umso tiefer ist?

Maeir ist überzeugt, dass die gefundene Scherbe die philistinische Originalversion des hebräischen Namens Goliath in indoeuropäischer Sprache zeigt. Um ins Detail seines unerhörten Fundes zu gehen, treffen wir uns im Westjerusalemer Stadtteil Bakka im beliebtesten Barbistro der Stadt, dem vegetarischen *Café Hillel*. Am Eingang zur stark befahrenen Hillel-Straße inspiziert ein Sicherheitspolizist jede Tasche und jeden Rucksack, und das mit gutem Grund: Vor sechs Jahren explodierte in ebenjenem Café die Bombe eines palästinensischen Selbstmordattentäters und tötete sieben und verwundete fünfzig Israelis. Abgeschottet in einer Laube, auf dem Tisch Salat und Cappuccino, erzählt Maeir von den Schlussfolgerungen, die seines Erachtens aus der Entzifferung der Scherbe zu ziehen sind.

«Ist Goliath tatsächlich deckungsgleich mit Alyattes?»

«Ja. Das heißt aber nicht, dass wir einen Text gefunden haben, der *den* Riesen Goliath erwähnt.»

«Aber es ist immerhin ein Hinweis, dass das Duell wirklich stattgefunden haben könnte.»

«Der Fund zeigt nur, dass die überlieferten Geschichten von den Philistern authentisch sind, und die Scherbe kann theoretisch und chronologisch betrachtet auch 50 Jahre nach dem Zeitpunkt der Schlacht dort platziert worden sein.»

Was Maeir und sein Team in jedem Fall zutage förderten, ist der einzige je gefundene mögliche Hinweis auf den Goliath. Das kommt einer mittleren Sensation gleich, weil die Schreibkultur zu Zeiten der Hebräer um 1000 vor Christus noch sehr unterentwickelt war und daher kaum Inschriften existieren. Eines ist seit dem Fund der Scherbe vor zwei Jahren denkbar und sogar wahrscheinlich geworden: Eine Person «Goliath» ist nicht erfunden, auch wenn der Name zur damaligen Zeit sehr populär gewesen ist.

Wenn Goliath aber Tatsache war, dann waren es vielleicht auch die Schlacht und das Duell. Sie könnten den historisch wahren Kern eines Ereignisses bilden, welches die Bibelautoren wie üblich ausschmückten, übertrieben, poetisierten. Nie zuvor ist man der möglichen Historizität der Figur Davids näher gekommen als durch den Fund der Scherbe mit der eingeritzten Signatur ALWT / WLT. Radio Vatikan vermeldete den unerhörten Fund prompt und frohlockend, und sogar der damalige israelische Staatspräsident Moshe Katzav stattete dem Tell es-Safi einen Besuch ab.

«Ich bin überzeugt davon», sagt Maeir, als wir das Café Hillel verlassen, «dass die wunderschön erzählte Geschichte von David gegen Goliath auf einem realen Ereignis basiert, was nicht heißt, dass sie sich genau so wie in der Bibel beschrieben zugetragen hat. Aber es gab unbestreitbar die ständigen Konfrontationen zwischen Israeliten und Philistern im 10. Jahrhundert vor Christus in jenem Gebiet, wo die Schlacht in der frühen Eisenzeit stattgefunden haben soll.» Und dann kommt, abgeschossen von einer kleinen verbalen Steinschleuder, eine Spitze gegen die Minimalisten: Nachdem die philistäischen Städte 604 vor Christus zerstört worden waren, sagt Maeir, habe es die Philister als ethnische Gruppe nicht mehr gegeben. Die Verbliebenen wurden ebenso wie die Israeliten ins Exil nach Babylonien verschleppt, und nach 604 vor Christus gibt es keinerlei Hinweis auf die Philister mehr. Wenn die Bibel also, wie die Vertreter der Kopenhagener Schule behaupten, allein in der hellenistischen Periode des 3. Jahrhunderts kreiert worden wäre und dennoch den Erzfeind der Israeliten darstellen sollte – hätte man dann ein Volk gewählt, das gar nicht mehr existierte?

## Die Identität Israels und die Figur David

David, aus dem Hebräischen übersetzt «der Geliebte» oder «Liebling Gottes», ist der größte Held der israelischen Geschichte: ein Hirtenjunge, der König wird – kampfesmutig, musisch, stark. David steht als Symbol für die jüdische Identität und die Nation Israel. Er war der Prophet und Auserwählte Gottes. Jesus, insinuiert später der Evangelist Matthäus, soll dem Geschlecht Davids entstammen, exakt ein Millennium später und ebenso wie David in Bethlehem geboren. Michelangelo hat den einstigen Hirtenjungen im Jahr 1504 zur athletisch perfekten Ikone stilisiert, die noch heutzutage als männliches Schönheitsideal gelten könnte. David wurde zum Stoff für Caravaggios berühmtes Gemälde aus dem Jahr 1606 und über die Jahrhunderte hinweg zum Objekt für Plastiken der Renaissance und zum Helden in Spielfilmen, Erzählungen, Opern und Musicals des 20. Jahrhunderts. Das bedeutendste Hotel Jerusalems ist nach ihm benannt: «King-David-Hotel», dort steigen Israels Staatsgäste ab. Seit 1948 ist der Davidstern Nationalflagge des neuen Staates Israel. Von den Nazis zur Stigmatisierung missbraucht, wurde das Hexagramm im frühen Mittelalter als Talisman zur Abwehr von Dämonen und im 16. Jahrhundert in Prag zum ersten Mal zum Symbol jüdischer Identität genutzt. Der Davidstern symbolisiert die enge Beziehung zwischen Mensch und Gott, seine zwölf Ecken stellen die zwölf Stämme Israels dar.

Die Bibel erwähnt David über tausendmal, so oft wie nur Abraham und Moses. Angeblich war er Leierspieler bei Saul und soll diesem dauerhaft depressiv veranlagten König eine Art Musiktherapie verabreicht haben. Aber war Saul tatsächlich der Seelendunkle und David der Helle, Sprühende? In jüngerer Zeit gibt es vermehrt Versuche von Theologen und Historikern, die herrschende Charakteristik von Saul und David umzudeuten und in David die dunkle Seele zu erkennen. Dieser Lesart zufolge werden die Benjaminiten, deren Oberhaupt König Saul war, als die Guten und die Judäer unter David dagegen als die Bösen betrachtet.

Die Bibelautoren hingegen nehmen eindeutig eine prodavidische Position ein. Könnte deshalb der Beginn der Monarchie insofern verfälscht dargestellt worden sein, dass die Benjaminiten gegen die Judäer den Kürzeren zogen, als es um die Kontrolle und Herrschaft innerhalb des Clansystems im zentralen Bergland ging? Als sich die Judäer schließlich durchsetzten, brachten sie ihre Vorstellungen und Weltanschauungen, ihre Hoffnungen und Sehnsüchte mit, und sie schafften es, dieselben als national gültige festzuschreiben. Es gelang ihnen erstens, das Narrativ zu bestimmen und in David den guten König zu sehen, der von den Sauliden bis ins südliche Juda verfolgt wird. Und es gelang ihnen zweitens, Saul als einen an den Philistern gescheiterten, von Gott ignorierten Zauderer darzustellen. Mit David avancierte auch dessen persönlicher Gott Jahwe, der im Jordanland als regionaler Stammesgott verehrt wurde, zum Nationalgott der Israeliten, zuständig für außenpolitische Angelegenheiten, für Kriege und den Erhalt des Königshauses.

Mit der Errichtung der davidischen Dynastie in Jerusalem erhält die offizielle Geschichtsschreibung Israels eine stark projudaische Note. Diese Deutung eines Heldenverrats heißt im Umkehrschluss: Hätten die Benjaminiten unter Saul im alltäglichen Machtkampf der Clans die Oberhand behalten, gäbe es womöglich eine völlig anders lautende Bibel, mit anderen Geschichten, anderen Legenden, anderen Mythen und einem anderen Gott als den, an den Juden und Christen bis heute glauben.

Ob das wirklich stimmt, weiß niemand. Jedenfalls wird David, als König Saul und dessen Sohn Jonathan im Kampf gegen die Philister fallen, in der Stadt Hebron zum König von Juda gekrönt und somit zum «Messias», zum «Gesalbten». Er erobert die Bundeslade, bringt sie nach Jerusalem, das er zur Hauptstadt des Südkönigreichs Juda macht, und benennt sie nach sich: «Davidstadt». Heute ist diese «City of David», südlich des Tempelberges gelegen, archäologisches Grabungsgebiet und Nationalpark. Auf das Reich Davids in seinen biblischen Grenzen berufen sich Teile der jüdischen Siedler und stellen seit Jahren ein großes Hindernis für die Verständigung Israels mit den Palästinensern dar. König Davids Herrschaftsbereich, bezeugt ausschließlich durch biblische Berichte, erstreckte sich bis ins heutige Syrien und in den heutigen Libanon. Seine Machtfülle war umfassend, sein politischer Einfluss unwiderstehlich.

Oder vielleicht doch nicht?

Für die Existenz des davidianischen Großreichs gibt es bis heute keine archäologischen Beweise. War David, wie ägyptische und assyrische Urkunden nahelegen, vielleicht nicht mehr als ein aggressiv agierender Provinzfürst? Der Mainzer Bibelarchäologe Wolfgang Zwickel charakterisiert David als strategisch höchst geschickten Stammesfürsten, charismatisch und gefährlich, in modernen Zeiten vergleichbar etwa mit dem Jugoslawen Tito. David könnte demnach ein mitreißender Beduinenchef, der Führer einer Söldnertruppe gewesen sein, der die Menschen für sich begeisterte und als eine Art Robin Hood für denjenigen kämpfte, der besser zahlte. Oder der große Held war statt eines übermenschlich ausstaffierten Staatsmannes lediglich ein raffiniert taktierender Viehhirte, der in einer Zeit, da man Städte mit 50, 60 Kriegern einnehmen konnte, eine «Privatarmee» von 400 Männern um sich geschart und das Land Kanaan aufgemischt hat. Als Führer von wem auch immer muss er jedenfalls große Autorität gehabt haben. Wenn stimmt, was die Bibel berichtet, war der Auserwählte blond und von edler Gestalt, hatte schöne Augen, spielte Zither und war der Liebling aller Töchter. Seinem ebenso attraktiven Vorgänger König Saul war er in allen Belangen überlegen, sodass Saul ihn töten wollte und verfolgen ließ. Legende geworden ist der biblische Ruf der Frauen: *Saul hat tausend erschlagen, David aber zehntausend.*

In der Person Davids kehrt sich der Errettungsmythos zum Heldenmythos um. Zu seiner Zeit um 1000 vor Christus gab es keinen festgefügten Staat, sondern labile, ständig wechselnde Koalitionen und dauernd sich verschiebende Gewichte. Bis zu dem Moment, da David die Bühne der Weltgeschichte betritt, haben laut biblischer Erzählung die Philister die Oberhand über die Israeliten. Jetzt ändert sich das. Etwas Neues, etwas Großes bricht an.

## Im Zentrum des Philisterlandes

An der Bundesstraße 383 von Jerusalem Richtung Gaza liegen gepflegte Weinreben und Getreidefelder. Eine Stunde Fahrt südwestwärts, und das Land mutet toskanisch an, sanft gewellt. Die Hügel sind üppig bestraucht, und immer wieder tauchen unerwartet Waldinseln auf. Wir biegen dreimal rechts ab, fahren durch den «Bulgaria Forest» mit hoher Nadelbaumdichte, passieren ein Stromkraftwerk, biegen auf einen schmalen Forstweg ein und kommen an einem wolkenlosen Novembertag morgens um 8 Uhr bei 22,5 Grad vor dem Tell es-Safi an. Ein Hirtenjunge in Plastiksandalen peitscht seine aufgebracht blökenden Schafe und klatscht meckernden Ziegen den Po. Ohne Unterlass surren und knistern die Kabel zwischen wuchtigen Leitungsmasten, und aus dem Nichts ersteht ein Hügel auf, größer als alle anderen in der Gegend. Drei alte Terebinthen duften nach würzigem Harz und werfen bald erste Schatten.

Der Weg – querfeldein, den steil aufragenden Hügel hinauf – führt durch Distelgestrüpp, an drei Höhlen in einer ansonsten glatten, beinahe weißen Kalksteinsteinwand vorbei, in denen Legionen von der Sonne gerösteter Ziegenködel und zwei Hüftknochenskelette liegen. Oben sind sieben tief ausgehobene Schnitte in Quadratform und unverkennbar städtische Strukturen zu erkennen, Reste eines Tors, einer Stadtmauer, eines Turms. Wenn es eine strategisch günstige Lage für eine Hauptstadt gegeben hat, dann hier. Hier war das biblische Gath, die Kapitale der Philister, die größte Stadt der philistinischen Pentapolis, größer als Megiddo, größer als Hazor, größer als Ekron, eine der wichtigsten Städte der damaligen Welt im ersten vorchristlichen Jahrtausend, der frühen Eisenzeit, als die Bibel Aufstieg und Herrschaft Königs David ansetzt. Hier kreuzten sich die Nord-Süd- und die Ost-West-Route Kanaans. Vielleicht 30 000 Einwohner lebten in der Stadt, die keine Stadt im heutigen Verständnis war. Dieser Tage würde man Gath ein großes Dorf nennen. Der heutige Begriff *Stadt* setzt eine differenzierte Gesellschaft mit Funktionen und Institutionen voraus, die es zur damaligen Zeit nicht gegeben hat. Die Häuser waren gleichförmig und flach, und die Gesellschaft hatte ein egalitäres Selbstverständnis.

Plötzlich fliegen aus den Kiefern, Pinien oder Eichen des Tell es-Safi ein paar Tauben auf, und kleine, weiße Schmetterlinge sitzen auf prächtigen Steinquadern, hinter denen sandfarbene Grashüpfer kauern. Hier irgendwo im von Stahldraht umzäunten Gelände war über Jahrtausende die sagenhafte Keramikscherbe mit dem Schriftzug ‹Goliat› vergraben. Allerorten kriechen, wuseln und sausen Insekten, Herden termitenartiger Ameisen mit rotem Körper und schwarzgepunktetem Hinterleib. Im südlichen Horizont: Gaza. Im Westen: die Silhouette von Ashkelon, dahinter das Mittelmeer.

Hier ist Philisterland. Palästina ist Philisterland. Das Wort *Palästina* stammt vom Begriff «Filistin» ab, «Land der Philister». Erst in römischer Zeit wurde Filistin zur Provinz *Palästina*. Die heutigen Palästinenser führen ihre Existenz zurück auf die antiken Philister, die, ein Seevolk, mit großer Wahrscheinlichkeit aus dem ägäischen Raum, aus Nordgriechenland, Türkei und dem albanischen Balkan stammten, um 1176 vor Christus über Kreta nach Südosten reisten und etwa zur gleichen Zeit wie die Israeliten in Kanaan auftraten. Sie nahmen Städte, vernichteten Dörfer, töteten die Bewohner und siedelten sich im Küstengebiet an, vom heutigen Tel Aviv bis dorthin, wo jetzt der Gazastreifen verläuft. *Dass* es die Philister gab, ist unbestritten; mykenische und zyprische Keramik beweisen ihre Existenz. *Wer* genau sie waren, ist noch immer nicht abschließend geklärt.

Nach allem, was ich von Seiten der Wissenschaft über David, die Israeliten, Goliath, die Philister und ihre kulturellen Unterschiede zu hören bekommen hatte, war mir allerdings klar, dass sich die Geschichte gerade umgekehrt zu ihrer Schilderung in der Bibel verhalten müsse. Werden die Philister dort als eine Art Spießbürger geschildert, bequem und plump, gelegentlich barbarisch, so waren sie tatsächlich Weltbürger, die an der Küste von Gaza saßen und Handel mit aller Welt trieben. Sie beförderten den Schiffsverkehr und hatten herrliche Dekorationen auf den Produkten ihrer Keramik. Man beschrieb sie als architektonisch entwickelt, technologisch fortgeschritten und der Verhüttung von Eisen fähig. Wurden die ersten Israeliten dagegen als furchtlose Kämpfer vorgestellt, gut bewaffnet und strategisch klug, so waren sie in Wirklichkeit einfach, bäuerlich, mit Stöcken, Knüppeln und Messern kämpfend, Hinterwäldler, die allenfalls primitive Keramik produzierten und in etwa 100 Dörfern im judäischen Bergland lebten, deren Verbund sie «Israel» nannten.

## Goliath: eine literarische Phantasiegestalt

Die biblische Schilderung des Goliath lässt reizvolle Rückschlüsse auf die Zeit zu, in der die Legende des Duells in Jerusalem zu Papier gebracht wurde. Der Riese trägt alles, was es an Rüstungssystemen der Antike gegeben hat: griechische Beinschienen, assyrischen Helm, ägyptischen Brustpanzer. Aber stimmt das mit den Moden der Zeit überein? Metallhelme hatten nur die Assyrer, Beinschienen nur die Griechen. Die Philister trugen kurze Röcke und hatten auf den Köpfen Federkronen. Die geschilderte Erscheinung des biblischen Goliath widerspricht alldem. Historikern wie Israel Finkelstein, der an der vermeintlichen Größe Davids erhebliche Zweifel anmeldet, ist klar, dass das Vorbild für Goliath ein *Hoplit* war – ein mit großem Rundschild ausgerüsteter, schwerbewaffneter Soldat der altgriechischen Fußtruppe. Vor dem 7. Jahrhundert vor Christus aber hat es aller Wahrscheinlichkeit nach noch keine solche Hopliten gegeben, keinesfalls aber um 1000 vor Christus, als David in die Schlacht gezogen sein soll. Wer den Goliath in einer Kleidung des 7. Jahrhunderts beschreibt, gibt zu erkennen, dass er einen Hopliten gesehen haben muss. Nachweislich haben Hopliten in der ägyptischen Seth-Dynastie gedient. «Der Hoplit», sagt Finkelstein, «ist ein Symbol des Griechischen, und die Autoren der Texte sahen in den Philistern die Abkömmlinge der Griechen.» Ob und wie Goliath der biblischen Schilderung nach ausgesehen hat, ist eine ideologische Gretchenfrage, auf deren Schlachtfeld sich Irrtum oder Redlichkeit der Bibel bestens exerzieren lässt. Die Art und Weise der im Duell geschilderten Konfrontation sowie Goliaths Ausrüstung, widerspricht Aren Maeir, passen nicht in das Bild der Ausrüstung von später auftauchenden Hopliten. «Im Gegensatz zu Finkelstein glaube ich nicht, dass der geschilderte Goliath einen Hopliten darstellt. Es wird durch ihn ein Krieger aus einer früheren Zeit beschrieben.»

Was ist wahr, was Interpretation?

Die Beschreibung des Goliath als Hopliten jedenfalls erfüllt ihren Zweck treffend: Die Fabel vom kleinen, schwachen David gegen den großen, martialischen Goliath ist in ihrer ganzen geistigen Anlage ein typisches Beispiel für den messianischen Eifer des Buches Deuteronomium, dessen Pathos wie eine Beschwörung klingt, nach Art des Satzes: *Ich komme zu euch im Namen des Herrn über Israel, ich komme nicht mit Soldaten, ich komme mit der Kraft und Macht des Herrn...*

Goliath könnte also nichts weiter sein als eine stilisierte Phantasiegestalt, ein universeller Krieger, der alle vom 8. bis zum 2. Jahrhundert vor Christus zeitgenössischen Fremdmächte ästhetisch symbolisiert. Allein am Beispiel seiner Stilisierung ist die literarische Technik des Überarbeitens,

Ausschmückens und Einfügens, die die Autoren des Alten Testaments mit faszinierender Ungezwungenheit und Könnerschaft beherrschten, aufs beste nachzuvollziehen. Zumal archäologisch erwiesen ist, dass Gath in der zweiten Hälfte des 9. Jahrhunderts vor Christus von König Hazael aus Damaskus zerstört wurde. Zu jener Zeit, als das Deuteronomium verfasst wurde, gab es keine Stadt Gath mehr.

## Das Duell und der Geist der Zeit

Die ewigen Rivalen hätten sich keinen besseren Schauplatz suchen können, um die finale Schlacht zu schlagen. *Die Philister standen an dem Berg auf der einen Seite*, heißt es in 1 Samuel 17, *die Israeliten an dem Berg auf der anderen Seite; zwischen ihnen lag das Tal.* Das Tal liegt im Zentrum des heutigen Israel, eine Stunde westlich von Jerusalem, eine Stunde nördlich von Hebron, eine Stunde südöstlich von Tel Aviv. Eine Bühne gleichsam, ein offenes Feld für eine offene Schlacht. Die Kämpfer beider Heere überblickten das Tal der Bäche, wo die Terebinthen wuchsen, die mächtigsten, pistazienartige Bäume Palästinas, die im heutigen Israel noch sehr verbreitet sind, Bäume, die reichlich Schatten spenden und bis zu 20 Meter hoch werden. Das «Tal der Bäche», ein Wadi, war die Nahtstelle von judäischem Bergland im Osten und philistinischer Küstenebene im Westen, und von oben, dem Plateau, verfolgten die Könige, wie unten ein Kleiner gegen den Riesen anstürmte. Das Duell David gegen Goliath ist Synonym für das Duell der Israeliten gegen die Philister, für das Duell Jahwe gegen Schutzgötter, der Guerilla gegen die Militärmacht. Es ist eine Fabel vom kleinen, schwachen Juda gegen die großen, martialischen Empires im 7. Jahrhundert vor Christus.

Dass statt einer Massenschlacht die Form des Duells die Entscheidung bringt, ist dem Geist der Zeit geschuldet. Das Duell als solches war im levantinischen Kulturkreis des 6. und 5. Jahrhunderts vor Christus, als vermutlich die Legende von David gegen Goliath aus vielen oral tradierten Heldenepen zusammenfassend niedergeschrieben wurde, eine weitverbreitete Kampfform, weil es kräfte- und menschensparend war. Zwei Heere gegeneinanderzuhetzen, hätte für beide Seiten immense Verluste gebracht. Das Duell ist ein Beispiel angewandter Klugheit.

Ist dasselbe als Kampfform ein Motiv des griechischen Kulturraums, so ist das Leitmotiv des Sieges der Schwächeren gegen die Stärkeren eines aus den orientalischen Mythologien. Die altägyptische Erzählung «Sinuhe» aus dem Mittleren Reich im 20. Jahrhundert vor Christus war auch im antiken Palästina sehr bekannt; heute wäre das rein fiktive Heldenepos vermutlich ein Bestseller. Dessen Geschichte? Nach dem Tod des Pharaos Amenemhet I. flieht der Ägypter Sinuhe nach Palästina; dort macht er Karriere, wird reich und schließlich herausgefordert von einem neidischen Kraftmenschen, der als unbesiegbar gilt. Das ganze Land strömt zusammen. Es kommt zum Zweikampf. Der Riese stürmt heran. Sinuhe schießt einen Pfeil direkt in den Hals des ungestümen Angreifers und streckt ihn nieder ...

Archäologisch ist das Duell David gegen Goliath weder beweis- noch widerlegbar; theologisch betrachtet dagegen ist völlig irrelevant, ob es wirklich stattfand. Es geht um etwas Größeres: um die Botschaft an das stets von Großmächten bedrohte Volk Israel und um die Verheißung, die da lautet: Wenn ihr euch auf Gott verlasst, geht alles gut! Mehr noch: Im Vertrauen auf den Herrn kann beherztes Vorgehen in scheinbar aussichtsloser Position immer eine Wende zum Guten bewirken! Im Vertrauen auf JHWH sind die wirtschaftlich und militärisch klar unterlegenen Hebräer stark! Der Herr hat David auserwählt und greift durch ihn zugunsten der Israeliten ein! Der Herr rettet Israel!

Welch Ironie der jüngeren Geschichte im Übrigen, dass sich zu Beginn der zweiten Intifada ab Anfang Oktober 2000 palästinensische Jungs im Alter von dreizehn, vierzehn Jahren vor israelische Panzer stellten und, wann immer eine Fernsehkamera auftauchte, mit Steinschleudern, wie sie der vierzehn- oder sechzehnjährige David benutzt hatte, die scheinbar unschlagbaren Riesen der israelischen Armee angriffen.

## Israels Sehnsucht nach einem neuen goldenen Zeitalter

In Israel werden Ergebnisse archäologischer Grabungen nach wie vor höchst sensibel wahrgenommen. Archäologie ist ein ideologisch besetztes Thema mit heilsgeschichtlicher Aufladung und großen politischen Konsequenzen, dem an prominenten Stellen israelischer Medien immer wieder Schlagzeilen garantiert sind. Die Archäologen sind sich bewusst, dass ihre Wissenschaft rasch zum Politikum stilisiert wird, da in den Schnitten der Grabungshügel nicht nur Hinweise und Zeugnisse dreitausend Jahre alter Geschichte vom Lehm der Vergessenheit befreit, sondern zugleich auch, wie ein wertvoller Schatz, symbolische Insignien der nationalen Identität gehoben werden. König David ist eines der besten Beispiele für die Politisierung der Ar-

chäologie. Er dient Israel seit über dreitausend Jahren zu Selbstverständnis und zu Identitätsbehauptung. Vor allem nach dem
Zweiten Weltkrieg wurde David als göttlich auserwählter Führer
der Hebräer instrumentalisiert. Der Historiker Finkelstein, Jahrgang 1943, war Zeuge des Beginns jener Quasivergöttlichung des
David nach Gründung des Staates Israel. «Ich habe als kleiner
Junge noch erlebt, wie der neue kulturelle Zionismus den sogenannten Schtetl-Juden angekreidet hat, sie seien im Holocaust
viel zu leicht in den Tod gegangen, ohne zu kämpfen.» Nach
1948 sollte Israel nun wieder zum Zentrum der Hoffnung auf ein
goldenes Zeitalter werden. Man war schnell geneigt, die großen
Epen für sich zu vereinnahmen, deshalb, so Finkelstein, habe
es nach dem Krieg eine gezielte Anbindung an die heroischen
Geschichten der jüdischen Vergangenheit gegeben, deshalb sei
die Figur David von so enormer Wichtigkeit. «Und deshalb darf
man bis heute nichts gegen David sagen, das hat starke Kritik,
vor allem aus Kreisen des linken Zionismus, zur Folge.»

«Weil damit die ohnehin fragile Identität der Nation hinter-
fragt wird?»

«Als der David-Heroismus in den 1950er Jahren begann»,
sagt Finkelstein gelassen, «lag der Holocaust gerade mal zehn
Jahre zurück. Wir sprechen über das Wunder der Gründung eines Staates Israel, über diesen kleinen, machtlosen Staat mit
mächtigen Feinden um sich herum, in dem man so etwas wie
eine gemeinsame Kulturtradition aufbauen musste.»

«War damals und ist David bis heute die Erfüllung der jüdischen Sehnsucht nach einem starken Führer?»

«Nein. Er steht mehr für den Wunsch, eine Botschaft an die
Welt zu senden: Israel soll, wie zu Zeiten Davids und Salomons,
der großen Baumeister und Kulturförderer, wieder ein großer
kultureller Magnet werden.»

Der Bibel- und Literaturwissenschaftler Stanley Isser, Professor of Judaic Studies and Religious Studies der Universität Albany im Staat New York, hat eindeutige Parallelen zwischen den homerischen Epen und der biblischen Legende des David ausgemacht: zum einen die frappierende Ähnlichkeit in der heroischen Darstellung und epischen Schilderung des Kampfes; zum anderen die charismatische Führerschaft eines Auserwählten; zum dritten das Duell einzelner Kämpfer stellvertretend für ihre Armeen – David gegen Goliath analog zu Achilleus gegen Hektor in der *Ilias*. Isser will in der Legende um David ein heroisches Märchen, wenn nicht gar epische Poesie in homerischem Stil erkennen. Die homerischen Epen waren in antiker Zeit überaus populäre Volksliteratur und haben über Jahrhunderte Erziehung und Kultur von Generationen Griechen geprägt. Ebenso, meint Isser, verhalte es sich mit der Legende des David: Sie habe die israelitische und judäische Bevölkerung während der Königsjahre nicht nur mit volksnaher Literatur, sondern auch mit idealtypischen Figuren versorgt. David war ein legendärer Held, der ein Leitbild an Tüchtigkeit und Tugend für die nationale Kultur wurde, ähnlich dem Achilleus für die Griechen und König Artus für die Briten. Er ist der Kristallisationspunkt der Heilsgeschichte Israels. Wer ihn in Frage stellt, stellt alles in Frage. Und andersherum: Wer seine Existenz beweisen will, erregt großes Aufsehen.

Eine Schlacht ganz anderer Art findet dieser Tage in Israel zwischen Maximalisten, die die biblische Schilderung archäologisch stützen, und Minimalisten, die die Geschichte allein an ihren archäologischen Befunden messen, statt. Im Duell der ewigen Gegner stehen sich in der medialen wie akademischen Arena Israel Finkelstein aus Tel Aviv und Eilat Mazar vom Shalem Center des Archäologischen Instituts an der Hebräischen

Universität Jerusalem gegenüber. Eilat Mazar stammt aus einer renommierten Archäologenfamilie, die von jeher maximalistische Neigungen zu erkennen gibt. Finkelstein aber, der sich seit Jahren mit den konservativen Fraktionen israelischer und amerikanischer Bibelarchäologie anlegt, behauptet kühn: David und Salomon seien eine Erfindung der Bibelautoren – Imaginationen, Traumbilder einer Metaphysik, die dem Volk der Israeliten unbezweifelbare Bedeutung verleiht.

Am 4. August 2005 nun also, in jenem Monat, da in Gath die Goliath-Scherbe gefunden wird, verkündet die Bronzezeit-Archäologin Mazar die Sensation schlechthin: Sie habe, lässt sie verlauten, nach achtjähriger Suche möglicherweise die Fundamente des Palasts von König David im Herzen des biblischen Jerusalem entdeckt, am Osthang der Davidstadt, südlich der Klagemauer. Die zugleich ausgegrabene Keramik ließ Rückschlüsse auf das Alter zu; stratigrafisch datieren Mazars Funde auf das Jahr 1000 vor Christus und fallen somit in die angenommene Lebenszeit Davids. Begeisterte Kollegen legen diesem Fund das Wort «Wunder» bei.

Doch Frau Mazar, erregt sich Israel Finkelstein noch Jahre später, habe nicht einen einzigen Beweis für ihre Behauptung beigebracht. «Wie kommt sie darauf, hier von Davids Palast zu sprechen? Woher will sie das wissen? Das könnte genauso gut nur ein Verwaltungsgebäude von irgendwem sein. Sie nimmt die Bibel und liest den Text rauf und runter. Der Rest ist die Interpretation der Interpretation von der Interpretation. Das ist absolut lächerlich und peinlich.» Eilat Mazar selbst spricht nicht über ihre als «Large Stone Structure» bezeichnete Entdeckung. Vielmehr spricht sie darüber, wie ausgelaugt und erschöpft sie sei, hütet jede Erkenntnis wie ein ungeschliffenes Juwel und verweist auf das Ende der Auswertung, bis sie endgültige Gewissheit habe. Für den Gath-Ausgräber Aren Maeir, der im Gegensatz zu Finkelstein von der Existenz Davids und Salomons überzeugt ist, steht außer Frage, dass Mazars Entdeckung als großartig einzuordnen ist, obwohl in der Davidstadt seit Jahrzehnten nichts weiter denn ein paar Scherben gefunden worden sind. Bis vor vier Jahren war die Behauptung, es habe das davidianische Großreich nicht gegeben, dadurch gedeckt, dass es aus Jerusalem bis zu jenem Zeitpunkt keinerlei archäologische Beweise für das Gegenteil gab. Eilat Mazar bringt nun einen ersten bei und stellt somit natürlich wohlfeile wissenschaftliche Positionen ihrer Gegner in Frage.

«Ob das jetzt der Palast von David ist, steht auf einem anderen Blatt, aber dieser Fund ist ohne Frage der sehr wichtige und überzeugende Beweis», sagt Aren Maeir, «dass Jerusalem während des 9. und möglicherweise 10. Jahrhunderts vor Christus bereits eine bedeutende Stadt war, was deswegen von großer Brisanz ist, weil in den vergangenen zehn Jahren viele minimalistische Wissenschaftler behauptet haben, das Königreich Juda habe vor der Zerstörung des Königreichs Israel durch die Assyrer 722 gar nicht existiert und sei nur ein Mythos.»

Die Debatte um Mazars Fund ist eine Debatte über den Beginn und Verlauf der Eisenzeit und ihre exakte Datierung. Es geht kurz gesagt um die Zeitspanne von 100 Jahren. Bis 1995 wurden die Städte Hazor und Megiddo auf das 10. Jahrhundert vor Christus datiert. Dann schrieb Israel Finkelstein einen Artikel, trat eine Diskussion los und behauptete, dass alles, was man ins 10. Jahrhundert legte, tatsächlich erst im 9. Jahrhundert geschehen sei. Bei jeder gefundenen Scherbe war nun die Frage: Ist das Keramik des Typs 10. oder 9. Jahrhundert? Damals begann die Archäologie mit der Karbon-14-Datierung, und heute, so scheint es, treffen sich die Kontrahenten in der Mitte. In Hinsicht auf das Gebäude, das Eilat Mazar entdeckte, lautet also die Frage: Datiert es 1000 oder 850 vor Christus? Wer Mazars Fund kritisch gegenübersteht, wird bemängeln, dass es keinerlei Möglichkeiten gibt, die Überreste zeitlich zu bestimmen, weil es auf dem Tempelberg keinen letzten Grund, keine erkennbar erste Schicht gibt, die auf den ältesten und also für jede Datierung relevanten Zeitpunkt hinweist. Man kann am Tempelberg nicht mit der in der Archäologie wegen ihrer Genauigkeit beliebten Radiokarbon-Methode zur Datierung von kohlenstoffhaltigen, insbesondere organischen Materialien arbeiten, und die Keramikdatierung ist zu unsicher und zu keinem absoluten Urteil in der Lage. Für Finkelstein, der hinter der vermeintlichen Sensation nichts weiter als ein Exempel naivster Bibelarchäologie erkennen will, ist allenfalls klar, dass nun ein Gebäude aus einer Zeit frühestens um 900 vor Christus, spätestens aus römischer Zeit entdeckt wurde. «Es ist logischer, diesen Palast der hellenistischen Periode zuzuschreiben, als Teil eines Komplexes, der bereits in den 1920ern ausgegraben wurde. Will ausgerechnet Frau Mazar also sagen, dass der Palast von König David hellenistisch sei?»

Bleibt die Frage, ob das von Mazar identifizierte Gebäude rein theoretisch überhaupt der königliche Palast Davids sein könnte. Die Fundamente liegen genau über der Quelle des paradiesischen Flusses Gihon, der das Quellwasser in bestimmten Abständen stoßartig aufsprudeln lässt. Würde man aber einen heiligen Palast dorthin bauen, wo alle Menschen täglich Wasser holen? Shimon Gibson, britischer Kulturhistoriker, Buchautor und einer der besten Kenner Jerusalems, vertritt eine eindeutige Haltung: «Was von Eilat Mazar entdeckt wurde, sind meiner Ansicht nach die Fundamente der Festung vom Berg Zion, entweder ein Verwaltungsgebäude aus der späten Bronzezeit, ein Waren- oder Landwirtschaftslager oder aber ein Teil der Schreibschule, in der die Bibel verfasst wurde.»

Noch sind Mazars Grabungen im Gange, und der offen ausgetragene Streit der Duellanten geht in eine neue Runde. Es könnte Jahre dauern, bis Eilat Mazars Funde einvernehmlich gedeutet worden und von allen Schlachtteilnehmern anerkannt sind.

Worauf auch immer die «Large Stone Structure» datiert werden wird – 1000 oder 850 vor Christus –, in jedem Fall ist es der Beweis, dass die Geschichten über Jerusalem aus dieser Zeit tatsächlich einen realen Hintergrund haben.

## Davids Ruhm aus der Erde von Gath

Es ist ein wolkenloser Tag, als ich abermals von Jerusalem nach Gath fahre, um in die Tiefenschicht der Weltgeschichte zu steigen. Der Tell es-Safi ist zu zwei Prozent ausgegraben, der große Rest liegt unter dem Schutt, dem Sand und der gnädigen Stille der Jahrtausende. Lange hatte man gedacht, die antiken Ruinen seien verloren, aufgegangen in den Fundamenten einer arabischen Stadt, die als letzte hier existierte. Doch Gath war größer, viel größer als bisher angenommen. Je länger ich mich der Grammatik des Ortes füge, desto klarer buchstabiert er sich in meiner Phantasie durch: die Paläste und Häuser, Ställe und Kultplätze eines gefürchteten Kriegervolks, das vom Lauf des Schicksals verraten wurde. Die Ziegen und Schafe fressen sich bräsig durchs verstrohte Gras, dem undefinierbaren Ruf des Hirtenjungen gehorchen sie manchmal. «Harrr! Harrr!», ruft er. Der Junge ist nicht zu sehen. Ich gehe den zehn Meter breiten Zufahrtsweg hinab, der steiler ist, als der Anschein vermuten lässt. Links wie rechts sind große Steinquader in gleichem Abstand gesetzt, weiter unten dienten behauene Steinbrocken einst als Sockel für Pfeiler oder Säulen. Ohne Zweifel war dies die repräsentative Auffahrtsstraße einer eisenzeitlichen Hauptstadt. Sind dort drüben am auslaufenden Fuß des Tell es-Safi nicht sogar Ruinen alter Wachtürme, in denen die Philistersoldaten standen und vor den heranstürmenden Truppen Sauls warnten? Haben sie hier den judäischen Hirtenjungen aus der Reihe der Israeliten hervorkommen sehen, der ihren Riesen Goliath mit einem dieser kleinen, hellen Steine im Tal am Bach zu Fall brachte?

Aber nein: Die vermuteten Ruinen sind auf vier Reihen geschichtete Strohquadrate, und ich beginne ihren süßlichen Duft zu riechen, gehe nach rechts, Kuhstallgeruch weht heran, und sehe Beduinenfrauen, die vor ihren Zelten und aus Sperrholz gezimmerten Hütten Wäsche schrubben. Was erst wie eine Ausgrabungsstätte anmutet, ist bei näherer Betrachtung eine wellblechüberdachte Unterkunft für Ziegen und Schafe, neben der, an zwei Pfählen, vom beständigen Wind die frische Wäsche gebläht wird. Auf einer Art Weide steht ein schweifwedelndes Pferd von beträchtlicher Schönheit. Da sitzt plötzlich der Hirtenjunge auf einem Stein und kaut einen Halm Stroh. Er ist schön, so schön, wie David einst gewesen sein könnte, nur sind seine Haare schwarz. Um die Schulter hängt eine Ledertasche. Nichts ist zu hören außer dem Surren der Leitungskabel. Welch ein Frieden in diesem seit je umkämpften, missgönnten, geliebten Land, wo früher die Hammerschläge der Schmiede durch die Stille hallten, als die Philister ihre gefürchteten Waffen herstellten, wo die Schreie der Heerführer und das Schnau-

ben ihrer Pferde über Jahrzehnte hinweg die Sinfonien des Er-
oberns und des Schlachtens intonierten. Was auch immer an
diesem Ort geschehen oder nicht geschehen ist: Hier ist jenes
Stück Erde, aus dem der Ruhm des Königs David erwuchs, der
über die Zeiten die epische Größe des Moses erreichte. Und
sollte David oder Elhanan oder sonst ein judäischer Hirtenbub
einen Goliath im Terebinthental erlegt haben, so gebe ich mich
ganz dieser Vorstellung hin und spüre, dass an dieser winzi-
gen Stelle der um religiöse Wahrheiten, Gefolgschaften, Ideale
kämpfenden Welt der fulminante Ausgangspunkt des glanzvollen Nationalepos der Juden gesetzt wurde – der Glaube an
den Herrn und seine erschütterliche Liebe zu den Israeliten,
an Heil, Frieden und Einheit, zwei Autostunden entfernt vom
blutdurchtränkten, fanatischen Gaza, wo sich das antike Duell
David gegen Goliath um die Vorherrschaft über das Land Kanaan unter umgekehrten Vorzeichen täglich wiederholt: einst
die Philister gegen die Israeliten, heute die Palästinenser gegen Israel.

Von einer Gegenwart Gottes ist dort bis heute nichts zu
spüren.

# Die Bundeslade

Wenn ich jetzt aufbrechen würde, die Bundeslade zu suchen – wohin würde ich reisen? Nicht nach Irland, nicht nach Japan, nicht nach Washington, wo man sie schon vermutet hat. Auf jeden Fall aber nach Jerusalem. Ich würde mich ins Labyrinth unter dem Tempelberg begeben und mit höchster Vorsicht die Gänge und Nischen ausleuchten, in denen sie, die heilige Lade Gottes, immer noch verborgen sein könnte. Niemand weiß es sicher; sicher ist nicht einmal, dass sie je existierte. Wenn sie aber existiert und in den Gängen unter dem Tempelberg ist, könnte sie eine tödliche Spannung haben ...

Ich würde nach einem Kasten aus mit Gold überzogenem Akazienholz suchen, auf dessen Deckel zwei Cherubim aus reinem Gold mit einander zugewandten Gesichtern stehen. Womöglich würde ich in der Unterwelt mehrere jener obsessiven Abenteurer treffen, die es seit Jahrhunderten gibt: amerikanische Amateurarchäologen, die, der Bibel folgend, die große Sensation wittern; orthodoxe Juden, die dem Talmud entnommen haben, das begehrteste Objekt der Menschheitshistorie sei in den geheimen Gängen unterhalb des Felsendoms geborgen. Und womöglich würde ich britischen Abenteurern begegnen, die noch immer dem Schatz der Tempelritter auf der Spur sind.

Wäre, würde, hätte. Niemand erhält eine Grabungserlaubnis für den Tempelberg, und niemand hat sie je erhalten, seit er der islamischen Verwaltung untersteht. Jeder Suchende ist angewiesen auf ein paar spärliche Angaben und die Kraft zur Spekulation, um den seit dreitausend Jahren rätselhaftesten Gegenstand in der Geschichte aller Religionen aufzuspüren: die Lade des Bundes zwischen JHWH und dem Volk Israel, die das höchste Zeugnis göttlichen Beistands verwahrt – die beiden Tontafeln mit den Zehn Geboten in der zweiten Ausgabe, da Moses die originalen Tafeln aus Zorn über den Tanz seiner Israeliten ums götzenhafte Goldene Kalb am Berg Sinai bekanntlich zerschlagen hatte.

Zum letzten Mal wurde die Bundeslade in der Bibel vor dem grausamen Fall Jerusalems durch die Truppen des neubabylonischen Königs Nebukadnezar II. im vorchristlichen Jahr 587 erwähnt. Achtzehn Monate lang belagern die Angreifer die Hauptstadt Israels, erobern sie schließlich, brennen sie nieder, pfählen Soldaten, zerstören den Tempel mit der «Wohnung Gottes» und rauben, wie es heißt, «kostbare Geräte» – allerdings mit großer Vorsicht, denn sie wollen mit denselben ihren Tempel zu Babylon ausschmücken. Die Babylonier, gerühmt als fleißige Bürokraten und gute Buchhalter, notieren alles, was sie aus Jerusalem mit in ihre Heimat schleppen: bronzene Säulen etwa und sämtliche Kultgegenstände. Eines aber fehlt in ihren Aufzeichnungen: die Bundeslade. Sie wird mit keiner Silbe erwähnt. Warum nicht? Müsste man nicht vermuten, dass der Diebstahl oder die Zerstörung dieses für den jüdischen Glauben so wichtigen Gegenstands in der hebräischen Bibel mindestens einer Erwähnung wert gewesen wäre? Nichts dergleichen. Seit über 2380 Jahren ist die Bundeslade spurlos verschwunden. Die entscheidende Frage lautet daher: Ist die Bundeslade ein realer oder ein virtueller Gegenstand? Oder bedeutet die Tatsache, dass die Babylonier den heiligsten Schatz ihrer Feinde nicht vermerkt haben, dass die Bundeslade gar nie existierte?

## Die Bundeslade: Vereinigung aller großen Mythen des Alten Testaments

Wenn stimmt, was die Bibel berichtet, war die Lade des Herrn unfassbar mächtig. Sie soll vom Boden abgehoben haben, auf den Feind zugeflogen sein und dabei ein Stöhnen von sich gegeben haben. Wer seine Hand ausstreckte, um sie zu stützen, soll auf der Stelle verbrannt worden sein. In Gegenwart der Bundeslade waren die Israeliten unverwundbar, sie eilten von Sieg zu Sieg. Die Eroberung Jerichos war der erste grandiose Triumph, mit Hilfe der Lade nahmen sie sich das von Gott geschenkte Land und stellten sie bei jedem Halt unter ein prächtiges Zelt, der *Wohnung des Herrn.* Sie eroberten die Städte Ai, Gibbeon, Makkadeh, Libnah, Lachisch, Eglon, Hebron, Debir und Hazor. Keine Naturgewalt, kein Mensch, kein Kämpfer konnte sie aufhalten. Die Spannung, die von der Bundeslade ausgegangen sein soll, war von weitem zu spüren. Moses' Neffe fiel ihr zum Opfer und später Usa, ein Mann aus dem Heer König Davids, der den Transportwagen Richtung Jerusalem lenkte und die Lade mit seinen Händen halten wollte. *Da entbrannte,* berichtet das 2. Buch Samuel 6,7, *der Zorn des Herrn gegen Usa, und Gott erschlug ihn auf der Stelle wegen dieser Vermessenheit, sodass er neben der Lade Gottes starb.*

Keinen biblischen Gegenstand und keine biblische Figur betreffend wabern so viele Theorien im offenen Raum, wie sie es in Bezug auf die Bundeslade tun. Sie vereint die großen Mythen des Alten Testaments, vom Auszug aus Ägypten über die Schlacht von Jericho bis zum Sieg Davids gegen Goliath. Aber es gibt bis heute keinen einzigen archäologischen Beweis, dass sie je existierte, und keinen einzigen Hinweis darauf, dass sie noch existieren könnte. Es gibt nicht einen sinnvollen Grund, warum sie Kämpfe, Kriege, Brände und Zerstörungen überstanden haben soll. Was es aber gibt, sind Vermutungen: zum Teil abstruse, zum Teil plausible, wie das folgende Beispiel zeigt.

In den Gängen Jerusalems haben mit größtem Eifer die aus Frankreich, England und Germanien stammenden «Armen Ritter vom Tempel Salomons» gesucht, die um 1120 den Templerorden gründeten. Ob und was sie fanden, blieb ein Geheimnis. Um 1300 war der Orden ausgelöscht. Einige der Tempelritter aber kehrten als reiche Männer nach England zurück, und über die Jahrhunderte gab es Spekulationen, ob unter den Schätzen, die sie mitbrachten, nicht auch die Lade Gottes gewesen sein könnte. Von dieser Idee geradezu besessen folgte der britische Autor und selbsternannte «historische Detektiv» Graham Phillips allen Fingerzeigen auf Kirchenschätze in England, suchte und fand versteckte Hinweise in Buntglasfenstern und Wandmalereien von Kapellen. Der historische Detektiv, gern für Aufsehen sorgend, jagte Hinweisen auf Kirchen in Großbritannien und Irland nach, wo er, etwa in den Buntglasfenstern der Kapelle von Langley oder in einer Kirche in Burton Desset, versteckte Zeichen erkennen wollte. Die Bundeslade fand er nicht. Sein Kollege Richard Andrews aus Oxford ließ vor einigen Jahren sogar den Tempelberg mit temperaturmessenden Infrarotkameras aus der Vogelperspektive fotografieren und erkannte rechts des Felsendoms eine dunkle Linie: einen unterirdischen Gang. Solche Gänge dienten als Entsor-

232

gungskanal für die Blutflüsse der Tieropfer, die vom Altar auf dem höchsten Punkt des Bergs abgeleitet werden mussten. Über jenem auf den Fotos sichtbar gemachten Kanal, dreißig Schritte südöstlich des Felsendoms, erkannte Andrews, müsse einst der Tempel Salomons gestanden haben; dort sei auch die Bundeslade zu finden. Bis heute erlauben die zuständigen islamischen Behörden keinerlei Grabungsarbeiten am Heiligtum. Der Tempelberg bleibt der am meisten mystifizierte und am wenigsten zugängliche Ort der Welt.

Andere glauben, die Lade Gottes befinde sich noch heute in Jordanien. Abenteurer suchten in den Bergen am Toten Meer mit größtem Herzblut, weil das 2. Buch Makkabäer die etwas unpräzise Andeutung macht, der Prophet Jeremia habe die Bundeslade in einer Höhle jenes Bergs versteckt, auf dem Moses starb. Nach Lage der Dinge muss das der Berg Nebo sein. Dort wurden Höhlen geortet und Gräber durchforstet, alles Mögliche wurde gefunden, nur eines nicht: die Bundeslade. Wieder andere behaupten, sie befinde sich noch heute in einer der unbekannten Höhlen um Qumran in der Wüste am Toten Meer, auf der israelischen Seite, wo man zwischen 1947 und 1956 die über 900 sagenhaften Lederrollen mit Abschriften des Alten Testaments gefunden hat. Der selbsternannte Bibelgelehrte Michael S. Sanders aus den USA, der zuvor schon das Paradies, die Arche Noah und Sodom und Gomorrha zu identifizieren versuchte, ist nach wie vor der Überzeugung, dass die Bundeslade in einem Dorf in den judäischen Bergen vergraben ist, wo heute ein Trainingsgelände der Hamas ist. Sanders wartet noch immer und vielleicht vergeblich auf eine Grabungserlaubnis. Kurzum: Bisher sind alle Suchen fehlgeschlagen.

Womöglich würde ich doch zuerst nach Afrika fahren, nach Äthiopien, in die Hochebene, wo manche Archäologen das sagenhafte Land Kusch verorten, das vom Gihon, laut *Genesis* einer der vier Flüsse des Paradieses, durchströmt worden sein soll. Ich würde auf den Spuren eines Mannes reisen, der nichts weniger entdeckt haben will als den Palast der sagenhaften Königin von Saba aus dem 10. Jahrhundert vor Christus.

Als ich den emeritierten Historiker und Archäologen Helmut Ziegert aufsuche, um mit ihm seine streitbaren Hypothesen zu erörtern, herrscht auf dem Campus Stille. Die Universität Hamburg hat dem umtriebigen Spezialisten für afrikanische Geschichte einen Trakt im Keller des Instituts für Informatik im Stadtteil Stellingen zur Verfügung gestellt. Ziegert, ein großgewachsener Mann – grüne Breitcordhose, Wollsocken, Sandalen, Flanelljacke –, sitzt in einem kleinen Zimmer mit Schränken und Aktenordnern, ein Computer ist nicht zu sehen. Dass jemand den Palast der Königin von Saba entdeckt haben will, ist mindestens sensationell, denn weder ist bisher eindeutig geklärt noch gar bewiesen, dass die von Legenden umrankte Dame je gelebt hat. Ziegert kümmert das wenig. Ohnehin neigt er nicht zu Demut und Bescheidenheit und gibt zu Protokoll, insgesamt 52 Fächer der Geistes- und Naturwissenschaften studiert oder sich mindestens in selbige eingearbeitet zu haben. Einwände gegen seine Erkenntnisse und Methoden apostrophiert er rasch als «dummes Zeug», Konkurrenten unterstellt er, sie würden seine Ergebnisse klauen. In der Gelehrtenwelt um das Deutsche Archäologische Institut in Berlin, mit der er prinzipiell auf Kriegsfuß steht, sieht man den Hamburger Einzelgänger skeptisch. Dennoch, trotz mancher Vorbehalte: Ziegert forscht seit zwanzig Jahren in und über Afrika, hat mit vielen Einheimischen gesprochen, hat an der Basis gesucht und gegraben. Was er anzubieten hat, könnte den Wissensstand anreichern und mit historischen Dokumenten in Einklang zu bringen sein, und wenn er tatsächlich handfeste Hinweise auf die legendäre Königin in den Händen hat, gibt es vielleicht auch welche für die Existenz der Bundeslade.

1999 überzeugt Ziegert den Patriarchen von Äthiopien, einen seiner Priester mit der Rekonstruktion der äthiopischen Glaubensgeschichte zu beauftragen; einige Jahre später liegt tatsächlich dessen Band mit dem Titel «Aksum – The Origin of Faith and Civilization» vor. Quelle ist das angeblich einzigartige Archiv, das mit uralten, von Papyri auf Pergament übertragenen Handschriften bestückt sein muss. Lange Zeit davor hatte sich Ziegert intensiv mit mündlichen Überlieferungen beschäftigt: Aus den teils verfeindeten Dörfern in den Tälern ließ er sich per Esel die sogenannten Erzähler bringen, interviewte Bauern, um aus deren Berichten zu erfahren, was Großeltern und Eltern erzählten, die wiederum aus den erzählten Erinnerungen ihrer Großeltern und Eltern schöpften. All das reduziert sich schließlich auf einen Kern dessen, was zur fraglichen Zeit tatsächlich in Aksum passiert sein könnte. Ziegert verglich die Antworten aus seinen mündlichen Befragungen mit den Aufzeichnungen aus dem Archiv und stellte eine beeindruckende Parallelität fest.

Seine Methode der «mündlichen Überlieferung» ist freilich heikel. Können Geschichten über Hunderte von Jahren im Gedächtnisspeicher eines Volks tatsächlich überleben? Ist das wissenschaftlich halt-, gar erklärbar? Kulturwissenschaftliche Forschungen legen nahe, dass in präliterarischen Gesellschaften eine erstaunliche Fähigkeit vorhanden war, reale Ereignisse zu erinnern und wachzurufen. Die australischen Aborigines etwa besitzen eine sehr stark entwickelte Traumzeit, die es ihnen ermöglicht, Geschichten aus der Vergangenheit ihrer Ahnen nachzuerzählen. Studien ergaben ferner, dass sie in ihren mündlichen Überlieferungen sogar geologische Ereignisse wiedergeben konnten, die sich vor 25 000 Jahren zugetragen hatten. Will heißen: Die Körnchen realer Geschehnisse, gepanzert ins Erz der Überlieferung, können wie radioaktive Kerne über lange Zeiträume hinweg ausstrahlen. Ausgeschlossen dagegen scheint, dass Menschen genaue Details eines sehr lang zurückliegenden Ereignisses zu erinnern vermögen, was die Autoren des Alten Testaments vor dem Verdacht, sie irrten, in Schutz nehmen würde. Die Kerne der Ereignisse sind nach orientalischer Art in Geschichten von Poeten, Sängern, Märchenerzählern weitergetragen, verformt, vergrößert und teilweise verfälscht worden. Bekanntlich hört man an Lagerfeuern nie dieselbe Geschichte zweimal; ihre Moral aber bleibt immer die gleiche.

Die beiden Pariser Gedächtnisforscher Jean-Yves und Marc Tadié haben für das menschliche Gedächtnis ein schönes Bild gefunden: Es sei wie eine expandierende, permanent in Bewegung befindliche Stadt. Ständig wachsen neue Gebäude aus dem Boden – Erinnerungsspeicher, zu denen neue Zufahrtsstraßen, neuronale Verbindungen, führen. Einige dauernd benutzte Hauptverkehrsstraßen sind gleichsam jene Erinnerungen, die häufig abgerufen werden, aus Gewohnheit und Erfahrung. Gassen und Nebenstraßen dagegen werden von Unkraut überwuchert, die Fassaden ihrer Häuser bröckeln, die Mauern zeigen Risse. Das emotionale Zentrum der Stadt ist für uns das Gebäude, an das wir die meisten affektiven Erinnerungen haben.

Erinnerung ist immer auch soziale Kommunikation über die Zeiten hinweg. Bevor es durch Sprache artikuliert werden kann, ist das menschliche Bewusstsein Produkt eines Lebens im Medium der Kommunikation mit dem sozialen Umfeld. Der Mensch lernt im Laufe der Bewusstseinsentwicklung, wie die Autobiografie, seine Herkunft, zu lesen ist. Für das kulturelle Gedächtnis spielen soziale Kommunikationsformen, familiäre Prägungen und historische Traditionen eine elementare Rolle.

## Die schöne Königin von Salomon geschwängert

Schließlich greift Helmut Ziegert in Dungur, etwas außerhalb des Kirchenzentrums von Aksum, zu Spachtel und Pinzette, und in den ersten drei Monaten finden er und sein 40-köpfiges Team Mauerreste eines Palastes, den sie auf das 10. Jahrhundert vor Christus datieren. Sie graben tiefer und stoßen auf die Fundamente noch älterer Mauern, die wiederum auf Fels gründen. Hier muss ein erster Palast gestanden haben, und der ist, da ist Ziegert sich sicher, der Palast der Königin von Saba. Die Funde stimmen überein mit den Archivaufzeichnungen, die wiederum weitgehend mit den Angaben im Alten Testament harmonieren.

Folgende Geschichte muss sich um 950 vor Christus herum zugetragen haben. Makeda, die bildschöne Königin von Saba, die das antike Gebiet um Äthiopien und Jemen 31 Jahre lang regierte, macht sich, im Gepäck Edelsteine, Balsam und eine Menge Gold, auf die Reise nach Jerusalem, um den für seine Weisheit berühmten König Salomon auf die Probe zu stellen. Salomon, Sohn Davids und Erbauer des ersten Tempels, ist berühmt für seine Bautätigkeit, treibt regen Handel und etabliert in der Hauptstadt von Juda ein Steuersystem, um seine architektonischen Großprojekte zu finanzieren. Makeda trifft in Jerusalem ein, schenkt Salomon 120 Talente Gold, wertvolle Steine und Gewürze. Sie bleibt sechs Monate im königlichen Palast, wird zur Geliebten des den Frauen prinzipiell geneigten Königs und wird schwanger. Zum Nachweis erhält sie Salomons Siegelring. Auf dem Rückweg nach Aksum gebiert sie einen Sohn und nennt ihn Menelik, «Sohn des Weisen».

Zweiundzwanzig Jahre später reist Menelik nach Jerusalem, um den Segen seines Vaters zu erlangen. Mit dem Siegelring gibt er sich zu erkennen. Er wird in Mosaischem Recht unterrichtet, bleibt drei Jahre am Hof, wendet sich aber gegen den Wunsch Salomons, ihm als König Israels nachzufolgen, und kehrt, in Begleitung von 12 000 erstgeborenen Söhnen aus den zwölf Stämmen Israels, nach Aksum zurück. Vor der Abreise erbittet Menelik von Salomon eine Quaste, ein Fadenbündel der Abdeckung von der Bundeslade. Israelische Edelleute und Gelehrte begleiten Menelik. Nach der Abreise stellen die Jerusalemer Tempelpriester entsetzt fest, dass das Allerheiligste leer ist: Die Bundeslade ist fort!

Ab diesem Punkt der überlieferten Erzählung laufen die Traditionen auseinander. Bei den einen Interpreten heißt es, Salomon habe Menelik die Bundeslade mitgegeben, damit diese den Sohn auf seiner Reise beschütze. Die anderen sagen, Salomon sei so weise gewesen, die Bundeslade vertrauensvoll in die rettenden Hände Meneliks zu legen, weil er, Salomon, vorausgesehen habe, dass Jerusalem stets Ziel von Zerstörungen sein würde. Wieder andere behaupten, einer von Meneliks Freunden habe in Jerusalem Kopie und Original der Bundeslade vertauscht, woraufhin die falsche Bundeslade im Tempel blieb und das Original nach Aksum gelangte, weswegen sie jetzt noch immer dort sei. Die äthiopische Königschronik *Kebre Negest* («Ruhm der Könige») unterstellt schließlich, die erstgeborenen Söhne einiger israelitischer Ehrenmänner hätten die Bundeslade ohne Meneliks Wissen aus dem Tempel geraubt und nach Äthiopien entführt. Nach seiner Rückkehr jedenfalls erhält Menelik von seiner Mutter den Thron, wird «König der Könige» und setzt die Bundeslade in mehreren Feldzügen ein. Niemand kann den neuen Herrscher aus Aksum je besiegen.

## Die Steintafeln der Bundeslade

Ziegert folgert jetzt: Wenn der von ihm zuunterst gefundene Palast jener der Königin von Saba ist, müsse der auf dessen Grundmauern errichtete der des Menelik sein. In Einklang mit der Archivgeschichte und dem Buch *Kebre Negest* geht er davon aus, dass die Bundeslade zuerst, wie bei Moses im «Offenbarungszelt» (im Lateinischen später Tabernakel genannt), im Zentrum des Palasts von Menelik aufbewahrt wurde. Bei seinen Grabungen entdeckt der Deutsche den großen Innenhof und eine Altarstelle, in einer 18-Grad-Drehung zur üblichen Ost-West-Achse auf das Sternbild Sirius hin, den sogenannten «Hundsstern», der im Zentrum des altägyptischen Sothis-Kults steht, welcher in Äthiopien bis etwa 600 nach Christus in der gesamten Region betrieben wurde und mit dem jüdischen Glauben verwoben war. Der Hof ist groß genug, dass darin das «Offenbarungszelt» errichtet werden konnte, und die deutschen Ausgräber finden darüber hinaus Gefäße und zahlreiche Überreste von Rindern, vermutlich Opfertiere. Als Menelik starb, wurde infolge geologischer Probleme einige hundert Meter nebenan ein neuer Tempel samt

Altar für die Bundeslade errichtet, auf dessen Fundamenten 325 nach Christus schließlich König Ezana die erste christliche Kirche baute. Nicht ohne Grund, denn genau dort, auf der getreppten Nordmauer des zweiten Tempels, in der Kellerruine der ersten Kirche von Aksum, sagt Ziegert, liege noch heute die Bundeslade. Seit Jahrhunderten wird das behauptet, und seit Jahrhunderten ist diese Vermutung nicht widerlegt worden. Die ganze christliche Orthodoxie Äthiopiens basiert auf der angenommenen Existenz der Bundeslade in Aksum, jener Stadt im nördlichen Hochland, in der riesige Marmorstelen in den Himmel ragen und man die Macht zu ihrem Bau von jeher der Lade Gottes zuschrieb.

«Sie gehen wirklich davon aus, dass die Bundeslade nach fast 3000 Jahren in ihrem Originalzustand existiert?»

«Ja, hundertprozentig.»

«Was macht Sie so sicher?»

«Weil ich ihre Geschichte über alle Schritte der mündlichen Überlieferung hinweg überprüft und die Erfahrung gemacht habe, dass mündliche Überlieferungen sehr genau sind. Außerdem ist Aksum in seiner ganzen Geschichte nie zerstört worden.»

«Kann die kollektive Erinnerungsleistung denn so stark sein, dass sie über Jahrtausende hinweg funktioniert?»

«Eindeutig ja. Die Erzählungen reduzieren sich auf einen nicht sehr umfangreichen Kernbestand, der von den Erzählern in den Dörfern wörtlich weitergegeben wird. Ich habe das mehrfach überprüft: Das Volk korrigiert seit jeher seine Erzähler und weist sie auf Abweichungen und Fehler hin. Die Evidenz vorschriftlicher Überlieferungen ist von der Geschichtswissenschaft schon lange anerkannt.»

«Haben Sie die Bundeslade mit eigenen Augen gesehen?»

«Nein, nur sehr wenige haben sie gesehen.»

«Haben Sie je jemanden getroffen, der die Bundeslade gesehen hat?»

«Direkt sehen darf sie heute nur der Mönch, der nach seiner Wahl durch die Hohepriester mit ihrer Bewachung beauftragt ist.»

«Das heißt: ein Einziger.»

«Ja. Wenn der stirbt, wird aus der Gruppe der Mönche ein neuer gewählt. Er darf das Gebäude, in der die Bundeslade aufbewahrt wird, solange er lebt nicht wieder verlassen.»

«Diese Wächter sollen angeblich oft erblinden...»

«Zumindest sterben sie verblüffend oft: die letzten drei in fünf Jahren.»

«Woher haben Sie die genauen Angaben über die Bundeslade?»

«Ich habe meine Spione.»

«Aus dem Kirchenumkreis in Aksum?»

«Die Mönche dürfen mit Fremden nicht reden, aber jeder Mönch steht ja auch in einem sozialen Kontext...»

«Wie sieht die Bundeslade aus?»

«Das sind zwei jeweils ein Zentimeter dicke, quadratische Tafeln aus Stein, auf denen in Alt-Hebräisch eingraviert die 10 Gebote stehen, 30 mal 30 Zentimeter, die in einem 50 mal 50 Zentimeter großen Kasten aus Zedernholz liegen.»

«Wie kann man sicher sein, dass das bewachte Objekt die originale Bundeslade ist?»

«Das wird man nie feststellen können, weil Sie da nie rankommen.»

«Müsste die äthiopische Kirche nicht ein großes Interesse haben, dass die Echtheit der Bundeslade festgestellt wird?»

«Die Äthiopier haben das nie publik gemacht, weil sonst

vielleicht von Jerusalem Besitzansprüche angemeldet werden. Ich hatte nach meinen Gesprächen den Eindruck, dass man in Äthiopien fürchtet, die Israelis starteten einen Hubschrauberangriff auf Aksum und entführten die Bundeslade – jeder weiß ja, wo das Original ist.»

Die ersten Versuche, die Bundeslade in Aksum zu verorten, gehen auf den britischen Journalisten Graham Hancock und seinen 1992 erschienenen Bestseller «Die Wächter des heiligen Siegels» zurück. Hancock insinuiert, dass die verantwortlichen Hohepriester im Jerusalemer Tempel schon einige Zeit vor der Zerstörung der Stadt durch die Babylonier die Bundeslade in Sicherheit brachten, weil in Juda ein brutaler König namens Manasse an die Macht gekommen war, der, so steht es im 2. Buch Könige 21 geschrieben, zum Missfallen des Herrn den jüdischen Glauben verwarf, alte Kulthöhen wieder aufbaute, Zauberei betrieb, Altäre für den paganen Gott Baal errichtete und Götzen in das allerheiligste Gotteshaus stellte. «Es ist höchst unwahrscheinlich», sagt Hancock, «dass die Priester ihre Bundeslade zusammen mit einem Götzenbild im heiligen Tempel ließen.» Das würde erklären, warum die Babylonier die Bundeslade nicht mehr auffanden.

Gesetzt den Fall, Hancock liege richtig – obwohl ein direkter Bezug zwischen Manasse und der Bundeslade in der Bibel nicht zu finden ist: Wohin brachten die flüchtigen Priester dann die Lade Gottes? Hancock ist überzeugt, dass sie erst nach Ägypten, auf die Insel Elefantine im Nil, geschafft wurde, wo nach Auskunft alter Papyri viele strenggläubige Juden lebten. Weil Ägypten aber ebenso wenig sicher wie Israel war, seien die Priester ins weiter südlich gelegene Äthiopien, und zwar an den Tana-Kirkos-See, geflohen.

Mit seinen Spekulationen hat Graham Hancock eine Menge Leser und Privatfernsehredakteure fasziniert; die akademische Wissenschaft sprach und spricht gegen ihn. Edward Ullendorff etwa, emeritierter Professor für Äthiopien-Studien an der University of London, hat die vermeintliche Bundeslade in Aksum im Jahr 1941 gesehen und ließ sich mit den Worten vernehmen: «Es gab keinerlei Probleme, an sie heranzukommen ... Sie haben dort eine Holzkiste, aber die ist leer ... Die Konstruktion ist spätmittelalterlich.» Vor drei Jahren schließlich zerstört Stuart Munro-Hay, der führende Gelehrte für äthiopische Geschichte, alle verbliebenen Träume und resümiert im letzten Buch vor seinem Tod: «Eines können wir heute mit großer Sicherheit sagen – die goldene Bundeslade des Moses, David und Salomon war niemals in Aksum.» Die Erklärung ist so simpel wie einleuchtend: Kein Holz der Welt hätte das feuchte Klima der äthiopischen Hochebene und das Zerstörungswerk der weißen Ameisen dort lange überlebt. Also folgert der amerikanische Historiker und Archäologe Eric Cline, Professor für Anthropologie an der George Washington University: «Es gibt keinen einzigen Hinweis, dass die Bundeslade je existiert hat.»

## Die drei Endversionen des letzten Mythos

Jede Suche nach der Bundeslade muss dort enden, wo Salomons Tempel gestanden haben soll, ein ikonografisches Bauwerk, für dessen Existenz es bis heute nicht einen einzigen archäologischen Beweis gibt. Ich fuhr also nicht nach Aksum, sondern machte mich von Hamburg tatsächlich nach Jerusalem auf und wanderte zuerst in die Davidstadt, südlich der Klagemauer, an deren Westseite des einstigen Tempels, wie ein

Hinweisschild und die Überlieferung betonen, «Jahwes Gegenwart auf Erden» ruht, hinunter zum Gihon, der Wasserquelle der antiken Stadt. Vermutlich bin ich dabei durch jene Gebäude gegangen, die einmal die Schreibschule des Tempels waren: wo im 7. Jahrhundert vor Christus vielleicht eine Handvoll Schreiber und Gelehrte Texte des Alten Testaments verfassten oder alte Erzählungen zusammenfügten. Wenn die Sicht jener stimmt, die glauben, es handelt sich bei den großen Legenden des Alten Testaments um raffiniert choreografierte ideologische Propaganda mit dem Ziel, den Israeliten eine Identität zu verschaffen, könnte hier, an dieser Stelle, auch die Geschichte der unfassbar mächtigen Bundeslade entstanden sein. Als geistiger Mittelpunkt des Judentums umklammert die Lade aus vergoldetem Akazienholz die gesamte israelitische Geschichte von Moses im 13. Jahrhundert vor Christus über die Landnahme Kanaans bis zur Zerstörung Jerusalems und zum babylonischen Exil ab 587 vor Christus.

Die Geschichte der Lade Gottes mit dem Dokument des Bundes zwischen Israel und Jahwe übt deswegen einen so großen Reiz aus, weil sie als einzige der sieben großen Mythen des Alten Testaments kein Ende hat. Ihre Spur endet im Nichts. So bleiben im Raum der Spekulation drei mögliche Endversionen. Entweder hat es die Bundeslade tatsächlich gegeben, und sie ist bei einem der Angriffe auf Jerusalem und seinen Tempel schlichtweg verbrannt. Oder es hat die Bundeslade als realen Gegenstand nie gegeben und sie diente den Bibelautoren als virtuelles Objekt zur Identitätsstiftung des Volkes Israel in den stets bedrohten Zeiten des 7. und 6. Jahrhunderts vor Christus, als die Königreiche Juda und Israel im Spannungsfeld der Hegemonialansprüche zwischen dem wieder erstarkten ägyptischen Reich und den Assyrern aufgerieben wurden. Dann wäre die Bundeslade ein Symbol für Trost, Hoffnung und den direkten Beistand Gottes und ihre Legende ein intellektuell genialer und literarisch höchst raffinierter Streich einer gemeinsamen Vision der Solidarität und Hoffnung gewesen.

Oder aber es kommt eines Tages tatsächlich zur dann vermutlich größten archäologischen Sensation der Weltgeschichte und der Schlagzeile: *Bundeslade gefunden!* So elektrisierend diese Nachricht auch wäre, hielte sie der wissenschaftlichen Prüfung stand – unter den heute herrschenden politischen und religionspolitischen Umständen hätte das fatale Konsequenzen. Dem Glauben jüdischer Fundamentalisten gemäß würde das Auftauchen der Lade Gottes den Wiederaufbau des salomonischen Tempels auf dem Berg Moriah und die Ankunft des Messias einläuten; Modelle für diesen dritten Tempel liegen bereits vor. Der Neubau könnte allerdings nur unter einer furchtbaren Voraussetzung geschehen: der Zerstörung des islamischen Felsendoms. Ein Krieg zwischen Juden und Muslimen, vielleicht sogar ein Weltkrieg, wäre die Folge, und Jerusalem, das Zentrum von Judentum, Christentum und Islam, würde, wie es Salomon in seiner besungenen Weisheit einst ahnte, abermals verbrannt und zerstört werden, eine Vernichtung im Eifer religiöser Erregung, von der sich diese in die wirkmächtigsten Mythen der Welt gehüllte magische Stadt nicht mehr erholen würde.

# III. AUSBLICK

# Am Ende des Tages

Je heller das Spotlicht des Sezierers am Ende des Tages auf die seit Hunderten von Jahren in diffuser Dämmerung wabernden Mythen fällt, desto mehr lassen sich ihren Urhebern hier und da Ungenauigkeiten und Irrtümer nachweisen, desto präziser lässt sich empirisch gesichert ableiten, dass Ereignisse chronologisch undenkbar, geografisch unrealistisch oder schlicht rein poetischer Natur sind. Und dennoch ist es – und das ist an Ort und Stelle zu spüren – überaus merkwürdig, auf den Hügeln von Bab e-Dra und Numeira, dem angeblichen Sodom und Gomorrha, zu stehen und darüber verblüfft, gar verstört zu sein, dass dort ganz vereinzelt, aber unverkennbar schwarze Steine zu sehen sind, da sonst im ganzen Land Jordanien keine solchen auffindbar sind. Und wenn dazu, vom Toten Meer kommend, Böen voller Schwefelgeruch, besser: -gestank emporschweben, ist man, trotz der eigenen Veranlagung zum kühlen Verstand, für ein paar kurze, vielleicht magische, geradezu märchenhafte Momente geneigt, dem Mythos vom göttlichen Strafgericht anheimzufallen und, von dieser Vorstellung erregt, sich auszumalen: Und hier also war es ...

Genau das ist es, was die Autoren des Alten Testaments im Sinn hatten: dass die Kraft ihrer Bilder und ihrer Prosa den Menschen auf ewig in den von ihnen geöffneten Phantasieraum locken und zu allen Zeiten einer je kommenden Zukunft an den Möglichkeitssinn des Mythos glauben lassen würde – bis heute, in der digitalen, hypertechnologisierten Gegenwart, da jede Dezimale vermessen, ausdifferenziert und analysiert wird. Hier aber beginnt das Glauben, hier beginnt der Glaube: Steht nicht vielleicht doch ein Gott hinter allem? *Der* eine Gott? Gott?

Die Frage, ob die Bibel irrt, muss stets verstanden werden als Frage, warum ihre Autoren möglicherweise irren wollten. Als Frage nach den Strickmustern und Montagetechniken eines Propagandaprogramms leistet sie nicht im entferntesten atheistischer Ideologie Vorschub. Die Wissenschaft darüber zu befragen und die vermeintlichen Originalschauplätze der mythologisch überhöhten Ereignisse persönlich, sinnlich, leibhaftig in Augenschein zu nehmen, versteht sich als ein Stück bescheidene Aufklärungsarbeit, auch um die Bibel vor der Vereinnahmung evangelikaler Fundamentalisten oder gar Kreationisten zu retten, die die Testamente nicht nur wörtlich nehmen, sondern ihren angeblichen Offenbarungsgehalt bekanntlich dogmatisch umsetzen wollen. Es kann ja heute kein Zweifel daran bestehen, dass das Recht als höchstes Exerzitium der Vernunft einer zeitgenössischen Gesellschaft besser dient als jede göttlich deduzierte «Moral», und es dürfte nachvollziehbar sein, dass die Diskreditierung des Glaubens am ehesten aus seiner radikalen Mitte droht.

Die Entstehungsbedingungen eines derart wirkmächtigen Buches wie der Bibel zu hinterfragen, ist das praktisch angewandte Verfahren historisch-kritischer Analyse, die den metaphysischen Gehalt der Schrift in keiner Weise in Frage stellt. Und die Kraft, die von den Parabeln des Alten Testaments ausgeht, wird durch den geneigten Versuch, den Irrungen der Jerusalemer Mythenschmiede auf die Spur zu kommen, kein bisschen geschmälert. Warum dann aber diese Untersuchung, diese Lesart der Bibel, und warum heute?

Ich brach nach Ägypten, Jordanien und Israel auf, weil ich wissen wollte, warum die sieben großen Mythen des Alten Testaments auch auf mich bis heute eine unerhörte Faszination ausüben und darüber hinaus aus dem geistig-spirituellen Reservoir der europäischen Zivilisation nicht mehr wegzudenken sind. Ist dabei nur eine literarische Höchstleistung zu bewundern, oder gibt es auf den Pfaden und Wegen der Bibel-Helden tatsächlich Hinweise auf deren Existenz, auf ein authentisches Ereignis, das den Erzählungen zugrunde liegt? Der Versuchsanordnung einer Amalgamierung verschiedener wissenschaftlicher Disziplinen mit der persönlichen Anschauung des Besuchers hatte sich, meines Wissens, bis zu jenem Zeitpunkt noch keiner gestellt.

Archäologie ist, genau betrachtet, keine Wissenschaft, wenn wissenschaftliche Erkenntnis dadurch definiert ist, dass sich Experimente und Versuche, egal an welchem Ort, auf die immer gleiche, für jeden nachvollziehbare Weise anordnen und wiederholen lassen, woraus die immer gleichen Ergebnisse eine objektiv gültige Aussage grundieren. Archäologie hingegen fördert Verschüttetes zutage, und wenn die Geschichte erst einmal nicht mehr verborgen ist, lässt sich der Vorgang nicht mehr wiederholen. Vielmehr also bahnen die Archäologen – manchmal einmalige, manchmal streitbare – Zugänge in den unzugänglichen Gedächtnisspeicher der Kulturen. Ihre Methoden haben sich über die Jahrzehnte immer stärker verfeinert, und die technologisch versierte Dechiffrierung der Vergangenheit lässt mittlerweile Rückschlüsse auf Ereignisse zu, ohne exakt beweisen zu können, dass sie stattgefunden oder nicht stattgefunden haben. Genau genommen ist Archäologie also die natürliche Feindin der Mythologie und der akademische Begriff «Bibelarchäologie» ein Widerspruch in sich.

Dennoch: Gerade durch die Arbeit der Archäologen, namentlich der gegenwärtigen Bibelarchäologen – eben weil sie *nicht* darauf zielen, die Schilderungen der Bibel zu beweisen, sondern vielmehr die soziokulturellen, geologischen und kulturhistorischen Hintergründe ihrer Mythen zu erhellen –, kann eine Denkfigur entwickelt und etabliert werden, die meines Erachtens dem gesamten Alten Testament zugrunde liegt. Verfasst im 7. und vor allem 6. Jahrhundert vor Christus in der Tempelschule von Jerusalem, der judäischen Hauptstadt, wurde ein nationales Epos des Volkes Israel entworfen, mit Allegorien und Metaphern für die allgemeine Menschheit. Das Leitmotiv der Erzählungen ist die Überwindung des nach menschlichem Ermessen Unüberwindbaren: Es liegt dem Mythos vom Exodus zugrunde, dem zufolge die Hebräer mit Gottes Hilfe die übermächtigen Ägypter besiegen; es fundiert die Legende der Schlacht um Jericho, in der die Hebräer unter Führung von Josua zum Schall der Widderhörner die unbezwingbaren Mauern bezwingen; und es fungiert als intellektuelle Blaupause für das Duell David gegen Goliath, in dessen Verlauf der kleine, scheinbar chancenlose, jedenfalls wagemutige Vertreter einer rüstungslosen Kriegertruppe den Kampf gegen den Vertreter des Imperiums, gegen die zugerüstete Übermacht für sich entscheidet. Verstanden als göttliche Rettung, ist die Überwindung des Unüberwindbaren durch die Intervention des HERRN der Urmythos Israels. Alle Mythen des Alten Testaments sind Variationen dieses Urmythos.

Müsste man schließlich, als Besucher wie Autor, der sich hinreichend lange mit den Erzählungen und ihren geografischen Verortungen beschäftigt hat, im Streit zwischen Maximalisten und Minimalisten Stellung beziehen, so würde ich, um es am Ende ganz subjektiv zu sagen, einen maximalistischen Minimalismus präferieren. Nach all dem, was ich gesehen und gehört habe, nach all den ausgedehnten Reisen an die vermeintlichen Orte, Straßen und Plätze der alttestamentlichen Ereignisse, bin ich überzeugt, dass einige der geschilderten Geschichten tatsächlich stattgefunden haben – als historisch verbürgter Stoff sozusagen, den sich sehr gute Autoren aneigneten, um daraus in ausgeschmückten Anekdoten ein Kompendium moralischer, pädagogischer sinn- wie gemeinschaftsstiftender Parabeln zu machen, mit denen man, da sie auf eine bestechende Weise überzeugend formuliert sind, Trost, Hoffnung und Haltung vermitteln wollte und es womöglich auch vermochte. Zentrales Anliegen ist die Idee und Einführung *eines* Gottes. Es ist jener Gott JHWH, der sich den Kindern Israels verschrieben hat und mit ihnen dem Gedanken an ihre Errettung und Erlösung. Er steht als Chiffre für das Unerklärliche und symbolisiert ein Programm, den Zwängen irdischer Gewalt und Herrschaft zu entkommen und das Heil nicht in den Händen einer korrumpierbaren menschlichen Macht zu belassen, sondern in den Himmel zu erheben, über den höchsten Berg des Hasses hinaus, auf dass alle Menschen, wie Moses und die Hebräer es taten, auf einem langen Weg durch die Wüste in die Freiheit gehen, unter ständiger Aufsicht, Leitung und Anleitung des Herrn. Wer sich auf ihn verlässt, wer ihn ehrt und anbetet, der wird errettet.

Als ich Israel verlassen hatte – äußerst kritisch gestimmt im Übrigen gegenüber einer täglich erfahrbaren Politik, die die Okkupation von Palästinenserland durch jüdische Siedler mit dem alttestamentlichen Anspruch der Landnahme begründet –, stellte sich nicht so sehr die Frage, ob die geschilderten Wege und Orte des Alten Testaments der auch jetzt nachprüfbaren

Wirklichkeit entsprechen (was sie meist tatsächlich tun), sondern woher diese einmalige Kreativität stammte, mit der Menschen im 6. vorchristlichen Jahrhundert, als es noch keinen Platon und keinen Aristoteles gegeben hatte, ein Buch collagierten, das klügste Philosophie, raffinierteste Poesie und höchste moralische Theologie in einem ist.

Man stelle sich ein letztes Mal vor: eine kleine Nation, zerbrechlich, unsicher, ständig bedroht durch äußere Mächte und durch innere Fragilität, in einem Zeitalter, da es weder ein Grundgesetz noch positive Rechtsprechung gibt, weder internationale Organisationen noch einen Gerichtshof für Menschenrechte – in jener Zeit also entdecken hellsichtige Köpfe das Vakuum, besser: das Defizit einer Gesellschaft ohne bindende Ideen, ohne Idee von sich, ohne Metaphysik und sonstigen Überbau. Das mag der Grund dafür sein, warum das Alte Testament eine bis heute ungebrochene Faszination für den westlich-christlich geprägten Kulturkreis ausübt: weil der Mensch, wie vor-, post- oder spätmodern er auch geprägt sein mag, als anthropologisches Wesen zu jeder Zeit und zu jeder Ära errettet und erlöst werden will von den Zumutungen des Lebens, von Krieg, Armut, Hunger, Zerfall, Schmerz, Leid. Welche bindenden Ideen gibt es heute sonst, da Menschen und Projekte in immer kürzeren Abständen verbraucht werden, ohne auf nachhaltige, sprich langfristige Wirkung zu setzen?

Das Alte Testament ist ein literarisches Ordnungssystem, ein moralisches Korsett, das konservative Memorandum einer geistigen Beheimatung, welches zugleich eine praktische Ethik beinhaltet: eine Anleitung zum «richtigen» Leben, zu einem Leben, wie man es im 6. vorchristlichen Jahrhundert als «richtig» erkannt hat. Als solches ist die Bibel nach wie vor jedem zeitgeistigen Gegenwartsratgeber vorzuziehen. Am Ende des Tages ist und bleibt frappierend, dass die Mythen den Schabungen und Erschütterungen der modernen Wissenschaft standgehalten haben. Man kann es so wenden: Es spricht für die Überzeugungsstärke und humanistische Mission der Bibel, dass sie die schlummernden Ängste und Hoffnungen des Menschen anzusprechen imstande ist und somit eine anthropologische Grundkonstante erkannt hat, aus der heraus die Sehnsüchte des Individuums nach Gemeinschaft, bis heute unverändert, als allgemeingültige Wahrheit begreifbar werden – auch dann noch, wenn die Geologen herausgefunden haben werden, dass alle uneinnehmbaren Städte Kanaans durch nichts anderes zugrunde gingen als durch das Inferno eines Erdbebens; auch dann noch, wenn die Archäologen erklärt haben werden, dass alle bisher datierten Scherben mit den raffinierten Methoden dereinst neuester Technologie doch sehr viel jünger als angenommen sind.

Längst ist die Bibel über ihre wissenschaftliche Befragung erhaben. Gerade deshalb sollen und müssen Legionen von Forschern den Boden Palästinas auf seinen heiligen Gehalt untersuchen, um die größte Fiktion aller Zeiten am Leben zu erhalten.